고이즈미와 일본
광기와 망령의 질주

고이즈미와 일본
광기와 망령의 질주

지은이 | 후지와라 하지메
옮긴이 | 황영식
펴낸이 | 김성실
편집주간 | 김이수
편집기획 | 한승오 · 김인현 · 박남주
마케팅 | 이동준 · 김창규 · 강지연
본문 디자인 · 편집 | (주)하람커뮤니케이션
본문 인쇄 · 제본 | 한영문화사
표지 인쇄 | 중앙P&L(주)
펴낸곳 | 시대의창
출판등록 | 제10-1756호(1999. 5. 11)

초판 1쇄 인쇄 | 2006년 5월 25일
초판 1쇄 발행 | 2006년 6월 3일

주소 | 121-816 서울시 마포구 동교동 113-81 4층
전화 | 편집부 (02) 335-6125, 영업부 (02) 335-6121
팩스 | (02) 325-5607
홈페이지 | www.sidaew.co.kr

ISBN 89-5940-031-9 (03300)
     978-89-5940-031-7

값 15,000원

※ 잘못된 책은 바꾸어 드립니다.

Koizumi Jun'ichiro to Nippon no Byori by Hajime Fujiwara
Copyright ⓒ 2005 Hajime Fujiwara All rights reserved.
Original Japanese edition published by Kobunsha Co., Ltd.
Korean translation rights arranged with Kobunsha Co., Ltd.
through Japan Foreign-Rights Centre/Imprima Korea Agency

고이즈미와 일본
광기와 망령의 질주

후지와라 하지메 지음 │ 황영식 옮김

시대의창

지금 일본은 좀비가 지배하는 나라(좀비 정치의 나라)다. '부'에서 '사'에 이르는 과정에서는 제대로 된

인간은 활약하지 못하고, 좀비만이 활기를 띤다. 그리고 국민은 자신들 위에 군림하는 것이 좀비임을

알아차리지 못하고 좌절 속에서 불안한 기분으로 지낸다. 이는 그야말로 비극 자체이므로 우리는 좀비가

무엇인지를 어떻게든 이해하지 않으면 안 된다. 좀비란 도대체 무엇일까?

좀비의 나라 일본

KOIZUMI'S ZOMBIE POLITICS

| 한 달에 3만 엔이나 가난해진 일본의 가정 |

2001년 4월 26일 "성역 없는 개혁"을 내걸고 발족한 고이즈미 준이치로小泉純一郎 내각은 2005년 8월 18일로 이케다 하야토池田勇人[1] 내각의 재임 일수 기록을 제쳤다.

이는 제2차 세계대전 이후 일본의 장수 정권인 사토 에이사쿠佐藤榮作[2], 요시다 시게루吉田茂[3], 나카소네 야스히로中曾根康弘[4] 내각

---

* 1)   1899~1965. 히로시마廣島현 출신. 교토京都 대학 졸업 후 대장성에 들어가 사무차관까지 지내고 정계에 투신했다. 대장·통산장관을 지냈고, 자민당 총재가 된 후에는 3차에 걸쳐 내각을 이끌었다. (이 책의 각주는 모두 역자주다.)

* 2)   1901~1975. 야마구치山口현 출신. 기시 노부스케岸信介의 친동생이기도 하다. 운수성 사무차관을 거쳐 민자당에 입당, 의원이 아니면서도 2차 요시다 내각의 관방장관으로 발탁돼 화려하게 정계에 데뷔했다. 이케다 하야토와 함께 요시다의 쌍두마차로 불렸으며 1964년 이케다의 뒤를 이어 총리가 된 후 장기 집권했다. 오키나와를 미국으로부터 돌려받은 것이 최대 업적으로 꼽히며, 비핵 3원칙 정책으로 1974년 노벨평화상을 받아 논란을 일으키기도 했다.

* 3)   1878~1967. 도쿄 출신. 일본 현대 보수 정치의 기틀을 닦은 인물로 꼽힌다. 식민지 만주의 총영사 등을 지내며 일본 제국주의의 식민지 정책에 깊이 관여했고, 패전 직후 초대 외무장관을 지냈다. 1946년 자유당 당수로서 총리가 되어 1차 내각을 조직한 후 5차 내각에 이르기까지 장기 집권하면서 자유주의자와 사회주의자

에 이은 것으로, 역대 4위를 기록[5]한다. 그리고 2005년 '9·11 총선'에서 압승해 중의원 단독 과반수를 장악함으로써 2006년 9월까지 자민당 총재 임기를 다하게 됐다. 경우에 따라서는 더 지속될지도 모르기 때문에 어쩌면 사토 에이사쿠의 재임 일수까지도 따돌릴 가능성도 있다(일본 역대 내각 재임 일수는 〈부록 4〉 참조). 그렇게 되면 고이즈미 정권은 일본이 해체될 때까지 계속될지도 모른다.

그런데 이 장기 집권이 일본이라는 나라와 그 국민에게는 도대체 무엇을 가져다 준 것일까? 이를 문명론적 견지, 또는 병리학적 관점에서 검증하자는 것이 바로 이 책의 목적이다. 다시 말해, 이 책은 지금까지 누구도 쓰지 않았던 고이즈미 정권의 진단서다.

나카소네 야스히로는 "고이즈미 총리가 하고 있는 것은 사교 외교일 뿐 전략 외교가 아니다"라고 혹평했지만, 앞으로는 이런 혹평이 침묵을 강요받고 그 대신 고이즈미를 추켜세우는 '명재상론'이 잇따를 것이란 느낌이 든다. 또한 현시점에서 고이즈미 내각을 검증하는 데는 아래와 같은 숫자를 들기만 해도 충분할 것이다.

우선 그는 취임 때 신규 국채 발행을 30조 엔 이내로 한정하겠다

를 배격하고 경제 부흥에 전력을 기울였다. 보수 반동적 노선과 비민주적 정치 행태로 비판받기도 했다.

* 4)　1918년~. 군마群馬현 출신의 정치인. 1982년 11월~1987년 10월까지 총리로 재직하면서 전격적 방한과 대미 군사 기술 제공을 결정하고, 국내총생산GDP 1퍼센트 미만이라는 방위 예산의 벽을 깼다. 1985년 야스쿠니 신사를 최초로 공식 참배했으나 한국과 중국의 반발로 중단했다. 고이즈미 정권 출범 초기에는 '정치 과외 선생' 역할을 했다.

* 5)　고이즈미는 2006년 4월 6일 기준으로 총리 재직 일수가 1807일이 되면서 나카소네의 1806일을 제치고 역대 3위의 장수 총리가 됐다. 그러나 1위인 사토(2798일), 2위 요시다(2618일)와는 아직 거리가 멀고, 9월 퇴임 의사를 밝힌 상태여서 현재의 3위 기록에 머물게 될 것으로 보인다. 다만 저자는 고이즈미가 이런 약속을 깨거나, 상황에 따라 다시 총리로 나설 가능성이 있어 사토까지도 제칠지도 모른다고 과장했다.

고 공약했지만 너무도 쉽게 이를 내던졌다. 그 때문에 2000년도[6] 말에 약 370조 엔이던 국채 발행 잔고는 2004년도 말에는 약 480조 엔에 달했다. 더욱이 정부 단기증권이나 민간으로부터의 차입금 등을 합산한 국가 부채는 800조 엔에 이르고, 지방 부채를 합치면 1000조 엔을 넘을 가능성이 크다.

이는 일본 국내총생산GDP의 약 2년분과 맞먹는 거액의 채무로 어떤 수단을 써도 변제할 길이 없어서, 경기 동향과는 무관하게 일본은 붕괴 위기에 직면해 있는 것이다.

또 이런 숫자도 있다. 52만 9822엔. 이는 총무성이 발표한 2004년도 근로자 가구 월 평균 실질 수입이다. 고이즈미 정권 발족 직전인 2000년도에는 55만 8424엔이던 것이 겨우 4년 만에 가구별 수입이 월 3만 엔이나 줄었다. 이렇게 볼 때 고이즈미 정권은 국민에겐 '악몽의 장기 정권'으로 다가온다.

| 원래 진단은 병리학 전문가의 일 |

나는 4반세기에 걸쳐 해외에 거점을 두고, 고국 일본을 관찰해왔는데, 사실 이렇게 말할 가치도 없는 정권은 생전 처음이다. 고이즈미 정치는 부박浮薄하고 불성실하기가 이루 다 말할 수 없고, 국가와 국민을 무시하기가 이를 데 없어 북한이나 나미비아 정치보다도 나을 게 없다. 도대체 왜, 이렇게 한심한 엉터리 정치가 만연하도록

* 6)　일본의 회계연도는 4월 1일에 시작해 이듬해 3월 31일에 끝난다.

방치한 것일까? 비판 정신을 잃어버린 언론도 문제지만, 일본인 스스로 자신이 처한 비참한 상황을 자각하지 못한 이유도 있다.

고이즈미 정치가 얼마나 엉터리인가에 대해서는 이미 세계의 식견 있는 사람들이 충분히 알고 있으며, 질려 있는 상태라고 해도 과언이 아니다.

나는 1년에 몇 번씩 고국을 방문해 그때마다 독자나 언론인 친구들을 만나 일본의 상황에 대해 얘기해 왔다. 그리고 늘 듣는 말이 "후지와라 씨의 다음 번 일본 진단서는 언제 나오느냐"는 것인데, 나는 줄곧 "그건 병리학 전문가의 일이다"라고 대답해 왔다.

내가 만나는 친구들 가운데는 언론인이나 전문 분석가가 많고, 오랫동안 알고 지내온 정치인이나 관료도 여럿이다. 때론 이 친구들이 흥미로운 내부 정보를 제공해 줄 뿐 아니라 조사에 협력도 해준다. 특히 유라쿠초有樂町에 있는 '외신기자클럽'FCCJ 회원 가운데는 취재와 분석력을 자랑하는 오랜 친구들이 많아서 그들에게 조사를 의뢰하면, 곧잘 해결되곤 했다.

그렇지만 나는 어떻든 누군가가 고이즈미 정권에 대한 '진단서'를 쓸 것이라고 생각했다. 하지만 고이즈미 내각이 4년이나 훌쩍 넘겼어도 이에 대한 진단서가 나오지 않았다. 어쩔 수 없이 내가 써야겠다고 생각하고, 몇 년 전부터 정리해 온 자료와 파일을 뒤적이기 시작했다.

나는 지질학 전문가로서 스스로를 '지구 진단의'로 인식하고 있다. 원래는 대자연을 상대로 하는 쪽이 상쾌한 일이지만, 그런 관찰력으로 인간 사회를 포착해 문명 차원의 진단을 시도하게 됐다.

| 막부 말기처럼 양이攘夷 감정이 만연한 일본 |

고이즈미 준이치로라는 인물에 대해 지금까지 거론돼 온 일반적인 이해를 정리해 보면 다음과 같은 것들이다.

- "자민당을 때려 부순다"고 선언하며, 자민당 총재 경선에서 승리해 총리가 됐다.
- 발족 당시 내각 지지율은 제2차 세계대전 이후 최고였고, 그 생모生母는 다나카 마키코田中 眞紀子[7]였다. 다나카 마키코는 고이즈미를 '괴짜'[8]라고 평했다.
- '우정郵政 해산'[9]을 단행하기 전 최후의 설득에 나선 모리 요시로森喜朗[10]로부터 '괴짜 이상'이라는 말을 들었다.

* 7) 1944년~. 다나카 가쿠에이田中角榮 전 총리의 외동딸. 직설적이고 걸쭉한 어법으로 '남자 이상의 정치인'이라는 평을 들었고, 1990년대 말에는 가장 지지율이 높은 정치인이었다. 자민당 주류 정치인들과 갈등을 빚은 것이 비슷한 처지에 있던 고이즈미를 지원, 결정적 도움을 주었다. 이 때문에 고이즈미 정권의 생모로 불렸으나 고이즈미의 보은 인사로 외무장관이 된 후 관료 조직과 심각한 마찰을 빚고, 개인적 자질 문제가 불거져 낙마했다.

* 8) 1998년 7월의 자민당 총재 경선에 오부치 게이조小淵惠三, 가지야마 세이로쿠梶山靜六, 고이즈미 준이치로 등 3명이 후보로 나섰다. 이때 다나카 마키코는 세 명의 후보를 각각 '본진'凡人 '군진'軍人 '헨진'變人이라고 부르며 폄하했다. 오부치는 너무 평범하고, 가지야마는 예비역 군인 같은 태도이고, 고이즈미는 상식이 통하지 않는 별난 사람(괴짜)이라는 뜻이었다.

* 9) '우정郵政 해산' 우정민영화는 고이즈미가 내세운 개혁 정책의 핵심이었다. 이를 위한 우정민영화법안이 자민당 내의 오랜 논란 끝에 2005년 8월 중의원을 통과했으나 참의원에서는 야당과 자민당 반대파의 반발로 부결됐다. 고이즈미는 즉각 중의원을 해산하고 9·11 조기 총선에 돌입했다. 이 중의원 해산을 '우정 해산'이라고 부르는 이유다.

* 10) 1937년~. 이시카와石川현 출신의 정치인. 일본 정계의 명문인 와세다早稻田 대학 웅변부 출신으로 『산케이産經신문』 계열사에서 잠시 일하다가 정계에 투신, 1969년 이래 계속 당선됐다. 고이즈미가 속한 자민당 모리파의 회장으로 오부치 전 총리가 뇌경색으로 쓰러지는 바람에 '밀실 담합'으로 자민당 총재에 추대돼 2차에

- 일관되게 '성역 없는 구조개혁'을 표방했고, 그 핵심으로 '우정민영화'를 내세워 왔다.
- 미국 일변도의 외교 정책으로 '부시 대통령의 강아지'라는 말까지 듣고 있다.
- 머리 맵시가 사자 갈기와 닮았다고 해서 '사자 총리'를 자칭했고, 그것이 이미지 캐릭터로 만들어졌다.
- 해산한 외모 중시형 록 그룹인 'X—Japan'의 열성 팬이다.
- 지금까지 야스쿠니 신사에 네 번 참배해 중국이나 한국의 맹비판을 받아왔다. 반일 시위에서 일본 국기와 함께 자신의 초상화도 불탔지만 그의 방침은 한결같다.
- "나의 방침에 반대하는 세력은 모두 개혁 저항세력이다" "삼위일체 개혁" "두려워 말고, 기죽지 말고, 얽매이지 말고" "주가에 일희일비하지 말고" "쌀 백 가마의 정신" 등 구호 만들기는 실로 교묘하다.
- 런던 유학 경력에 의혹이 일자 "학점을 땄느냐, 안 땄느냐가 아니라 경험이 중요하다"고 태도를 바꾸었다.
- 북한 김정일과 전격적으로 정상회담을 하고, 납치 피해자와 함께 귀국했다.
- 근무 실적이 없는데도 불구하고 유령 사원으로서 후생연금에 부정 가입했던 사실이 발각됐다. 그때 "인생은 여러 가지, 회사도 여러 가지, 사원도 여러 가지"라는 바꿔치기 발언으로 문제가 됐다.

걸친 내각을 이끌었으나 감각이 둔하고, 실언이 잦아 많은 비판을 받았다. 한일 관계의 물밑 조정자 역할을 하는 등 오히려 총리 퇴임 후의 활동이 평가를 받고 있다.

- 발언이나 행동은 '즉단즉결'이라고 하지만 반대파를 무시한 강한 행동 양식이 두드러져 '독재자'로도 불려왔다.
- "얘기를 들어보면 알 것"이라는 말을 반복하지만 많은 자민당 의원은 "자기만 말할 뿐 상대방의 이야기는 들으려고도 하지 않는다"고 탄식한다.
- '우정 해산' 전에 반대파의 움직임을 "내각타도운동"이라고 규정해, "반대한 사람과는 결별한다"고 선언했다.
- 우정 개혁 반대파에 '자객'을 보내는 등 '충격 요법'에 뛰어난 전술가다.
- 정신과 의사는 그를 가리켜 '자아도취형 인간'이라고 말한다.

나는 십몇 년 전에 『헤이세이平成[11] 막말幕末의 진단서』(도메이샤東明社, 1993)에서 당시 일본에는 막부[12] 말기와 닮은 '양이 감정의 만연'이 눈에 띄고, 그와 함께 체제가 붕괴하고 있다고 지적했다. 그리고 지금의 일본은 바로 그것이 완전히 현실에 드러난 상태라고 생각한다. 이런 양이 감정이 만연함에 따라 그것을 이용하는 권력자가 나타나는 것이 역사가 가르쳐 준 교훈이다. 위에 나열한 고이즈미 총리에 관한 여러 가지 일화는 정말이지 그 상징이 아닐까?

* 11) 현재 일본 천황인 아키히토明仁의 연호. 1989년 히로히토裕仁의 죽음으로 연호를 쇼와昭和에서 헤이세이로 고쳤다. 1989년이 '헤이세이 1년'.
* 12) 일본의 군사통치기구는 모두 막부幕府로 불리었다. 여기서는 오다 노부나가織田信長와 도요토미 히데요시豊臣秀吉에 이어 일본을 통일한 도쿠가와 이에야스德川家康가 1603년 현재의 도쿄인 에도江戸에 두었던 에도 막부, 또는 도쿠가와 막부를 가리킨다. 천황은 교토京都에 따로 조정을 두고 있었으나 통치와 행정에 일절 관여하지 못했다. 도쿠가와 가문이 대대로 막부의 최고통치권자인 쇼군將軍의 지위를 이어받아 일본을 지배했으며, 1868년의 메이지明治 유신으로 막부의 지배가 끝나고 천황의 지위가 복원됐다.

고이즈미 준이치로의 정치 수법은 '유년기' 독재자의 수법과 닮아서, 절대로 불가능한 일을 하겠다고 약속해 인기를 모으고, 그것이 불가능해지면 어떤 이유를 들어서든 책임 회피를 시도한다. 이는 소황제로 불린 나폴레옹 3세Louis N. Bonaparte(1808~1873)와 마찬가지로, 나중에야 어찌됐든 일관된 계획 없이 그때그때의 형편에 따라 운에 맡기는 방식이어서, 결과적으로 약속은 짓밟히게 된다.

더욱이 약속 위반으로 국민의 분노가 자신에게 향할 듯싶으면, 수시로 쟁점을 바꾸어 나간다. 말하자면 문제의 지연, 또는 책임 회피다. 그것이 반복되면 중요한 문제는 잊혀지기 때문에, 일종의 요술과 같다. 또 자신을 따르지 않는 사람은 모두 적으로 규정하고 권력 비대화와 정권 유지를 꾀한다. 이것이 누구의 눈에나 분명해진 것이 2005년 8월 8일의 '우정 해산'이었다.

즉, 고이즈미는 입으로만 떠드는 무책임주의자이자, 설득 따위의 말은 안중에도 없고, 세치 혀끝의 '속임수'만 있는 사람이다. 이렇게 볼 때 그는 단순한 약장사일 뿐이다. 아무리 달콤한 말을 업으로 삼는 약장사라도, 일본인이라면 당연히 의리와 인정을 갖추고 있게 마련이다. 그러나 고이즈미는 그런 것조차 없다. 지조와 이념이 없기로는 '멋대로 영주'와 다를 바 없으니, 그야말로 '작은 독재자'라고 할 수밖에 없다.

| 중앙아프리카의 보카사 황제보다도 한 수 아래 |

아무리 그렇다고 해도 왜 일본의 정치가 이 지경에 이른 것일까?

이는 과거에 있었던 부의 '공평 분배'가 '차별 분배'로 바뀌고, 중류 의식을 안고 있던 계층이 '패배자'로 전락해버린 때문이다. 또 '승리자'는 외국과 연대한 한 줌밖에 안 되는 집단이고, 세계에서 일본은 '패배자'로 전락했는데도 아직까지 '승리자 환상'에 도취해 있기 때문이다. 따라서 과거 국제 협조파에 속했던 사람까지도 지금은 배타적 내셔널리즘을 지향하게 됐고, 그 위에 고이즈미 정권이 장기 군림하고 있는 것이다.

프랑스 대학에 유학하던 시절 나는 이학부에서 '구조지질학'이라는 지구 스트레스 연구를 하면서 다른 학부에 슬며시 끼어 파시즘 수업을 들으며 거기서 독재자의 심리와 병리에 대해 배우기도 했다.

히틀러Adolf Hitler(1889~1945)와 무솔리니Benito A. A. Mussolini(1883~1945)의 행태는 대단히 흥미로웠는데, 그에 비하자면 고이즈미는 너무나 왜소한 느낌이 든다. 기껏해야 이들을 흉내만 낼 뿐 중앙아프리카공화국의 독재자 보카사Jean-Bedel Bokassa(1921~1996) 수준 정도로 여겨질 뿐이다.

상대가 강하면 비굴할 정도로 허리를 숙이며 따르고, 약하다고 여겨지면 고압적인 태도로 돌변해 괴롭히는 것이 고이즈미나 보카사 모두 똑같다.

나폴레옹 1세Napoleon Bonaparte(1769~1821)를 동경한 보카사는 쿠데타로 정권을 잡고 공화국을 제국으로 바꿔 스스로 '황제'의 자리에 올라 대관식을 하는 시대착오적 행동까지 했다. 그리고 당시 맹주인 지스카르 데스탱 프랑스 대통령에게 거대한 다이아몬드를 증정했다. 그러나 아시아의 세습의원인 고이즈미 준이치로는 부시가 선물한 가죽점퍼의 답례로, 미국의 재정 적자를 메워주기 위해 미 재무성 공채를 사느라 세수를 초과하는 수십조 엔의 국비를 썼다. 그리고 국민의 부를 미국에 바쳤을 뿐 아니라 일본의 헌법을 깔아 뭉개고, 자위대의 이라크 파병까지 강행하고 말았다. 더욱이 '9·11 총선'이라는 유사 국민투표에서 고이즈미 체제가 신임을 받음으로써 일본인의 피와 땀의 결정을 상징하는, 우편 저축과 우체국 간이 보험까지 차출하려 하고 있다.

| 일본의 진단 방법과 현상 이해 |

내가 이 책에서 진단에 사용할 방법은 조사보도다. 긁어모을 수 있는 한 많은 정보를 수집해 정리하는 것이다. 또 역사를 거울로 삼아 서로 닮은 현상을 골라내 거울에 비친 이미지와 실상을 비교해보는 것이다. 그리고 그것을 조감하듯 입체적 모델로 전환한다. 그렇게 하면 눈앞에 전체 구조의 실상이 떠오르고 그 구조가 얼마나 기능할 수 없게 됐는지를 밝힌다.

이 책에는 내가 직접 취재한 정보도 있지만 일부는 많은 선배들의 성과에 의존했다. 또 언론인 친구들이나 협력자들이 제공해 준 취재 메모도 활용했다. 어쨌든 이런 자료들로 조각 그림 맞추기 하듯 재구축해서 전체로서 한 장의 그림을 그렸다. 따라서 생명체인 일본 사회의 해부 도감으로서, 그 건강 상태의 관찰과 진단을 시도한 것이라고 봐 주면 좋고, 현대 일본을 엿보는 기분으로 봐도 된다.

명성을 떨치고 있는 캐나다 언론인 벤자민 풀포드는 일본 정부의 실정에 의해 잃어버린 십수년을 총괄해서 『야쿠자 침체 *The Yakuza Recession*』를 썼고, 일본의 현상을 『도둑 국가의 완성 *The Iron Kleptocracy*』이라고 분석했다. 또 장래의 전망으로서 『일본이 아르헨티나 탱고를 추는 날 *The Day Japan Come Crashing Down*』을 일본인에게 들이밀었다.

그러나 분명한 자기 입장이 없는 일본의 언론인이나 학자들 대부분은 지금도 고향에서 소일하며 시간을 보내고 있을 뿐 풀포드의 3부작을 능가할 만한 책을 써내지 못하고 있다. 그래서 이 책의 또 하나의 도전은 좌절감과 고이즈미 식 광기가 횡행하는 일본의 현재 상황에 '바람구멍'을 뚫으려는 것이다.

나는 이미 몇 권의 일본 진단서를 써 왔지만 대부분 거품 경제기로부터 장기적 대불황에 이르기까지의 일본이 어떤 병력을 가졌나 하는 문제였다. 현재의 병증을 올바로 이해하기 위해서는 과거의 경위가 어떻든 필요하다. 그래서 우선 역사를 약간 거슬러 올라가자.

| 20년 단위로 본 일본의 병증 |

전후[13] 일본의 오류는 1970년대 초 다나카 가쿠에이(1918~1993)

---

* 13) 일본에서는 제2차 세계대전이 끝난 1945년 8월 15일 이후를 흔히 '전후'라고 표현한다. 여기서도 일일이 '제2차 세계대전 이후'라고 쓰기가 번거로워 더러 그대로 '전후'라고 썼다. 한편으로 '전전'은 엄밀하게는 중일전쟁 이전으로, '전중'과 구분돼야 하지만 일반적으로는 1945년 8월 15일 패전 이전을 통틀어 가리키는 말로 쓰인다.

정권에서 시작됐다고 할 수 있다. 그러나 그 점을 알아차린 일본인은 극히 드물다. 그래서 일본은 아직도 발전을 계속하고 있다는 기분에 휩싸여서 『1등으로서의 일본*Japan as No. 1*』(에즈라 F. 포겔, 1979)이라는 경박한 책에 기분이 붕 떠서 의기양양하던 시대가 계속됐다.

지금에 와서야 그리운 옛날인 셈인데, 록히드 사건[14]으로 소란스럽던 무렵의 일본은 그나마 언론이 아직 비판정신을 갖고 있었다. 국회에서는 토론을 비롯한 제대로 된 질의나 진상 규명이 행해졌고, 일본은 법치국가로서의 체제를 유지했으며, 학생은 책을 읽었고, 국민의 눈동자는 빛나고 가슴에는 희망이 있었다.

그러나 1980년대는 세기말의 개막을 알리는 시대가 되면서, 일본은 '재테크'라는 말에 휘둘린 돈벌이 열기에 휩싸였고, 그에 따라 일본인은 교만한 태도를 갖게 되었다. 겸손과 성실이 가치 기준에서 멀어지는 본말의 전도가 뚜렷해진 것이다.

나카소네 야스히로에서 다케시타 노보루竹下登[15] 정권에 걸친 시대는 마치 조폭 정치와 카지노 경제가 결합한 시대였다. 그 때문에

* 14)　1976년 일본 정계를 강타한 대형 뇌물 사건. 미국 록히드 사가 젠닛쿠全日空(ANA)와 해상자위대에 트라이스타 여객기와 대잠초계기를 각각 판매하기 위해 일본 정계와 재계에 거액의 뇌물을 뿌린 것이 드러났다. 이 사건으로 다나카 가쿠에이 전 총리는 일본 사상 최초로 총리 재직 시절의 범죄 혐의로 구속됐다. 다나카는 2심까지 유죄 판결을 받았으며 대법원의 최종 판결을 앞두고 뇌경색으로 세상을 떠났다.

* 15)　1924~2000. 시마네島根현 출신의 정치인. 파벌 회장인 다나카 전 총리가 록히드 사건으로 물러난 뒤에도 막후에서 정계를 주무르며 지배권을 이양하지 않자 1985년 하시모토 류타로橋本龍太郎, 오부치 게이조小淵惠三, 오자와 이치로小澤一郎 등 '7총사'를 이끌고 파벌 내 반란을 일으켜 최대 파벌을 장악했다. 1987년 11월 ~89년 6월까지 총리를 지냈고, 총리에서 물러난 뒤에도 최대 파벌의 후견인으로서 2000년 세상을 뜰 때까지 일본 정계를 주물렀다. 한국에 대한 이해가 가장 깊었던 정치인으로 꼽힌다.

일본은 에너지를 함부로 써 버렸지만, 왕성하게 축적된 체력은 아직 충분했다. 그래서 파국의 시작은 고통을 수반했지만, 거품 붕괴의 큰 충격에도 불구하고 진단은 강경증強硬症(Catalepsy—정신병리학에서 죽음에 이르는 질병의 초기 증상) 발현에 그쳤다. 그래서 나는 '경열부사'硬劣腐死(굳어지고, 뒤처지고, 썩고, 죽는다)라고 한자로 써 보았다.

혼미 속에 가이후 도시키海部俊樹[16]에서 호소카와 모리히로細川護熙[17], 무라야마 도미이치村山富市[18]로 이어지면서 일본의 병증은 점점 더 악화했다. 언론이 타락해 뇌기능이 떨어져 버렸고, 비판정신을 잃음과 동시에 정치가 통치 행위에서 일탈하게 되었다.

* 16) 1931년 아이치愛知현 출신의 정치인. 일본 정치인의 산실인 와세다 대학 웅변부 시절 "가이후 앞에 가이후 없고, 가이후 뒤에 가이후 없다"는 말을 들을 정도로 웅변이 능했다. '클린 미키'로 유명한 미키 다케오三木武夫의 총애를 받으며 깨끗한 이미지를 키웠고, 협상 조정 능력이 뛰어났다. 당내 세력이 미약한 데도 불구하고 89년 8월~91년 11월까지 총리가 된 것도 그런 연유에서였다. 정치 스승인 미키와 마찬가지로 정치력이나 지도력은 의문시됐다.

* 17) 1938년 도쿄 출신의 정치인. 조치上智 대학 법학부 졸업 후 10년 가까이 『아사히朝日신문』 기자로 일했고, 33세에 참의원 의원으로 당선돼 정계에 입문했다. 대대로 구마모토熊本현의 영주를 지낸 명문 호소카와 집안의 18대 적손임을 내세워 마흔다섯 살에 구마모토 현지사에 당선됐다. 기존 형태의 정계에서 벗어난 탈속적인 풍모로 유명했으며, 93년 비자민 8당 연립으로 자민당의 일당 지배에 종지부를 찍은 '호소카와 혁명'의 상징이다. 그러나 총리가 된 후 현실 정치에 어울리는 지도력 부족과 복잡한 연립정권 내부의 의사 조정에서 겪는 어려움을 참지 못하고 8개월 만에 물러나야 했다. 지금은 정계를 은퇴하고, 취미인 도예에 매달려 있다.

* 18) 1924년 오이타大分현 출신의 정치인. 열다섯 살에 아버지를 여의고, 리어카 행상 등으로 대가족을 부양하며 고학해 총리에까지 오른 입지전적인 인물이다. 메이지明治 대학 전문학부(2년제) 졸업 후 오이타현 지방 공무원으로 일했고, 이때 직원 노조 활동에 열성을 보여 사회당(현 사민당)과 인연을 맺었다. 서른한 살에 현의원이 되었고, 21년 뒤인 72년에 중의원 의원이 되었다. 국회대책위원장(원내총무)으로서 자민당과의 대화가 잦았던 것이, 나중에 호소카와의 뒤를 이은 하타 쓰토무宇田子 내각이 2개월 만에 무너진 후 탄생한 자민·사회·사키가케 3당의 연립정권에서 총리를 맡는 행운으로 이어졌다. 95년 패전 50주년을 맞는 '무라야마 담화'에서 과거사 반성과 사죄를 분명히 하는 등 사회당의 기본 정책을 일부 국정에 반영하는 데 성공했다. 그러나 자민당과의 연립은 결과적으로 부동의 제1야당이던 사회당이 완전한 군소 정당으로 몰락하는 계기가 되기도 했다.

정치가 이념을 방기하고 야합함으로써 근대를 특징지은 이성의 용융이 시작돼, 일본 사회는 '열'劣에서 '부'腐로의 이행이 본격화됐고, 원시시대로의 회귀가 우려될 지경이 돼버렸다.

그리고 드디어 세기말이 오고, 1990년대 후반 하시모토 류타로 橋本龍太郎[19] 시대가 되자 일본에는 정신에 이은 육체의 변이마저 뚜렷해졌다. 더욱이 차례차례 나타난 많은 합병증 때문에 지리멸렬한 형태로 총리를 뽑는 시대가 시작됐다. 이렇게 해서 오부치 게이조 小淵惠三[20]에서 모리 요시로를 거쳐, 마침내 고이즈미 정권이 탄생했던 것이다.

실은 이 고이즈미 정권이 일본을 죽음으로 몰아가는 정권인데, '개혁'이라는 이름으로 사회 붕괴를 더욱 촉진하고 있다. 그리고 드디어 2005년 8월 우정민영화 관련 법안이 참의원에서 부결되자

* 19)　　1937년 도쿄 출신의 정치인. 현재 자민당 제2파벌인 하시모토파의 회장으로 강한 영향력을 행사하고 있다. 아버지가 후생장관과 문부장관을 지낸 유복한 가정에서 귀공자로 자랐다. 게이오 대학 정치학과 졸업 후 직장생활을 하다가 급서한 아버지의 선거구에 입후보해 최연소(스물여섯 살)로 당선됐다. 그 이후 역대 자민당 지도부의 총애와 국민적 사랑을 받으며 탄탄대로를 걸었고 일찌감치 총리 자리를 예약해 놓았으나 정치 정세의 급변으로 매번 기회를 놓쳤다가 96년 1월에야 총리가 됐다. 그러나 일본 경제가 심각한 불황으로 빠져들고 잇따른 사건으로 지지율이 급락했다. 결국 98년 7월의 참의원 선거에서 참패하자 책임을 지고 사임했다.

* 20)　　1937~2000. 군마群馬현 출신의 정치인. 3수를 해서 와세다 대학 문학부에 들어간 직후 중의원 의원이던 아버지가 급서하는 바람에 정치 준비에 들어갔다. 대학원 정치학과 재학 중 스물여섯 살의 나이로 나카소네 야스히로, 후쿠다 다케오 등 정치 거봉이 버티고 있던 군마현에서 '골짜기의 백합'으로 3등 당선돼 하시모토 류타로와 함께 최연소 의원이 됐다. 이후 하시모토 등과 함께 '다케시타 7총사'로 정치적 성장을 거듭했고, 외무장관을 지내던 98년 7월 하시모토 내각의 퇴진으로 무난히 총리직에 올랐다. 원만하고 소탈한 성격이어서 적이 없었던 반면 '식은 피자'니 '평범한 사람'이니 하는 등의 비난은 끊이지 않았다. 그러나 98년 김대중 대통령과의 정상회담에서 '한일 파트너십 선언'을 하는 등 한중 양국과 돈독한 관계를 유지했으나 2000년 4월 뇌경색으로 쓰러진 후 다시는 일어나지 못했다.

제어 불능 상태에 빠져 중의원 해산으로 의회정치의 틀까지 파괴해 버렸다.

이 책은 이 '부'腐에서 '사'死에 이르는 시기를 분석, 차트에 기재된 증후군에 의거한 소견을 정리, 읽기 쉬운 보고서 형태로 만든 것이다.

| 좀비가 발호하는 '발푸르기스의 밤' |

지금 일본은 좀비가 지배하는 나라(좀비 정치의 나라)다. '부'에서 '사'에 이르는 과정에서는 제대로 된 인간은 활약하지 못하고, 좀비만이 활기를 띤다. 그리고 국민은 자신들 위에 군림하는 것이 좀비임을 알아차리지 못하고 좌절 속에서 불안한 기분으로 지낸다. 이는 그야말로 비극 자체이므로 우리는 좀비가 무엇인지를 어떻게든 이해하지 않으면 안 된다. 좀비란 도대체 무엇일까?

이것이 수학 세계의 설명이라면 '풀이'는 상위 차원에 있고, '좀비'가 최저 차원이라고 볼 수 있다. 그러나 이게 무슨 소린지 확실하지 않기 때문에 몇몇 사전을 뒤져보기로 했다. 다만 보통 사전을 뒤져도 '좀비'에 대한 설명은 잘 없다. 그래서 생각 끝에 『심령연구사전』(도쿄도東京堂, 1990)을 펼쳐 보았더니 다음과 같은 설명이 있었다.

"좀비Zombie : 서인도제도 아이티의 말로 흑마술黑魔術로 시체를 몽유 상태로 움직이게 하거나 되살아나게 하는 마력을 가리킨다."

이 설명은 어느 정도 납득할 수 있다. 이미 죽은 몸인 자민당을 되살린 것이 2001년 총재 경선을 통한 고이즈미 정권의 탄생이고, 그것이 바로 흑마술이었다고 생각하면 쉽게 이해할 수 있기 때문이다.

그러나 이것만으로는 사회학적 논의로 이어갈 수는 없어서 이번에는 『일영회화사전』(아사히朝日출판사, 1982)에서 좀비를 찾아보았더니 '강시', 즉 살아있는 시체라고 돼 있고 다음과 같은 설명이 붙어 있었다.

"이 영어의 원래의 의미는 부두Voodoo교의 주술사에 의해 살아 있는 모습을 부여받은 시체를 뜻한다. 거기서 정신적으로 시체와 같은 놈이라는 속어로 쓰인다. 좀비는 이 밖에도 멍청이라는 의미의 속어로 쓰이는 경우도 있다."

최근 일본 정계는 이상한 공기로 가득 차 있다. '우정 해산'으로부터 총선거에 이르는 과정은 그야말로 좀비가 발호하는 세계가 아니었을까? 이미 모든 질서가 사라지고 온갖 것들이 꿈틀거리고, 외치고, 배회하고 있었으니 말이다.

그래서 현재에 이르기까지 일련의 흐름 속에서 나는 좀비라는 말과 함께 '발푸르기스Walpurgis의 밤'을 떠올렸다. '발푸르기스의 밤'이란 매년 5월제(5월1일) 전야에 독일 하르트 산맥의 고봉인 브로켄Brocken 산에서 수산양이나 빗자루, 부지깽이 등에 올라탄 마녀들이 모여서 악마와 '사바트(광연狂宴)'를 연다는 전설의 무대다.

괴테(1749~1832)가 극시 『파우스트 Faust』에서 묘사해 일약 유명해졌는데, 거기에 묘사된 광경은 장절壯絶하기 짝이 없다. 흥분해서 광란에 빠진 마녀의 울부짖음이 산과 계곡에 메아리쳐 야단법석을 이룬다. 따라서 이 어지럽고 어수선한 현상이 내게는 고이즈미 붐의 원형Archetype인 것처럼 여겨진다.

우선 오부치 게이조의 기괴한 돌연사. 그리고 그 후 밀실에서의 검은 거래에 의해 성립한 모리 내각. 더욱이 모리 내각이 사상 최저의 지지율로 쓰러져 자민당이 완전히 '강시'가 되자, 무리로부터 떨어져 있다가 끼니를 놓친 외톨이 까마귀가 기사회생책이라고 등장했다. 그 외톨이 까마귀는 자신의 둥지까지 파괴했다. 그것이 바로 고이즈미 준이치로다. 이 일련의 사건이 어지럽고 어수선한 현상이 아니라면 무엇일까.

우선 '발푸르기스의 밤'의 한 구절을 읽으면서 이런 정경을 떠올려 보길 바란다.

> 바람이 잦아들고 별이 진다
> 비창悲愴한 달은 숨고 싶다
> 마녀들의 합창이 울려 퍼지고
> 무수한 불덩이가 작렬炸裂한다

2005년 9월

후지와라 하지메

KOIZUMI'S ZOMBIE POLITICS
CONTENTS

CHAPTER 03 고이즈미 마키코 내각

CHAPTER 04 좀비 연대기

CHAPTER 05   천민자본주의

CHAPTER 06　성역투성이 개혁

CHAPTER 07　자아도취 외교

CHAPTER 08 아무것도 아닌 일본

고이즈미 집안 3대의 역사는 일본의 흥망과 겹쳐진다. 국가 건설에 분발한 메이지 시대의 융성기에서 시작해, 군사적 침략 노선의 파탄과 새로운 국가의 건설을 이룬 쇼와 시대, 카지노 경제의 거품이 꺼지고 불황에 고통에 시달리면서 슬금슬금 망국의 늪으로 가라앉은 헤이세이 시대로 이어지는 3부작이다. 더욱이 이는 벤자민 풀포드의 통찰력 있는 눈에 비쳤듯, 『일본이 아르헨티나 탱고를 추는 날』로 귀결하는 것이다. 한 마디로 3대째인 고이즈미 준이치로는 "자민당을 깨부순다"고 말하지만 그 정체는 일본을 해체하는 사람이라고 나는 확신하고 있다.

CHAPTER 01

3대를 잇는 끈

KOIZUMI'S ZOMBIE POLITICS

| 포퓰리즘 운동에 투신한 외조부 마타지로 |

청일전쟁(1894~1895)에서 러일전쟁(1904~1905)에 걸친 메이지明治시대[1] 중엽 '대일본제국' 최대의 군항인 요코스카橫須賀에는 비계공 우두머리인 고이즈미 요시베에小泉由兵衛가 있었다. 당시 요코스카에서는 그가 이끈 고이즈미구미小泉組와 훨씬 세력이 큰 인력 청부업자가 영역 다툼을 벌이고 있었고, 도박꾼들이 떠들썩하게 드나들었다고 한다.

요시베에는 아들 마타지로又次郎에게 방파장 하역 인부 알선업을 물려주었다. 이로써 고이즈미구미는 등과 두 팔, 발목까지 용 문신을 새긴, 원기왕성한 젊은 우두머리를 맞았다. 이 젊은 우두머리 고이즈미 마타지로(1865~1951)가 고이즈미 준이치로의 할아버지다.

* 1)   1867~1911. 메이지 유신을 통해 봉건제에서 입헌군주제 국가로 전환한 일본이 서양 근대 문명을 받아들여 급속히 근대화한 시기다. 일본의 국가적 성장의 토대를 이루었지만 조선병합 등 많은 부의 유산도 함께 남겼다.

마타지로는 그 후 정계에 진출, 가나가와神奈川현 의회의원을 거쳐 국회의원이 되었는데, 고이즈미구미를 계승한 이 무렵에는 아직 혈기왕성한 청년이었다. 당시 그는 해군에 노무자를 보내어 군함에 포탄과 식료품, 석탄을 싣게 하는 것이 주된 일이었던 하역 청부업자의 일에 그다지 만족하지 못했다고 한다. 그 때문인지 마타지로는 '히비야日比谷 방화 사건'에 가담하게 된다.

'히비야 방화 사건'은 1905년 가을에 일어난 소요 사건이다. 러일전쟁을 종식시킨 포츠머스 조약(1905)에서 배상금을 타낼 수 없게 된 데 반발해 폭도화한 대중이 내무대신[2] 관사와 경찰서에 불을 지른 사건이었다. 이 사건은 3일 동안이나 소요가 계속된 끝에 17명이 숨지고 2000여 명이 체포되면서 일단락됐다. 러일전쟁에서 '대일본제국'은 약 4만 3000명의 전사자를 냈고, 전비도 약 17억 엔을 썼다. 그런데도 배상금을 받지 못했다. 그 때문에 분노한 우익 도야마 미쓰루頭山滿(1855~1944)나 정치인 오가와 헤이키치小川平吉(1870~1942) 등이 교묘하게 대중을 선동해서 일으킨 사건이었다. 이는 당시 군국주의를 지지한 대중의 열광적 포퓰리즘 운동으로 일본사에 기록된 최초의 사건이기도 하다. 이 포퓰리즘이란 말은 여기에서 분명히 마음에 새겨둘 필요가 있다. 왜냐하면 이 사건으로부터 거의 1세기 뒤에 탄생한 고이즈미 정권도 열광적 포퓰리즘의 산물이기 때문이다.

---

* 2)　상징 천황이 있는 일본은 지금도 군주의 존재를 전제한 '대신'大臣이란 표현을 쓴다. 그러나 현재의 우리 감각과 거리가 멀기 때문에 이 책에서는 실질적 천황제 국가였던 1945년 8월 15일 이전까지는 그대로 대신이라고 옮기고, 그 이후로는 '장관'을 쓰기로 한다.

이 폭동 사건은 '삼국 간섭'(1895)에 의한 굴욕적 역사 체험이 원인이 됐다. 청일전쟁을 종식시킨 '시모노세키下關 강화조약'에서 '대일본제국'은 전리품으로 청나라(1644~1912)로부터 2억 냥의 배상금을 받고, 랴오둥遼東 반도까지 할양받았다. 2억 냥은 당시 3억 2000만 엔에 달하는 거액으로 청나라의 3년분 세출 예산에 가까웠다. 일본의 일반 회계가 8000만 엔 정도였으니 4년분 세출 예산에 해당하는 엄청난 액수였다. 그러나 러시아와 프랑스, 독일은 이 영토 할양에 맹렬히 항의했고, 이를 받아들인 일본 정부는 어쩔 수 없이 랴오둥 반도를 청나라에 되돌려주고, 그 구상금으로 4700만 엔을 받는 데 만족할 수밖에 없었다. 이것이 이른바 '삼국 간섭'인데, 그 후 일본 정부는 '와신상담'을 구호로 내걸어 국민 감정을 어루만졌고, '러시아 적대'를 외교의 중심으로 삼았다.

'삼국 간섭' 때부터 울적한 마음을 안고 있던 대중의 해묵은 울분은 10년 후 러일전쟁의 승전보가 전해지자 한꺼번에 터져 나왔다. 그 승리에 대한 보답이 너무나 보잘 것 없었기 때문에 "일본은 또다시 열강의 압력에 굴복했다"고 여론이 격렬하게 반발, 신경질적으로 번진 끝에 '히비야 방화 사건'이 일어난 것이다. 굴욕감이라는 감정에 촉발돼 동원된 민중은 분노의 에너지를 열광의 소용돌이로 바꾸었고, 정부 건물과 열차에 불을 질러 분풀이를 하려고 했다.

이런 감정의 소용돌이 속에 고이즈미 마타지로가 있었다는 점은 어떤 의미에서 고이즈미 집안의 운명을 결정했다고 생각하는 것은 나쁘이 아닐 것이다. 고이즈미 집안이라는, 일본 근대사에서 3대에 걸쳐 정치인을 배출한 일족은 어느 경우에나 대중의 포퓰리즘과 결합돼 있었기 때문이다.

| '대역 사건' 후에 터진 '역사교과서 문제' |

'히비야 방화 사건'에서 비등한 포퓰리즘의 커다란 용틀임을 보고, 이른바 대중의 열광적 국가 의식에 주목한 문부성과 정부 중추는 그 후 이를 교묘하게 이용하기로 했다.

역사학은 권력으로부터 독립된 학문이고, 사실에 근거해 짜여진 것이라는 입장을 견지했던 학자들이 대학에서 추방되는 예가 늘어났다. "신토神道는 하늘에 제사를 지내는 오랜 풍속"이라고 주장한 구메 구니타케久米邦武(1839~1931) 도쿄 대학 교수는 국수주의자들에 의해 교단에서 쫓겨났다. 역사와 신화를 구별해야 한다는 생각은 황실의 존엄을 모독하는 것으로 공격의 대상이었다. 그리고는 주술적 교육으로 사상 통제를 추진함에 따라 일본 전역에서는 국수주의적 정치활동의 열기가 달아올랐다.

이런 가운데 군중의 열광을 체험한 고이즈미 마타지로는 곧바로 정계에 투신했다. 우선 가나가와 현의원이 되었고, '히비야 방화 사건'으로부터 겨우 3년 후인 1908년에는 국회의원으로 전신하는 데 성공했다. 메이지 말기 국가주의와 포퓰리즘 흥성기를 맞아 그의 안에서 잠자던 건달 기질과 청운의 뜻이 결합해서 멋진 열매를 맺은 것이었다.

이런 시대 흐름 속에서 '대역 사건'(1910)이라는, 근대 일본사에서 특기할 만한 사건이 일어났다. 이 사건 판결 다음날 『요미우리讀賣신문』은 교과서 문제를 관련 기사로 다루었다. 즉, 『초등학교 일본역사』라는 교과서에 남북조 대립3) 시대라는 기술이 있는 것이 발칙하며, 중대한 문제라고 주장하고 나선 것이다. 당시의 사정을

『교양인의 일본사 제4권』(이케다 시마사池田敬正, 샤카이시소샤社會思想社)은 이렇게 썼다.

"이에 편승하는 자들이 즉각 나타났다. 와세다早稻田 대학의 마키노 겐지로牧野憲次郞·마쓰다이라 야스쿠니松平康國 등이 중의원 의원 후지사와 모토조藤澤元造를 움직여 국회에서 문제로 삼는 데까지 발전했다. 집필자인 기다 사다키치喜田貞吉(1871~1939)와 미카미 산지三上參次는 남조 정통론이 유교의 대의명분론에서 나온 것일 뿐 근거가 없으며, 사실은 천황이 두 갈래로 갈려 항쟁했다고 주장했다. 가쓰라桂 내각은 이에 대해 '고토쿠幸德 사건'[4]과 마찬가지 방법을 썼다. 즉, 사실 여부를 조사하는 대신 단숨에 기다를 휴직 처분하고, 곧바로 후임을 결정해 교과서를 개정하도록 했다. 남조라는 말을 빼고, 요시노吉野조로 바꾸었다."

러일전쟁 후에 달아오른 국수주의가 우익을 움직여 교과서 기술의 편향을 공격한 것이다. 요즘 독자들은 역사교과서 문제라면 으레 '침략 전쟁'이나 '군대위안부' 등 한중 양국과 문제를 빚은 '역

---

* 3) 1336년 교토京都에 무로마치室町 막부를 설치한 무장 아시카가 다카우지足利尊氏가 고다이고後醍醐 천황 대신 고묘光明 천황을 세우자 고다이고는 남쪽 요시노吉野로 달아나 여전히 천황 행세를 했다. 이에 따라 교토의 북조北朝와 요시노의 남조가 대립하는 남북조 시대가 한동안 계속됐으나 1392년 북조가 남조를 통합했다. 이 시기의 역사를 남북 어느 쪽을 중심으로 서술하느냐, 아니면 동시에 서술하느냐의 문제는 천황가의 정통성 문제와 직결돼 첨예한 대립을 불렀다. 그러나 1919년 이후 '남북조 시대'라는 서술방식이 통설이 되어 현재까지 이어지고 있다.

* 4) 고도쿠 슈스이幸德秋水(1871~1911)를 비롯한 초기 사회주의자들이 1910~11년 대거 검거돼 천황 암살 음모 혐의로 처형된 사건. 당시 형법상의 '대역죄'가 적용됐기 때문에 보통 '대역 사건'이라고 불린다.

사 인식'의 문제를 떠올리겠지만, 메이지 시대의 일본에서도 이런 문제가 일어났던 것이다. 즉, 역사를 고쳐 쓴다는 것은 늘 뒤에 정치가 있고, 대중을 휘몰아가는 포퓰리즘이 존재한다. 이 메이지 시대의 교과서 문제는 어디까지나 국내 문제였지만 사실 그 뿌리는 같았다.

역사교과서 문제를 논란에 부친 사람들은, '역사 수정주의' 입장을 표명한 기다 사다키치(1871~1939) 등을 황통皇統을 훼손하는 불령자不逞者라고 단죄했다. 그리고 이때 편승한 후지사와 모토조 의원과 한 패가 되어 소란을 떨었던 사람이 바로 고이즈미 마타지로였다. 초선 의원인 마타지로는 이때 억울하게 죄를 뒤집어 쓴 고토쿠 슈스이幸德秋水(1871~1911) 등을 매도한 것은 물론이고 아시카가 다카우지足利尊氏(1305~1358)를 충신으로 여긴 기다 사다키치를 공격했다. 그를 문부성에서 추방하려는 공작의 하나로 '남북조 정윤론'正閏論, 즉 남조와 북조의 어느 쪽이 정통성이 있는지에 대한 논란을 불러일으킨 정치가의 한 사람이었다.

역사의 교훈을 배우지 않는 군국주의 노선

역사는 반복된다고 하지만 현재의 일본에서도 국가주의가 흥성하는 가운데 권력과 결탁해서 교과서를 고쳐 쓰려는 복고파 집단의 암약이 두드러지고 있다.

그리고 '난징南京 학살'이나 '군대위안부' 문제로 아직까지도 논란을 불러일으키고 있다. 반일 작가인 아이리스 창(1968~2004, 『*The*

Rape of Nanking』의 저자)이나 중국 정부가 30만 명 이상을 학살한 범죄라고 규탄한 데 대해 일본에서는 국수주의에 중독된 언론인이나 수구파 정치인들은 한결같이 '난징 학살'은 없었다고 주장했다. 이런 가운데 우습게도 국회에서 '사죄 결의'까지 하는 해프닝이 있었으니 너무나 개탄스럽다.

전쟁은 살인과 파괴를 수반하는 야만 행위이므로 그 반성 위에 서 있는 일본인이라면 전쟁을 막고, 두 번 다시 같은 비극이 일어나지 않도록 전력을 기울이겠다는 각오를 전 세계를 향해 다짐하는 것이 필요하다. 즉, 그것은 사죄하느냐 마느냐의 문제가 아니다. 앞으로 어떻게 할 것이냐가 문제의 핵심이다. 그러나 현재의 일본은 감정론에 지배된 나머지 혼란을 벗어나지 못하고 있다.

동북아시아 각국이 감정을 끌어올리고 있는 현안은 세계적으로 하찮은 논쟁이다. 또 국제정치의 대응으로서도 유치하기 짝이 없다. 지금의 일본인이 생각해야 하는 것은 피해자가 30만 명인지, 10만 명 이하인지 하는 숫자의 문제가 아니라, 가령 100명을 죽였어도 범죄는 범죄라는 사실, 바로 이런 비열하고 악랄한 행위의 재발을 막는 것이 핵심이다. 그것이 과거의 체험에서 우리가 배워야 할 역사의 교훈이다. 하지만 지금 일본은 문제의 핵심은 고사하고 과거 역사 중 최악의 부분만 되풀이하려고 한다.

러일전쟁이나 제1차 세계대전을 체험한 일본의 정치는 파시즘 운동에 편승해 군국주의로 매진했다. 마찬가지로 현재의 고이즈미 정치는 이라크 파병을 출발점으로 삼아 군국주의 노선으로 달려가고 있다. 조부 고이즈미 마타지로가 걸어온 길처럼, 대중의 열광이라는 포퓰리즘의 물결에 편승한 '망국의 길'이다.

| 쇼와昭和[5] 파시즘 속에서 국가주의 정치가로 |

실은 제1차 세계대전이 시작되기 전의 일본은 현재와 마찬가지로 재정 적자에 신음하고 있었다. 메이지 시대 이후 서구 열강에 대항하려는 '부국강병'으로 인해 일본은 외국에 진 빚으로 국가파산 상태였고, 외채 이자를 지불할 자금도 부족했다. 이자를 갚기 위해서는 또다시 외채를 발행하는 등 부채 지옥에서 벗어나질 못했다. 당연히 국고는 텅텅 비었고, 말 그대로 초죽음 상태였다. 적자 국채로 국가 파산 위기에 몰린 지금의 일본 정부와 흡사했다.

무엇보다 러일전쟁에 필요한 자금을 조달하기 위해(군함이나 대포를 사기 위해), 당시 일본은행 부총재인 다카하시 고레키요高橋是清(1854~1936)는 구미 각국을 방문, 외채 인수자를 찾아 다녔다. 그리고 반反 러시아 활동가인 유대인 시프Jacob Schiff(1847~1920)의 지원으로 겨우 필요한 전비를 조달했다. 그러나 이때 빌린 외채의 상환이 시작되자 변제할 돈이 없어서 또다시 빚을 얻어야 했기 때문에 부채 지옥의 악순환에 비명을 내지르고 있었다.

그런데 다행히 이 부채 지옥을 해소할 수 있는 사태가 유럽에서 발생했다. 그것이 바로 제1차 세계대전이다. 사라예보의 총성과 함께 오스트리아 제국의 황태자가 암살돼 제1차 세계대전이 시작되자, 전쟁에 직접 휘말리지 않은 일본은 특수特需에 따른 미증유의 거품경제가 찾아 왔다. 전쟁 호경기로 일본은 부채 대국에서 졸지에 채권국으로 바뀌었다.

---

* 5) 히로히토裕仁 천황 즉위 기간의 일본 연호. 1926년이 '쇼와 1년'이어서 25를 더하면 서기 몇 년인지를 알 수 있다.

이 전쟁 호경기는 많은 벼락부자를 낳았고, 특히 선박으로 벼락부자가 된 회사들 가운데는 600퍼센트의 배당을 하는 회사도 있었다. 돈뭉치로 불을 때 바비큐를 즐기는 등 넘쳐나는 돈을 물 쓰듯 하는 이야기가 신문을 떠들썩하게 했다. 그 가운데 한 사람이 마쓰카타松方 컬렉션으로 유명한 마쓰카타 고지로松方幸次郎(1896~1950)였다. 그는 메이지 유신의 공신인 마쓰카타 마사요시松方正義(1835~1924)의 3남으로, 예일 대학을 졸업하고 소르본느 대학과 옥스퍼드 대학을 거친 가와사키川崎 조선의 초대 사장이었다. 그는 제1차 세계대전 당시 선박 건조 붐을 타고 가와사키 조선을 일본 정상의 조선소로 키워 거대한 자산을 일구었다. 또 마쓰카타는 사장실을 런던에 두고, 프랑스에서 지금의 200억 엔에 상당하는 돈을 들여 그림과 우키요에浮世繪(일본 풍속화)를 수집하기도 했다. 그러나 이 풍운아도 제2차 세계대전 이후에는 불황으로 도산하고 만다. 이처럼 벼락부자 대국인 일본은 술기운에 들떠서 야단법석으로 날이 새고 졌다.

또 이런 이야기도 있다. 어떤 선박 벼락부자가 요정에서 기생을 끼고 놀다가 돌아가려고 신발을 찾았는데 어두워서 보이지 않았다. 그래서 100엔짜리 지폐에 불을 붙여서 겨우 신발을 찾았다고 한다. 당시 대졸 초임은 약 30엔이었다.

이런 시절에 정치인 고이즈미 마타지로는 무엇을 하고 있었을까? 1908년 중의원 의원에 첫 당선된 그는 그 후 연속으로 당선됐다. 개진당改進黨, 유흥회猶興會, 우신회又新會, 동지회同志會, 헌정회憲政會, 민정당民政黨을 전전했지만 정치인으로서의 입지를 착실히 다져 1924년~27년에는 중의원 부의장까지 올랐다.

이는 전후 경제 부흥의 최종 단계에서 주식과 부동산 가격 앙등으로 '카지노 경제'가 급격히 팽창해 '나카소네 거품'이 부풀어 올랐던 시기에, 고이즈미 준이치로가 중진 의원의 기틀을 닦고 각종 위원회의 간부를 지낸 것과 묘하게도 들어맞는다. 역시 역사는 반복되는 모양이다.

| 유전자가 전한 정치적 매파 사상 |

'산이 높으면 골이 깊다'는 말이 있듯, 거품이 꺼지면 불황에 휘말린다. 제1차 세계대전에 따른 전쟁 호경기가 맥없이 끝나 버리자 일본은 '이노우에井上 디플레'(1927~1933)라는 대불황기를 맞았다. 더욱이 관동대지진(1923)에 의한 피해와 그 부흥을 위한 자재 수입 급증으로 환율이 폭락, 미증유의 금융 공황에 돌입했다.

이 책에서는 자세히 다루지 않지만 이 시기는 일본 경제사의 핵심 주제이기도 해서 분명히 해 두어야 할 것이 있는데, 그것은 디플레에 대해 알지 못하고서는 경제 운용이 불가능하다는 점이다. 당시 일본 정치의 중심부에서 디플레에 대해 알았던 사람이 다카하시 고레키요뿐이었다. 그러나 지금 일본 정계에는 그런 인물조차 없다.

어쨌든 '이노우에 디플레'가 지배한 쇼와 초기는 그 뒤로 이어진 일본 군국주의 팽창의 여명기로 쇼와 파시즘의 출발 시기에 해당한다. 거품 경제기의 방만한 경영으로 파탄한 금융을 구제하기 위해 1929년 7월 하마구치 오사치浜口雄幸(1870~1931) 내각이 탄생하자 대장대신이던 이노우에 준노스케井上準之助(1869~1932)는 긴축재정을 실시했다. 그 전년인 1928년, 입헌민정당의 간사장이 된 고이즈미 마타지로는 이 하마구치 내각에서 체신대신에 취임했다. 요코스카의 건달이 마침내 일본 국정의 중추에 올라선 것이다.

그 후 마타지로는 요코스카 시장을 2년 정도 지내고, 1937년 다시 입헌민정당 간사장에 취임했다. 그리고 중일전쟁(1937~1945)에서 태평양전쟁(1941~1945)으로 이어지는 시기를 정치인으로 살아남았다. 그는 전시에는 '익찬翼贊정치연맹'[6]에 속했고, 최후에는 귀족원의원에 선출되는 경로를 밟았다. 이런 그의 경력은 하마구치 내각의 체신대신이 될 때까지는, 어떤 의미에서는 입지전에서 볼 수 있는 출세 이야기 그대로다. 더욱이 '문신대신'이라고 불리며 서민의 인기를 끌었고, 보통선거 실현을 위해 분주히 뛰었다는 점에서는 그야말로 대중 정치인으로서 포퓰리즘에 열중했다. 그러나 '문신대신'은 나중의 익찬정치인 이미지와는 부합하지 않는다. 그런데 항간에 "군인이 되려는 생각을 버리기 위해 문신을 했다"는 이야기는 허구이며, 한탕치기꾼들의 우두머리가 되기 위해 문신을 했다는 쪽이 진상에 가깝다는 것이 나의 해석이다.

이때 익찬정치인이 된 고이즈미 마타지로에게 딱 들어붙었던 사람이 데릴사위[7]인 고이즈미 준야小泉純也 1904~1969)였다. 준야의 원

---

* 6)   전시 군국주의 체제 아래 독재정치 기반을 강화하기 위해 1942년 도조 히데키東條英機 총리의 지시로 조직된 정치결사체. 귀족원(현재 참의원의 전신)과 중의원 의원 대부분과 각계 대표가 참가했고, 다른 정치결사체가 모두 해산됐기 때문에 1당 독재 상황에서 의회는 정부의 완전한 보조기관이 됐다. 익찬翼贊은 '받들어 돕는다'는 뜻으로, 천황제 정부의 보좌를 기본 임무로 삼는 정치 이념을 상징하면서 군국주의 정치운동의 기본 흐름을 이루었다. 일본의 익찬정치는 이에 앞서 1940년 10월 관제적 국민통합조직인 대정익찬회大政翼贊會가 전국적으로 조직되면서 본격화됐다. 기존 정당의 해산과 함께 전국의 모든 정치, 사회조직을 총망라한 국민 감시, 국가통제 기구가 됐다.

* 7)   일본은 한국과 달리 부모 양계주의 가족제도 전통을 이어왔다. 친족과 외족의 구분이 거의 없다 보니 아들과 사위의 구분도 흐릿하다. 이런 가족 관념은 데릴사

래 성은 사메지마鮫島로, 가고시마鹿兒島현 가세다加世田시 출신이었다. 1930년 니혼日本 대학 법학부 정치학과를 졸업하고, 당시 체신대신이던 마타지로의 비서가 되었고, 마타지로의 딸 요시에芳江와 결혼해 고이즈미 집안을 잇게 됐다. 내무참사관을 거쳐 1937년 가나가와현에서 중의원 의원에 입후보해 당선된 뒤 장인 마타지로와 행동을 같이 했다. 즉, 고이즈미 준이치로의 할아버지와 아버지 모두 국가주의 활동의 일환으로 전쟁 수행을 위한 활동을 계속했던 것이다. 따라서 두 사람이 전후 공직에서 추방된 것은 당연하다.

익찬정치란 일본형 전체주의다. 고노에 후미마로近衛文麿(1891~1945)와 도조 히데키東條英機(1884~1948)가 의회에 대한 지배권을 확립하기 위해 적극적으로 지원활동을 했던 정치체제이자, 쇼와 파시즘이라고 불린 포퓰리즘의 일종이다. 전후에도 지하 수맥을 통해 국가주의 사상의 본류로서 살아 있다.

이 포퓰리즘은 전쟁중에 전통 우파의 '팔굉일우'八紘一宇 사상으로 이어졌고, 전후에는 '닛폰카이'日本會 '소신카이'素心會 등의 지도 이념으로서 기시 노부스케岸信介(1896~1987)나 후쿠다 다케오福田赳夫(1905~1995)를 거쳐 모리森파의 반동 노선 형태로 고이즈미 내각에 전해졌다. 즉, 고이즈미 준이치로에게는 포퓰리즘을 배경으로 한 정치적 매파 사상이 유전자로 이어져 맥박치고 있는 것이다.

고이즈미 마타지로·준야 부자에 대해 "반反 도조東條 자세로 일관했고, 독재에 맞섰다"고 평가하는 사람도 있고, 전후에 나온 평

위나 양자의 보편화를 불렀고, 그 때문에 성씨는 대단히 애매한 것이 되었다. 형제가 모두 총리를 지낸 기시 노부스케岸信介와 요시다 시게루吉田茂의 예가 대표적이다.

전에도 그런 기술이 여기저기서 보인다. 그러나 그것은 평전 특유의 화장술일 뿐이다.

| 고이즈미 일가가 '반 도조'라는 선전 |

메이지 유신은 대규모 귀천 신분 교체를 동반했다. 따라서 무라오카 소이치로村岡素一郎(1850~1932)가 『사의史疑』(민유샤民友社, 1902)에서 통분하는 필치로 당시 때를 만난 듯 위세를 떨던 귀족의 오만을 질타했듯, 메이지 시대의 정치인은 '화족령'華族令으로 신분을 장식했고, 다수가 기생을 처첩으로 삼았다. 그것은 변혁기의 혼란을 틈타 권세를 장악한 하급 무사나 하층민에게는 극히 자연스러운 선택이었다고 할 수 있다.

따라서 메이지 시대 정치인의 한 사람인 고이즈미 마타지로가 요코스카의 기생을 아내로 맞아들인 것도 이상할 게 없다. 그러나 이 나오ナオ[8]라는 정실과의 사이에서는 아이가 없었다. 그래서 마타지로는 이시카와 하쓰石川ハツ라는 여성으로부터 딸 요시에를 얻었다. 그리고 그 요시에와 결혼한 것이 준이치로의 아버지인 준야였다. 이런 사정에 대해서는 논픽션 작가인 사노 신이치佐野眞一가 쓴 『고이즈미 준이치로―혈맥의 왕조』(분게이순주文藝春秋, 2004)에 다음과 같이 적혀 있다.

* 8)　　　근대 이전의 일본 여성은 대개 성이 없이 이름으로만 불렸다.

"요시에에게 열중한 준야는 가고시마 출신으로, 본가인 사메지마 집안이 사업에 실패했기 때문에 상경해서 고학을 하며 정치의 길에 뜻을 두었다. 요시에와 알게 된 때는 마타지로가 간사장을 맡았던 입헌민정당의 사무직원으로 일하던 시절이었다. 마타지로의 사무실에 드나들던 두 사람은 사랑에 빠졌고, 도쿄 아오야마靑山의 도준카이同潤會 아파트에서 동거를 시작했다. 젊은 시절의 준야를 잘 아는 마쓰노 라이조松野賴三에 따르면 준야는 막 데뷔한 기타오지 긴야北大路欣也[9]와 꼭 닮은 섹시한 미남이었다. 사랑의 도피 끝에 결혼을 허락받아 마타지로 곁으로 돌아온 요시에와 준야는 2남 3녀를 두었다. 위로부터 미치코道子, 다카코隆子, 노부코信子, 준이치로, 마사야正也였다."

이렇게 고이즈미 집안에 정식으로 장가를 간 준야는 마타지로의 비서가 되자 장인을 따라 정계를 헤엄쳐 나갔고, 의원이 되어서는 익찬의원동맹에서 익찬정치회로 자리를 옮겼다. 사랑의 도피까지 감행해 데릴사위가 된 그에게 장인과 다른 사상이나 삶의 방식을 요구하는 것은 무리다.

또 익찬정치는 고노에 후미마로 내각이 주창한 노선으로, 천황을 보필해 '성전'을 수행하는 정치인으로서 그 사상에 공명하진 않더라도 그 일원이 되는 수밖에 달리 길이 없었다. 더욱이 도조 내각에 이르러서는 이론을 일절 허용하지 않는 독재전횡정치가 횡행했다.

1944년 사이판 공방으로 전황이 졸지에 불리해지자 도조 히데키

* 9)　　1943년 교토 출신의 배우 겸 탤런트.

는 반대파를 억누르고, 정권을 유지하기 위한 정보 지배와 탄압을 강화했다. 지치부노미야秩父宮[10]나 다카마쓰미야高松宮[11]에게 헌병을 붙인 것을 비롯해 고노에 전 총리나 오카다 게이스케岡田啓介(1868~1952, 전 총리·해군 대장) 등의 중신들에게 걸려오는 전화를 도청하고 헌병이 감시하도록 했다.

이런 역사를 감안하면 마타지로와 준야 등 고이즈미 일가의 정치가들이 정말로 기시 노부스케와 마찬가지로 반 도조 입장에서 활동하고, 독재정치에 저항했다면 미담이라고 할 것이다. 도조 비판의 최선봉에 섰던 나카노 세이코中野正剛(1886~1943)가 미움을 받아 헌병대에 구속된 후 할복자살했듯, 당시 우익도 대부분은 도조 히데키의 노선에 반대했지만 누구나 입으로는 도조와 마찬가지로 '귀축영미'鬼畜英美를 외쳤기 때문에 옥석을 가리기가 어렵다.

역사의 진상은 지금까지 씌어진 쇼와사에 대해 많은 의문을 드러내고 있다. 검증해야 할 입장에 있는 학자들이나 언론인들이 이 작업을 게을리 하고 있어서 나와 같은 사람들에게까지 순서가 돌아오는 것인지도 모른다.

어쨌든 고이즈미 일가가 도조 노선에 반대했다는 주장을 맹신하는 것은 경솔하다. 더욱이 기시 노부스케의 '말로만 저항'을 과대평가하는 것도 어리석다. 왜냐하면 기시 노부스케는 몇몇 저항 각

---

* 10) 1902~1953년. 히로히토의 첫째 동생이나 자식을 남기지 못해 대가 끊겼다. 구 일본 육군에 들어가 소장까지 됐으나 1940년 폐결핵으로 예편해 오랜 요양생활을 했다. 전쟁 확대에 반대하는 한편 스키나 럭비 등 스포츠 진행에 힘을 쏟았다.
* 11) 1905~1987년. 히로히토의 둘째 동생으로 역시 자식이 없어 대가 끊어졌다. 해군 포술학교를 나와 1942년 해군 대령이 됐으나 곧바로 정계와 군부에 화평파를 결집해 히로히토 천황과 대립했고, 주전파의 핵심인 도조 히데키의 암살까지 고려했다고 한다.

료의 한 사람에 지나지 않았고, 도조 내각을 붕괴시킨 직접적 원인은 중신인 오카다 게이스케가 소집한 중신회의, 그리고 요나이 미쓰마사米內光政(1880~1948, 전 총리·해군 대장)의 입각 거절이었음은 제대로 된 사관을 가진 사람에게는 자명한 이치이기 때문이다.

기시 노부스케가 국무대신 사임을 거부했다는 따위의 이야기는 타진 단계에서의 지엽 말단적 일화에 지나지 않는다. 따라서 그 아래 있었던 고이즈미 집안 2대가 도조 노선에 반대했다는 이야기도 어용학자가 정치 선전용으로 쓴 것을 문사나 기자가 미담으로 꾸민 것이라고 할 수 있다. 그것은 내가 당시의 중요한 관찰자로부터 직접 증언을 얻을 수 있었기 때문이다.

| 고이즈미 정권과 2차 고노에 정권의 유사성 |

무쓰 무네미쓰陸奧宗光[12]와 같은 와카야마和歌山의 마을에서 자란 사카구치 사부로坂口三郎는 제2차 세계대전 이전 도메이同盟통신의 민완기자였다. 정치부 기자로서 정계에 정통한 그는 아베 노부유키安部信行(1875~1953, 전 총리·육군 대장) 익찬정치회 총재에 밀착해서 익찬정치의 실태에 대해 정력적으로 취재한 인물이다.

나는 이 사카구치 사부로 씨를 우연히 알게 돼 20년에 걸쳐 친교를 이어오면서 그가 체험한 전중·전후 정치 이면사에 대해 여러 가

---

* 12) 1844~1897. 와카야마和歌山현 출신의 정치가. 풍운아 사카모토 료마坂本龍馬가 조직한 가이엔타이海援隊에 들어가 존왕양이 운동에 투신했으며, 메이지 유신 후에는 효고兵庫현과 가나가와현 지사, 주미 공사, 농상무 대신을 지냈고, 청일전쟁 시기에는 외무대신으로서 일본 외교를 총괄했다

지 이야기를 들을 수 있었다. 그리고 사카구치 씨의 이야기를 통해, 흔히 보는 '씌어진' 역사에 많은 분칠이 행해졌다는 점과 역사 서술의 의도를 해석하는 것이 얼마나 중요한가를 배웠다.

또 나는 학생 시절 배운 지구 역사와 인류학, 고고학 현장 조사 체험을 통해 보통 사람과는 달리 현대사나 문명사를 해석하는 방법이 다르다. 나의 접근법으로는 사카구치 기자의 증언을 재구축해 본 결과 고이즈미 정권 탄생과 고노에 정권 탄생에는 놀랄 만한 유사성이 있다. 즉, 고이즈미 정권을 탄생시킨 '고이즈미 붐'과 그 후에 폭발적으로 뛰어오른 내각 지지율은 대중의 열광을 수반한 포퓰리즘이란 점에서 고노에 내각 탄생 때와 놀라울 정도로 닮았다.

고노에 후미마로의 제1차 내각(1937년 6월 4일~1939년 1월 5일, 재직 기간 581일)은 당시 시대를 감싸고 있던 좌절감을 깨부숨으로써 단숨에 '고노에 붐'을 일으켰다. 그것은 불황 속에서 군국주의가 지배하고, 테러와 쿠데타가 횡행한 데 대한 반발로서 민간인 출신 총리에 대한 대중의 기대가 불러일으킨 붐이었다.

그러나 고노에 내각의 탄생과 함께 노구교盧溝橋 사건(1937)이 일어났다. 그러자 고노에는 전년에 일어난 중일사변의 확대를 저지하지 못한 채 파병 노선으로 치달려 상하이上海 사변에서 난징南京학살에 이르기까지 중국 대륙에서 전쟁의 늪에 빠져 들어갔다. 그리고 경솔하게 '독이일獨伊日 삼국공동방위협정'(1936)까지 체결해 버렸다. 더욱이 "국민당 정부를 상대하지 않겠다"는 망언을 한 데 이어 '국가총동원법'(1938년 제정)을 발동했을 뿐 아니라 내각 내 의견 불일치로 정권을 그대로 집어던졌다. 즉, 그때그때의 상황에 맞춰 입에 발린 소리를 늘어놓았던 귀족 출신의 고노에 총리는 인기에 의존해 지리멸렬한 결정을 했을 뿐 아니라 '탤런트 정치'에 날 새는 줄 몰랐기 때문에 자멸했고, 나중에는 "산수갑산을 가더라도 그만"이라는 식으로 흘러버렸다.

그러나 고노에는 일을 엉망진창으로 만든 데 대한 반성도 하지 않은 채 경제파탄 속에서 신체제(파시즘) 운동을 조직, 하야한 지 1년 반 만에 다시 고노에 붐을 불러일으켰다. 이렇게 제2차 고노에 내각(1940년 7월 22일~1941년 7월 18일, 재직 기간 362일)이 탄생했는데 이때의 선전 문구는 혁신을 내건 '신체제'였고 '히틀러의 성공에 뒤이어'였다. 이런 사정을 『일본의 역사 제25권』(하야시 시게루林茂 지음, 주코분코中公文庫)은 '신체제 운동' 무렵의 일을 다음과 같이 적고 있다.

1940년 6월 24일 가루이자와輕井澤에서 도쿄로 돌아온 고노에는 신문기자들 앞에서 다음과 같은 성명을 발표했다.

"내각 미증유의 변고에 대처하기 위해 강력한 정치체제를 확립할 필요성은 누구든 인정하는 바다. 나는 이번에 추밀원의장을 사임하고, 이처럼 신체제 확립을 위해 미력을 바치고 싶다."

이 성명이 나오자 곧바로 정계·언론계·우익·군부·정당은 잇따라 이에 대한 지지를 밝혔고, 이에 따라 국내 정치는 신체제의 격렬한 소용돌이에 휘말려 들어가게 됐다. (중략)

고노에의 출마 성명이 나오자 각 정당은 제때에 이 '신체제 버스'에 올라타려고 황급히 야단법석을 떨며 잇따라 정당을 해산했다. 각 정당은 저마다의 해당 선언에서 '신체제' '대동아 신질서' '민족 흥망' '일억일심'一億一心 등의 추상적 말을 늘어놓으며 정당정치를 부정했을 뿐 장래의 정치에 대한 구체적 구상과 방향은 아무 것도 보여주지 못했다. "버스를 놓쳐서는 안 된다고 달려 나갔지만 버스는 어디에도 보이지 않았다. 언젠가 타야 할 버스가 지나갈 것이라고 기대했지만 과연 태워 줄지도 알 수 없다는 불안도 있었다"고 가제미 아키라風見章가 썼듯, 이때의 정당 해산은 아무런 전망 없이 행해진 극히 어설픈 것이었다."

고이즈미 준이치로의 '성역 없는 구조개혁' '뼈 튼튼 방침' '쌀 백 가마 정신13)' '두려워하지 말고, 늦추지 말고, 사로잡히지 말고' '개혁의 고통' 등 일련의 슬로건과 고노에 후미마로가 재등장할 당시의 입에 담은 슬로건을 비교해 보기 바란다. 더욱이 우정민영화 관련 법안이 참의원에서 부결된 데 발끈해서, 전대미문의 의회 해산으로 총선거를 강행해 당내 반대파를 철저하게 때려 부수는 기회로 삼고, 법안에 반대한 동료에게 '자객'을 보내, 이견을 허용하지 않고 신체제를 굳히려고 한 수법과 비교해 보길 바란다. 고이즈미가 실현한 이 거당체제의 공허한 울림은 시대의 좌절감과 합해 보면 너무도 고노에와 흡사하다.

| 자민당이 아니라 일본을 깨부수다 |

원래의 이야기로 돌아가 고이즈미 집안 2인의 정치가, 즉 장인

---

* 13)   현재의 오카야마岡山현인 빗추마쓰야마備中松山의 영주가 재정이 극도로 궁핍한 상태에서 '쌀 백 가마'가 생기자 이를 모두 교육기관 설립에 투자해 인근의 인재를 불러 모았던 일이 전해져 내려온다. '쌀 백 가마'는 허리띠를 졸라매고 미래에 투자하거나 정책 우선순위를 정확히 판단하는 일을 가리킨다.

마타지로와 사위 준야는 전후 '전쟁 협력의 죄'로 공직에서 추방됐다. 그러나 숙정이 끝나자 준야는 혐의를 벗고 정계에 복귀한 기시 노부스케를 따라 기시파 정치인으로서 기반을 닦았다.

1960년 '미일 안보조약 개정' 문제로 기시 내각이 무너지고 기시파가 분열하자 외무장관이던 후지야마 아이이치로藤山愛一郎(1897~1985)가 후지야마파를 만들었고, 고이즈미 준야는 후지야마파를 위해 전력을 기울이게 된다. 더욱이 후지야마는 전시에 대정익찬회의 주요 간부였기 때문에 이는 익찬회 인맥에 따른 협력이기도 했다. 그리고 이케다 내각이 출범하자 준야는 방위청 장관으로 입각했다. 이렇게 장인에게서 사위로 이어진 연줄이 손자인 준이치로 대에 이르러 마침내 일본 최고 권력자의 자리를 겨냥하게 된다.

세상에 흔한 말로 "1대가 땅을 사고, 2대째에 집을 짓고, 3대째는 집터를 날린다"고 한다. 에도江戸 시대의 센류川柳[14]는 그것을 "팔 집이라고 중국 서체로 쓰는 3대째"라고 표현했다. 그것이 뜻하는 바는 1대는 글 배울 겨를도 없이 열심히 일하고, 온 힘을 다해 절약해서 재산 만들기에 애를 쓰고, 그것을 2대째가 이어받아 가산을 쌓아 올린다. 그러나 3대째가 집안을 물려받을 때면 너무 귀엽게만 자라서 노는 데 정신이 팔린 탓에 재산이라고는 집만 남아 있을 정도가 되고, 마지막에는 그 집조차 날리게 된다. 더욱이 '팔 집'이라고 써 붙인 글자체가 멋들어진 중국 서체여서, 일에 힘을 쏟지 않고

---

* 14) 일본 전통 정형시 형식의 하나. 하이쿠俳句와 마찬가지로 5·7·5 음절로 이뤄진 짧은 형식이지만 계절 감각을 나타내는 '기고季語'나 호흡의 끊김을 알리는 '기레지切字'에 구속되지 않는다는 점에서 하이쿠와 다르다. 또 내용 면에서도 하이쿠가 자연을 소재로 영탄하는 것과 달리 센류는 소재가 되는 대상에 제한이 없고 영탄하기보다 툭 말을 던지는 듯하다.

풍류로 세월을 보냈음을 알 수 있다고 비웃은 내용이다.

그러나 장인이 대신이었는데 손자가 총리다. 그렇게 되면 세상에서는 '센류와는 정반대'라고 생각할 것임에 틀림없다. 그러나 이는 고이즈미 일가에서 직책만을 따진 이야기일 뿐 직책이 진정한 의미를 갖는 것은 아니다.

고이즈미 집안 3대가 걸어온 지위만을 보지 않고 그들이 살아온 일본이라는 나라에 대해, 세계의 눈으로 보는 것이 중요하다. 그렇다면 센류의 가르침은 곧바로 일본의 성쇠를 가리키는 것이 된다.

또 고이즈미 집안의 역사를 메이지, 쇼와, 헤이세이平成 3대의 변천으로 보자면, 그 배경인 시대가 떠오른다. 그것은 실로 의미심장한 역사의 대입이며, 그럴 때 나타나는 역사는 잠재적으로 일본 현대사의 골격 그대로다.

고이즈미 집안 3대의 역사는 1997년 『월간 겐다이現代』(5월호)에 다카야마 후미히코高山文彦가 썼던 「고이즈미 준이치로 후생성 장관―날뛰는 말의 본성을 보았다」가 바탕이다. 이 기사는 익찬정치나 매파 지향에 대해서는 언급하지 않았으나 다카야마가 고이즈미 준이치로에 대해 "나가타초永田町[15]에서 고이즈미는 오자와 이치로小澤一郎[16]나 간 나오토菅直人[17]와 어깨를 나란히 하는 어릿광대다"

* 15)　도쿄 한복판 지요다千代田구 남단의 지명. 국회의사당과 총리 관저, 자민당 본부 등이 몰려 있어서 '정계'의 대명사로 쓰인다. 한국의 '여의도'를 생각하면 알기 쉽다.
* 16)　1942년 도쿄 출신의 정치인으로 현재 제1야당인 민주당 대표다. 게이오 대학 법학부 졸업 후 사법고시 준비를 하던 중 중의원 의원인 아버지가 급서하자 선거구를 이어받아 69년 총선에서 당선됐다. 다나카 가쿠에이와 다케시타 노보루의 총애를 받으며 '자민당의 황태자'로 성장했다. 그러나 92년 가네마루 신金丸信이 타계한 후 파벌 회장 자리를 두고 다투다가 세가 불리해지자 지지파를 이끌고 자민당을 탈당했다. 신생당과 신진당, 자유당 등을 전전하다가 민주당과 통합한 후 2006년

라고 일갈했다.

　분명히 오자와나 간은 어릿광대지만 그래도 우직한 면이라도 있는 데 반해 고이즈는 어릿광대이자 폭군이 되기 쉬운 사람이다. 우정민영화가 참의원에서 죽음을 맞은 데 대한 반동으로 고이즈미는 자폭 선거에 나서는 커다란 도박을 감행했다. 그리고 거기서 드러낸 것은 정보 조작과 연기 정치이고, 이는 베니토 무솔리니(1883~1945)의 로마 행진을 방불케 하는, 열기에 휩싸인 포퓰리즘의 총동원이었다.

| 리더십과 사기꾼의 차이 |

왜 내가 그런 느낌을 가졌느냐 하면 과거 내가 유럽의 어느 조직

4월 당권을 잡았다. 당권을 잡자마자 야스쿠니 신사 문제 등을 놓고 고이즈미 준이치로 총리와 예리한 대결 각을 세우고 있으며, 민주당 내 사회당계를 정리하고 자민당 내 반 고이즈미 세력을 규합해 정권을 차지할 가능성이 벌써부터 점쳐지고 있다. 그만큼 정치적 재주가 뛰어나다. 이미 자민당 시절 탁월한 조정력과 결단력을 자랑하며 차세대 최고의 지도자란 평가를 받은 반면 구태 정치인이란 정반대 평가를 받기도 했다. 이른바 '보통 국가론'이 그의 작품이듯 보수 색채가 뚜렷하다. 다만 자민당 보수 본류의 전통을 이었다는 점에서는 역사 문제나 외교 문제를 뒤트는 고이즈미와 달리 주변국과의 우호를 중시하는 당당한 보수 노선이 기대된다. 일본 내 진보파의 집권을 기대하기 어려운 상황에서 그는 최선은 아니지만 차선의 대안으로 떠올랐다.

＊17)　1946년 야마구치山口현 출신의 정치인. 최근 민주당 대표 경선에서 오자와 이치로와 맞붙어서 졌다. 도쿄공업 대학을 나와 변리사 생활을 하다가 대표적 여성운동가인 이치카와 후사에市川房枝(1893~1981) 선거사무소에서 선거 참모로 뛴 것을 계기로 정계에 들어가 1980년에 처음 당선된 이래 내리 9선을 이루었다. 하시모토 류타로 연립정권에서 후생장관이 되어 '약화藥禍 에이즈 사건'을 당당하게 처리해 국민적 관심을 끌었고, 하토야마 유키오鳩山由紀夫와 함께 결성한 민주당의 초대 대표를 지냈다.

의 컨설팅을 하고 있을 때 그 최고 간부가 "이 책을 다섯 번 정도 읽고 정복하면 유럽경영대학원INSEAD을 졸업한 것과 마찬가지일 정도로, 지도자의 능력을 체득할 수 있다"면서 한 권의 책을 선물해준 적이 있기 때문이다. 그것은 퐁테느블루에 있는 INSEAD의 만프레드 F. 케 드 브리 교수가 쓴 『지도자, 어릿광대, 그리고 사기꾼 Leaders, Fools, and Imposters』으로, 흥미진진한 분야에서 성격 매기기를 시도했고, 정의定義와 사례가 명확한 책이다.

"지도자" — 장래의 비전을 분명히 하고, 자신이 실행할 이념을 구성원과 나누어 가지며, 조직을 효과적으로 움직임으로써 과제 목표를 달성하는 능력을 지닌 사람. 또 책임감을 갖고 경영과 관리를 행함으로써 적확한 판단력을 바탕으로 신뢰를 확립하고, 주어진 권한을 유효하게 활용해서 때로는 어려운 선택을 할 용기와 의지를 갖고 있는 사람.

"어릿광대" — 언뜻 보면 바보 같고 장난치기 좋아하는 것처럼 행동하지만 남다른 통찰과 예지 능력을 갖추고 있고, 인간적으로는 유머 감각이 넘치고, 엉뚱한 곳에서 실수를 한다. 그러나 대인관계를 부드럽게 하는 재능을 가진 사람. 또 전체를 포착해 혼돈에서 질서를 만들어내는 힘을 갖고 있으며, 권력에서 조금 떨어진 곳에 몸 둘 장소를 골라 자문역이나 참모로서 기능할 수 있는 성격을 갖춘 사람.

"사기꾼" — 대역으로서 연기에 재능을 발휘하지만 자기애

Narcism적 욕망을 가치 기준으로 삼으며, 퇴행적이고 어린아이 같은 유치한 행동을 좋아하고, 많은 경우 "나중에는 산수갑산을 가더라도" 식으로 행동하는 사람. 또 흑백의 단순한 구분으로 적과 동지를 나누고, 강한 자는 추종하고 약한 자는 복종을 강요해 따르지 않으면 탄압하거나 괴롭히고, 그것이 심해지면 폭군이 되기 쉬운 사람. 가벼운 단계에서는 허명에 취해서 사기꾼처럼 행동하지만, 힘을 자유롭게 쓸 수 있게 되면 독재적인 박해자의 입장에 중독이 되고 마는 사람.

이런 기준으로 현재 일본의 정계를 둘러보면 자민당은 고이즈미 총리를 필두로 하시모토, 가메이龜井, 아오키靑木, 야마사키山崎, 아베安倍 등 누구나 사기꾼에 속하는 사람들뿐이다. 과거 시나 에쓰사부로椎名悅三郎[18]나 이토 마사요시伊東正義[19]처럼 은연중에 자기 입장을 관철함으로써 어릿광대로 비쳤던 정치인은 오래 전에 사라졌고, 지도자의 이름에 걸맞은 인물은 완전히 대가 끊겼다.

이는 역사적으로 보면 당연한 귀결이다. 메이지 유신 직후 일본 정

* 18)　1898～1979. 이와테岩手현 출신의 정치인. 도쿄 대학 졸업 후 상공성 관료로 만주에 파견돼 기시 노부스케 아래서 일했고, 일본으로 돌아온 후 군수성에서 전쟁물자 조달과 통제를 맡았다. 기시의 권유로 1955년 중의원 의원이 되면서 정계에 입문했다. 외무장관 시절의 한일 국교정상화 회담을 성공시키고, 자민당 부총재 시절 미키 다케오를 다나카 후임 총리로 만든 '시나 재정'으로 유명하다.

* 19)　1913～1994. 후쿠시마福島현 출신의 정치가. 도쿄 대학 법학부 졸업 후 농림성에 들어가 사무차관까지 지낸 후 63년에 중의원 의원에 당선돼 정계에 입문했다. 관료 시절의 동료이자 친구인 오히라 마사요시大平正芳가 총리가 되자 관방장관으로서 보좌했다. 무색무취한 정치인으로 통하지만 스즈키 젠코鈴木善幸 내각의 외무장관 시절 미일공동성명 해석을 놓고 군사동맹이 아니라고 강변하는 스즈키와 맞서다가 사임한 일화가 있다.

계나 재계에는 사이고 다카모리西鄉隆盛[20], 기도 다카요시木戶孝允[21], 오쿠보 도시미치大久保利通[22], 시부사와 에이이치澁澤榮一[23] 등의 지도자가 있었다. 또 러일전쟁에서 쇼와에 걸친 시대에는 고다마 겐타로兒玉源太郎[24], 고토 신페이後藤新平[25], 다카하시 고레키요高橋是淸, 사이온지 긴모치西園寺公望[26] 등과 같이 어릿광대와 지도자를 겸한 타입이면서도 불가사의한 존재감을 과시한 일본인도 있었다.

* 20) 1827~1877. 현재의 가고시마鹿兒島현인 사쓰마薩摩번 출신의 정치가. 초슈長州번의 기도 다카요시(=가쓰라 고고로), 같은 사쓰마번의 오쿠보 도시미치와 함께 '유신 3걸'로 불릴 정도로 메이지 유신의 중심 인물이었다. 기도에 이어 실질적 총리인 총재국 고문 전임을 맡아 근대화를 이끌었으나 '정한론'征韓論 논쟁으로 실각했다. 1877년 가고시마 사족士族의 반란인 세이난西南전쟁을 일으켰다가 정부군에 몰리자 자결했다. 한국에는 '정한론'의 주창자로 알려져 있다.

* 21) 1833~1877. 메이지 유신 이후의 일본 근대화 과정에서 이른바 '사쓰마바쓰'薩摩閥와 함께 정치와 관료, 군부의 패권을 다투었던 '초슈바쓰'長州閥의 거두. 가쓰라 고고로桂小五郎란 이름으로 더 유명하다. 메이지 유신과 함께 초대 총재국 고문 전임을 맡아 근대적 개혁에 앞장섰다. 세이난 전쟁 당시 교토 출장 중에 수수께끼의 뇌질환으로 쓰러졌으나 죽는 순간까지 사이고 다카모리와 정부의 화해를 시도했다.

* 22) 1830~1878. 메이지 유신 3걸의 하나로 사이고 다카모리에 이어 세 번째 총재국 고문 전임을 지냈다. 사이고 등의 정한론에 반대해 정한파를 몰아낸 후 내무대신으로 정부의 핵심이 되어 오쿠마 시게노부大隈重新, 이토 히로부미伊藤博文 등을 이끌고 세제 확립과 식산흥업에 힘썼다. 세이난 전쟁 이듬해인 1878년 암살됐다.

* 23) 1840~1931. 현재의 사이타마埼玉현인 무사시노쿠니武藏國 출신의 실업가. 근대 일본자본주의의 아버지로 불린다. 메이지 유신 후 관직에 나가 재정 정비에 애쓰다가 물러나 실업계와 금융계를 지도했다. 근대 산업과 운수업 등의 근대적 기업을 확립하고, 조선·중국 진출도 시도했다. 500여 개 기업의 설립에 관여, '시부사와 재벌'을 형성했다.

* 24) 1852~1906. 군인. 도고 헤이하치로東鄉平八郎, 노기 마레스케乃木希典와 함께 러일전쟁의 영웅으로 통한다. 메이지 유신 후 육군에 들어가 세이난 전쟁을 거치며 승승장구, 1885년 육군 참모본부 제1국장이 되어 근대적 육군 병제 개혁에 진력했다. 육군 대학교장과 대만 총독을 거쳐 육군대신이 됐고, 러일전쟁에서는 만주군 총참모장으로 활약했다.

* 25) 1857~1929. 이와테현 출신의 의사, 정치인. 병원장을 지내다가 관직에 나서서 대만 총독부 민정장관, 초대 만주철도 총재 등을 지냈다. 외무대신 시절에는 시베리아 출병을 추진했고, 도쿄시장이 된 후에는 소련과의 국교정상화를 시도했다. 식민지 경영 경험을 배경으로 노골적인 대륙 침략을 주장한 인물로 유명하다.

그러나 익찬체제가 시작된 쇼와 전반기부터 전후 60년이 넘을 때까지의 일본 정계와 재계는 사기꾼의 손에 의해 움직여져 왔고, 그것이 결국 고이즈미 준이치로의 등장으로 이어졌다.

고이즈미 집안 3대의 역사는 일본의 흥망과 겹쳐진다. 국가 건설Nation-Building에 분발한 메이지 시대의 융성기에서 시작해, 군사적 침략 노선의 파탄과 새로운 국가 건설을 이룬 쇼와 시대, 카지노 경제의 거품이 꺼지고 불황의 고통에 시달리면서 슬금슬금 망국의 늪으로 가라앉은 헤이세이 시대로 이어지는 3부작이다. 더욱이 이는 벤자민 풀포드의 통찰력 있는 눈에 비쳤듯, 『일본이 아르헨티나 탱고를 추는 날』로 귀결하는 것이다. 한 마디로 3대째인 고이즈미 준이치로는 "자민당을 깨부순다"고 말하지만 그 정체는 일본을 해체하는 사람이라고 나는 확신한다.

* 26)　1849~1940. 메이지법률학교를 설립하고, 『도요지유東洋自由신문』을 창간하는 등 개화운동을 하다가 이토 히로부미 내각의 문부대신으로 정계에 투신했다. 1906년 총리가 됐다가 1908년 사직했으나 1911년 다시 총리가 됐다. 그러나 육군 2개 사단 증설 문제로 육군과 대립하다가 사직한 후 정계원로서서 입헌정치와 협조외교 등에 힘썼다. 그러나 필생의 과업으로 여겼던 군부의 정치 진출을 막지 못하자 1937년 완전히 정치에서 손을 뗐다.

일본에서 온 유학생 가운데 말도 안 되는 놈이 있어. 게이오 대학에 다니는데 부녀자 폭행으로 입건돼 그 여파가 가라앉을 때까지 런던에 있을 거래. 아버지가 2류 관청의 장관을 하고 있어선지 경찰에 손이 닿은 모양이야. 그래서 사건을 무마하고는 아들을 런던으로 보냈다는 거야.

이 말이 되살아났을 때 나는 직감적으로 이건 고이즈미 준이치로가 틀림없다고 생각했다.

CHAPTER 02

숨겨진 과거

KOIZUMI'S ZOMBIE POLITICS

| 총리 취임 전에 가진 대담에서 우려했던 것 |

고이즈미 준이치로 정권이 사실상 탄생한 것은 2001년 4월 24일 오후 1시가 막 지났을 때였다. 이때 고이즈미는 298표를 얻어 경선 대항 후보였던 하시모토 류타로橋本龍太郎(155표), 아소 타로麻生太郎(31표)를 크게 따돌리고 자민당 총재에 선출됐다. 그리고 이틀 뒤인 4월 26일 제87대 총리로 취임했다.

실은 그가 총리가 되기 직전인 2001년 4월 14일 나는 홋카이도北海道 대학 대학원 법학연구소의 신카와 도시미쓰新川俊光 교수와 대담을 가졌다. 이 대담은 위기에 처한 일본 정치를 걱정하는 것이었는데 그 가운데 총리가 되기 직전의 고이즈미에 대해 언급했기 때문에 우선 그 부분을 읽었으면 한다(이 대담은 「일본 정치를 재생하는 법」이라는 제목으로 경제지 『재계 일본 8월호』에 실렸다).

신카와 너무 쉽게 보는 건지도 모르겠지만 희망을 담아 말하자

면 고이즈미 총리가 탄생하면 어느 정도 일본 정치가 변하는 것
이 아닐까 하고 생각합니다. 경우에 따라서는 자민당을 쪼갤 정
도의 기분으로 개혁에 매달리기를 바랍니다.

후지와라 그에게 주어진 사명은 자민당을 무너뜨리는 것이 아니
라 일본을 무너뜨리는 것이라고 미국에서는 보고 있습니다. 모
리 정권을 지탱한 장본인이었으니까요. 일본인은 아무도 모르고
있지만 미국에서는 그를 '숨겨진 통일교회'로 여기고 있습니다.
5, 6년 전의 자료입니다만 통일교회가 미국 대학을 나온 우수한
인재 400명 정도를 자민당 의원 비서로 집어넣었습니다. 즉, 최
근 몇 년간 표면적으로는 자민당 정치가 행해졌지만 뒤로는 통
일교회가 움직여 왔습니다. 거기에 공명당까지 연립정권을 이루
고 있지요. 이것은 저만의 시각이 아니라 일본에 있는 외국 특파
원들의 견해이기도 합니다.

신카와 그렇습니까. 고이즈미 씨가 조금은 일본 정치를 개혁하
는 역할을 해주지 않을까 하고 기대했는데….

후지와라 자민당을 해체하는 역할이라면 괜찮지만, 자신이 의식
하지 못하고 있을 뿐 일본을 해체하는 역할을 떠맡는 것이라면
이건 정말 무서운 일입니다. 저는 현재 일본의 상황이 막스 베버
가 정의한 '천민자본주의'라고 생각합니다. 여기서 말하는 천민
이란 사회에 기생해서, 사회를 숙주로 삼고 살아가는 사람들을
가리킵니다. 갖가지 당리당략을 통해 이권을 낚아채고 있는 일
본의 정치는 바로 '천민자본주의'의 모습입니다.

신카와 그건 참 곤란한 얘기군요. (웃음)

후지와라 맹자는 이른바 우민정치를 포함해 국민을 생각하지 않

고, 인민을 사랑하지 않는 정치를 '폭정'이라고 정의하고 있습니다. 공자도 "가혹한 정치는 호랑이보다 무섭다"苛政猛於虎고 폭정을 경계했습니다. 일본은 오랫동안 우민정치가 계속되는 바람에 빵과 서커스, 즉 먹을 것과 오락에 사람들이 제정신을 빼앗기고 있습니다. 일본의 '천민자본주의'는 '가부키초歌舞伎町[1] 자본주의'라고도 할 수 있지요.(웃음)

신카와 후지와라 씨가 말하는 '천민자본주의'는 이익 유도가 중심축을 이루는 자민당 정치 그 자체군요. 현재 자민당은 정책보다는 파벌의 이익 유도에 관심을 가진 사람들이 파벌 지도층을 형성하고 있습니다. 그러나 나가노長野현 지사나 지바千葉현 지사 등 최근에는 이익 유도에 관심을 두지 않는 사람들도 지사에 당선되고 있습니다. 이는 유권자의 사고방식이 바뀌고 있다는 것이죠. 자민당은 이런 시대 흐름과 동떨어져 있습니다. 국정 차원에서 그 시대의 흐름을 받아들이려고 하는 정당은 현재 안타깝게도 보이지 않네요.

후지와라 언론도 자민당 총재 경선을 예상할 게 아니라 더욱 더 많은 국민의 의사표시를 촉구해야 합니다. 경우에 따라서는 시위를 촉구해도 좋습니다. 투표소로 발길을 옮기는 것만이 민주주의라고 생각한다면 커다란 착각입니다.

신카와 일본은 매스미디어를 포함, '관객 민주주의'가 돼 버렸습니다. 정치 자체가 서커스가 됐고, 국민과 언론은 관객 입장에 서 있지요. 국민이나 언론이 관객의 입장에 서 있는 한 일본의

---

* 1)　도쿄 신주쿠新宿구의 번화가로, 일본의 대표적 환락가로도 통한다.

정치는 바뀌지 않습니다. 따라서 저는 유권자에게 "적어도 투표
는 해라"라고 말하고 싶은 겁니다. (웃음)

| 되살아난 30년 전 유학 시절의 기억 |

지금도 또렷이 기억이 나지만 나는 당시 고이즈미가 총리가 되리
라는 생각은 꿈에도 하지 않았다. 따라서 신카와 교수가 총리 후보
의 한 사람으로서 그를 언급했기 때문에 이렇게 대답했던 것이다.

나는 고이즈미 준이치로라는 정치인을 기시 노부스케나 후쿠다
다케오福田赳夫를 계승하는 것으로 '친한국 우파' 또는 '감춰진 통
일교회파'의 일부로서, 나치스와 동격의 '무니'Moonee라고 불리는
우파라고 생각했다. 물론 그가 모리파의 대표로서 모리 내각을 지
탱해 왔다는 정도는 알고 있었다. 그러나 나의 주된 관심은 국수주
의적 수구 세력의 대두에 대한 우려, 그리고 일본을 지배하는 '천
민자본주의'를 '폭정'의 관점에서 바라보는 것이었다. 그래서 마음
을 졸였던 것이다.

이 '천민자본주의'에 대해서는 제5장에서 자세히 논하기로 하고
우선은 갑자기 되살아난 내 머릿속의 오래 된 기억을 먼저 떠올려
야겠다. 이 오랜 기억이 고이즈미라는 인물을 한 사람의 인간으로
서 고찰하도록 나의 흥미를 자극했기 때문이다. 그것은 고이즈미가
총리가 되고 난 지 며칠 후 신문 기사에서 읽은 그의 프로필에 적혀
있었다.

신문 기사에는 고이즈미 총리가 30년 전 런던 대학에 유학한 경

험이 있고, 부친이 방위청 장관으로 정치인 가문에서 자랐다고 씌어 있었다. '런던 대학 유학' '아버지는 방위청 장관.' 나는 이 두 가지 이야기에서 문득 어떤 일이 떠올랐다. 그리고 설마 하는 생각으로 지난 프랑스 유학 시절을 더듬어 보았다. 나는 당시 그루노블에서 학위논문을 다듬으며 미쓰이三井물산 파리 지점에서 자원개발 고문으로 일하고 있었는데, 어느 날 런던에서 온 사람이 이런 이야기를 했다.

일본에서 온 유학생 가운데 말도 안 되는 놈이 있어. 게이오 대학에 다니는데 부녀자 폭행으로 입건돼 그 여파가 가라앉을 때까지 런던에 있을 거래. 아버지가 2류 관청의 장관을 하고 있어선지 경찰에 손이 닿은 모양이야. 그래서 사건을 무마하고는 아들을 런던으로 보냈다는 거야.

이 말이 되살아났을 때 나는 직감적으로 이건 고이즈미 준이치로가 틀림없다고 생각했다. 연대도 딱 들어맞았고, 해외로 나간 이유가 부녀자 폭행 등의 혐의 때문이란 것도 흔한 일을 아니었기 때문이다. 이 책을 읽는 독자들(일본인들)은 이미 알고 있겠지만 고이즈미의 '유학 의혹'과 '강간 의혹'은 2004년이 되어서야 눈길을 끌었다. '강간 의혹'은 국회 질의에서도 대강 거론됐으며, 도쿄 지법에서 민사소송이 벌어졌는데도 불구하고 거대 언론사가 일절 보도하지 않았을 뿐이다. 이는 모리 전 총리조차 의문을 표한 인간적 자질 문제인데도 국민적 관심을 거의 불러일으키지 못했다. 그러나 '유학 의혹'과 '강간 의혹'은 관련된 하나의 사건이어서, 설사 30년 전의 사건이라고 해도 언론은 이를 추적할 의무가 있다.

그래서 여기서는 제1장에서 밝힌 '고이즈미 집안 3대의 계보'를 바탕으로 고이즈미 준이치로 개인의 인간적 자질을 따지고, 이런 인물을 낳은 고이즈미 집안의 현재 상황을 검증하기로 한다.

| '신바시 기생 자살 사건'에 쏠린 의혹의 눈길 |

일본에서 고이즈미에게 정치인 자격이나 자질이 있는지 여부를 인간적 측면에서 검증한 것은 대언론사 기자들이 아니라 몇몇 뜻 있는 프리랜서 기자들이었다. 고이즈미는 총리가 되기까지 언론의 눈길을 끌 만한 정치인은 아니었기 때문에 총리가 되기 이전에 씌어진 기사는 놀라울 정도로 적다. 그러나 그 가운데 '애인'으로 지목된 '신바시新橋 기생 고한小はん 자살 사건'이란 게 있다.

1992년 5월 12일 오후 3시경 고이즈미가 우정성 장관에 취임하기 직전 신바시 기생인 고한(본명 오쿠누키 히로미奧貫浩美, 당시 31세)이 도쿄 미나토港구 미타三田의 아파트에서 변사체로 발견됐다. 연락이 되지 않아 불안하게 여긴 어머니가 찾아갔다가 발견했는데, 그녀는 딸의 자살에 대해 "짚이는 데가 없다"고 증언했다. 고한은 고이즈미가 속했던 '구 후쿠다파의 귀염둥이'라는 말을 들었을 정도로 인기 절정의 기생이었기 때문에 그 후 다양한 소문이 정계에 떠돌았다. "왜 자살로 처리됐을까? 만약 타살이라면 누가 그녀를 죽인 것일까?" 이런 의문이 나가타초 주변의 흥밋거리였고, 당연히 이를 들은 몇몇 기자들이 고이즈미를 찾아갔다. 당시 잘 나가던 사진 주간지 『*FOCUS*』(1992년 5월 29일자), 『*FRIDAY*』(6월 5일자) 등에 기사가 실렸다. 물론 고이즈미는 그녀와의 관계를 부정했지만 이런 기사 가운데 가장 눈길을 끈 것이 「고이즈미는 SM[2] 취미가 있다」는 소문을 다룬 기사였다. 또한 '야유 대장'으로 불린 하마다 고이치浜田辛一가 공석에서 고이즈미를 "기생을 죽인 놈"이라고 매도한 일도 눈길을 끌었다.(이 '고한 사건'은 고이즈미가 총리에 위임한 후에도 『소문의 진상』(2001년 1월호), 『슈칸신초週刊新潮』(2003년 1월 2일~9일자) 등이 기사로 다루었다. 또 지금도 일부 언론인의 진상 추적이 계속되고 있다.)

이런 의혹으로 가득 찬 사건을 둘러싼 소문의 주인공, 그리고 앞에서 밝힌 '유학 의혹' '강간 의혹'을 불러일으킨 인물이 일본의 총리다. 물론 메이지 시대 이래 정치인에게 염문이나 스캔들의 불씨가 꺼진 적이 없지만, 고이즈미 준이치로에 관한 것이라면 그 성질이 다른 정치인들과는 다르다. 그것은 의혹이 염문 범주에 있지 않기 때문이다.

| 셋째 아들 일로 고이즈미를 비판한 해외 언론 |

"고이즈미 준이치로가 자라난 가정은 모계 가족이며, 그 특수한 환경이 고이즈미의 성격을 규정했다"는 르포 기사는 그가 총리가 되고 난 후 여러 차례 등장했다. 다만 그 전에 주간지(여성주간지 포

---

* 2)　새디즘Sadism과 매조키즘Masochism을 합친 말로 가학성·피학성 변태성욕을 가리킨다.

함)를 시끄럽게 한 것은 그의 장남 고타로孝太郞의 연예계 데뷔였다.
이 일로 고이즈미 집안의 가정 문제는 공공연히 드러나게 됐다.

우선 고이즈미가 이혼 경험자라는 점이 보도됐다. 그리고 장남
과 차남은 고이즈미 자신이 키웠지만 이혼 당시 아내 미야모토 가
요코宮本佳代子의 뱃속에 있었던 3남 요시나가佳長는 그 후 엄마와
함께 지냈고, 아버지와는 단 한 번도 만난 적이 없다는 것으로 판명
됐다. 더욱이 이 3남이 아무리 아버지와의 면회를 요청해도 고이즈
미는 완강하게 거부해 왔다는 점도 드러났다. 더욱이 그는 이 3남
의 존재를 계속 감추어 왔다고밖에 볼 수 없는, 실로 이상한 행동을
그때까지 취해 왔다.

이런 고이즈미 집안에 대한 일련의 보도는 고이즈미가 일본의 최
고 지도자라는 공인이 된 이상 반드시 분명히 해야 하는데도 어찌
된 일인지 언론은 제대로 보도하지 않았다. 꼭 그래서는 아니겠지
만 이런 사실을 보도하고 논평한 것은 주로 해외 언론이었다. 『LA타
임스』는 "3남이 아버지와 만나지 못하는 것이 일본의 예로부터의
풍습"이라고 쓰고는 "고이즈미는 일본의 어두운 부분을 상징하는
총리"라고 비난했다. 또 『워싱턴 포스트』는 정중하게 "일본에서는
부모가 이혼한 아이의 68퍼센트가 부모 중 한 쪽밖에 만나지 못 한
다"고 숫자까지 들어가며 "이는 가부장제가 아직까지 남아 있는 것
으로 시대착오"라고 썼다. 또 영국의 『더 타임스』는 "일본에서는 부
모가 이혼한 아이는 아직도 편견의 대상이 되고 있다"고 해설했다.

해외 언론은 일본을 구미 선진국과 구별해서 이질적 문화를 가진
극동 아시아의 국가로밖에 생각하지 않아서인지 이런 편향적인 보
도를 한다. 그들의 편견은 그렇다 치더라도 고이즈미라는 남자가 일

반적 일본인의 눈으로 보더라도 극히 특수하다는 점만은 분명하다.

고이즈미는 현재에 이르기까지 이혼한 전처 미야모토 가요코와의 결혼에서 이혼까지의 4년간에 대해 일절 입을 열지 않고 있다. 이는 고이즈미 담당 기자들에게도 언급해서는 안 될 금기로 돼 있다. 그러면서도 고이즈미는 때때로 담당 기자들을 상대로 "성역은 없다"고 말도 안 되는 소리를 하고 있다.

| 저질 농담을 국제무대에서 연발 |

고이즈미 담당 기자들이 무심코 자신의 귀를 의심했다는 발언은 가령 아래와 같은 것들이다.

"새는 참 좋겠어."
"총리, 왜 그런데요?"
"언제든 할 수 있으니까."

이것은 2005년 여름 자민당 내에서 우정민영화를 놓고 격렬한 공방전이 거듭되던 때의 일이었다고 한다. 더욱이 이런 말까지 했다고 한다. "총리를 하고 있으면 그게 고여요"라거나 "피곤할 때의 거시기가 최고야, 오늘은 빳빳해요 빳빳해!" "최근 다시 아침에 텐트를 쳐" "나는 요즘 몽정을 한다니까. 더욱이 그게 아주 진해요." "오늘부터 한동안은 오른 손이 애인이야" 등등. 고이즈미는 기자들에게 이런 얘기를 하며 혼자서 싱글벙글 웃는다고 한다. 그래서 담당 기자들은 고이즈미를 은밀히 '에로 마왕'이라고 부르고 있고, "그러니 야마사키와 말이 통할 수밖에" 하고 쑥덕거린다는 이야기를 주간지가 쓰고 있다.

이런 음담패설의 연발이 일본의 권력 핵심부에서 이뤄지는 것이라면 그나마 쉬어가는 이야기로 허용될 수 있겠지만 국제무대에서까지 그런 이야기를 한다니 그의 인간성은 우리의 상식을 뛰어 넘는다.

제가 과거 영국 여성과 사귄 적이 있는데, 거시기 할 때의 궁합이 찰떡이었어요. 정말 좋았지요! 멋졌어요!

이것은 토니 블레어 영국 총리와 잡담할 때 했다는 이야기인데 정말인지는 확인할 수 없었다. 그러나 누군가가 만들어낸 이야기라고 해도 국제무대에서 허용되는 농담의 범위를 넘었다. 국제무대에서는 일종의 자기학대형 조크(자신을 웃음거리로 만들어 상대방의 즐거움과 공감을 이끄는)를 하는 것이 어른스럽지, 이렇게 자신을 긍정하진 않는다. 만약 이런 말로 고이즈미가 영국을 칭찬하려고 했다면 유머의 본질을 이해하지 못하고 있는 것일 뿐 아니라 인격 파탄이다.

나쓰메 소세키夏目漱石[3]의 작품에는 '닐 아드미라리'Nil Admirari라

---

* 3)　1867~1916. 도쿄 출신의 소설가로 일본 현대문학의 거봉이다. 도쿄 대학 영문학과 졸업 후 고등학교 교사를 하다가 영국 유학을 다녀와 도쿄 대학 교양학부 교수가 됐다. 1905년 동인지 '호토토기스(두견새)' 에 「우리는 고양이다」를 발표해 일약 문명을 날렸으며 이어 「도련님」「풀베개」 등을 발표했다. 그는 처음 당시를 풍미한 자연주의와 대립해 인생을 관조하는 듯한 작품을 썼으나 점차 내면의 심리분석에 치중한 작품 세계로 옮겨갔다.

는 말이 자주 나오는데 신사에게는 천박한 화제나 행위를 삼가야 하기 때문에 희로애락의 감정을 함부로 드러내지 않는 절도 있는 몸가짐이 요구된다는 뜻이다. 즉, "군자는 일희일비하지 않는다"는 말과 같은 뜻이다. 취미나 가정교육의 훌륭함은 개인의 품격에 속하는 것으로, 직함이나 지위를 가지고 허세를 부려봤자 아무런 의미가 없고, 그것이 외교나 사교의 기초이기 때문에 벼락 출세한 사람은 금세 마각을 드러낸다는 뜻이기도 하다.

그런데도 고이즈미는 캐나다에서 열린 정상회담에서 자크 시라크 프랑스 대통령이나 조지 W. 부시 미국 대통령 앞에서 이런 얘기를 했다고 전해진다.

일본 가정에서는 부부가 따로 이불을 깐다. (거시기가 끝나면) 각자 자기 이불로 돌아가서 잔다. 그것이 일본의 문화다.

도대체 어디에 그런 일본 문화가 존재하는지 알고 싶다. 그러나 그에 앞서 '여행지에는 아는 사람도 없고, 오래 머물지도 않으니 무슨 짓을 해도 상관없다'는 식의 행동은 일국의 총리에게는 허용되지 않는다는 점을 분명히 해 두고 싶다.

여계女系 가정에서 귀엽게 자란 남자일수록 '자기애'가 강하다.

고이즈미 집안이라는 모계 가족에 대해 사노 신이치佐野眞一는 『고이즈미 준이치로―혈맥의 왕조』에서 다음과 같이 썼다.

초대 마타지로는 이시카와 하쓰石川ハツ와의 사이에서 무남독녀 요시에를 낳았다. 요시에는 데릴사위로 들어 온 준야를 '종마'로 삼아 2남 3녀를 낳았다. 그 장녀 미치코道子는 남편과 헤어져 친정으로 돌아왔고, 딸 준코純子를 준야의 양녀로 삼았다. 그리고 독신을 관철한 3녀 노부코信子와 준야의 양녀가 된 준코가 준이치로를 돌봐 주었고, 준코의 남편까지 고이즈미의 비서로 집어넣었다.

또 논픽션 작가인 마쓰다 겐야松田賢彌는 요코스카를 꼼꼼하게 발로 훑으며 취재해서 쓴 『무정한 재상 고이즈미 준이치로』(고단샤講談社, 2004)에서 임신중이던 아내 미야모토 가요코와의 이혼극을 묘사하면서 흥미로운 지적을 했다.

그것은 고이즈미 준이치로가 이혼 후에 두 아들에게 누나 미치코를 '엄마'라고 부르게 했다는 것이다. 또 미야모토 가요코와의 결혼 전에 고이즈미가 누나 노부코와 도쿄의 의원회관에서 함께 살았다는 사실을 지적하면서 "사무실 귀퉁이에는 노부코의 취미인 플라워 디자인 꽃병이 줄지어 서 있었다"는 에피소드를 소개한 것이다.

고이즈미보다 네 살이 많은 노부코는 1972년 첫 당선 이래 30년 이상 고이즈미의 비서로 근무했다. 그리고 동녀童女와 같은 노부코의 단발머리 때문에 정계에서는 '클레오파트라'라고도 불렸고, 고이즈미가 총리가 된 후에는 고이즈미 내각의 '막후 여제'라는 말을 들었다고 한다. 즉, 고이즈미 준이치로는 이런 누나들에게 의존하며 자란 남자여서 자신의 아내가 된 여성에 대해서는 같은 인간, 또는 가족이라고 생각하지 않는 심성을 지니고 있다. 그것은 가요코와 이혼할 때 자신을 택할지, 누나들을 택할지를 다그쳐 묻는 그녀에게 "가족을 택하겠다"고 내뱉었다는 이야기가 상징하고 있다. 마쓰다 겐야는 다음과 같이 썼다.

고이즈미가 말하는 가족을 좁혀 들어가면 언제나 일심동체인 노부코에 다름 아니다. 그래서 아내 자리를 대신해서 앉은 것이 노부코다. 동생을 맞아들이고, 타인을 배척하고, 막후에서 동생을 조종할 정도의 실권을 갖기에 이른 노부코. 과거 이 나라의 총리에게 이런 깊은 관계의 누나가 있었던가.

이런 여계 가족이 결국은 '강간 의혹'을 불러일으키고, '임신한 아내와 냉혹하게 이혼한' 남자를 만들고 만 것은 아닐까? 그리고 여성을 같은 인간이라고 생각하지 않고, 무감각하게 음담패설이나 자랑하는 그의 야비한 성격을 만든 것은 아닐까?

고이즈미 준이치로라는 인물의 정신은 병리학적 진단을 필요로 하는 대상으로서 흥미롭다고 느끼는 전문가가 많다면, 이 문제는 다시 한 번 검토할 필요가 있을 것이다. 일반적으로 여계 가정에서 귀여움을 받고 자란 남자일수록 자기애가 강하다고 한다. 고이즈미 역시 할머니나 어머니뿐 아니라 누나들의 영향을 강하게 받고 자랐다. 그리고 그런 심리의 심층에는 오이디푸스 콤플렉스가 잠재한 것으로 여겨지며, 그것을 근친상간이라는 금기와 결부시켜 정신분석 이론을 만든 것이 지그문트 프로이트(1856~1939)라는 점은 새삼스럽게 말할 것도 없다.

선거에서 뽑히지 않은 '여제'의 지배

고이즈미의 성격을 나타내는 에피소드 가운데 "말하면 이해할 것이라고 늘 말하면서도 자기 얘기만 할 뿐 상대방의 얘기는 들으려고 하지 않는다"는 말이 있다. 그러나 많은 정보원에 따르면 고이즈미가 '반드시 얘기를 듣는' 사람이 하나 있다. 그것이 바로 앞에서 밝힌, '클레오파트라'라고 불리는 누나 '노부코'다. 앞의 『고이즈미 준이치로— 혈맥의 왕조』에는 다음과 같은 관계자들의 이야기가 전해진다.

고이즈미에게는 마음을 터놓고 이야기를 할 수 있는 친구나 참모는 한 사람도 없습니다. 이상할 정도로 심하게 고독을 즐기기 때문에 모리 전 총리조차도 지금은 완전히 단념한 상태입니다. 모리의 말을 듣고 나카가와 히데나오中川秀直 전 관방장관이 고이즈미의 보좌역을 맡았지만 히가시고탄다東五反田의 임시 총리 관저에 가도 거의 대화가 이어지지 않는답니다. 그런데 노부코 씨가 임시 관저로 찾아오면 이튿날 총리의 기분이 엄청나게 좋아집니다. 혼자 틀어박혀 있기를 좋아하는 고이즈미도 노부코 씨에게만은 아무리 자질구레한 얘기든 다 합니다. 정말로 알 수 없는 남매 관계여서 전형적인 시스터 콤플렉스라고 할 수 있는데, 고이즈미에게는 노부코 씨가 무엇과도 바꿀 수 없는 정신 안정제가 되고 있다는 점만은 분명합니다.

더욱이 전 비서는 놀랍게도 "노부코 씨와 고이즈미 두 사람을 비교해 보면 노부코 씨 쪽이 훨씬 우수합니다. 자위대의 이라크 파견을 진언한 것도, 야스쿠니靖國신사 참배를 권유한 것도 모두 노부코 씨입니다"라고 밝혔다.

클레오파트라(BC 70~BC 30)는 재색을 겸비한 이집트 여왕으로 프톨레마이오스 왕조(BC 305~BC 30) 최후의 통치자였다. 또 클레오파트라가 동생과 결혼해서 부부가 됐던 점을 생각하면 이런 역사의 은유는 한결 의미심장해진다.

일반적으로 자기애가 그 한도를 넘을 정도가 되면, 정신적으로 도착倒錯해서 경계형 인격 장애[4]를 일으키게 된다. 고이즈미 준이치로를 '괴짜'라고 부른 것은 다나카 마키코였는데, 그녀는 보통 사람 이상의 날카로운 감각을 지녔기에 한눈에 고이즈미의 인격을 간파한 것이 아닐까.

또 『주간 금요일』(2004년 7월 9일호) 기사에 따르면 유사법[5]의 성립은 고이즈미 노부코가 동생을 윽박질러서 시킨 것이라는 취지의 이야기가 실려 있다.

아버지의 원통한 퇴임으로부터 36년 후, 누나 노부코(아버지 준야의 방위장관 시절 일본 최초의 여성 장관 비서관)는 준이치로가 총리에 취임하기 며칠 전 "아버지가 이루지 못한 유사법제는 네 내각에

---

* 4)　신경증과 정신병의 중간 정도에 해당하는 인격 장애. 가장 큰 특징은 정서적 불안정성이다. 또 자아상이나 목표, 성적인 측면을 포함한 내적 선호 등이 불분명하거나 혼란스러우며 일반적으로 만성적 공허감을 갖는다.
* 5)　외국의 공격을 받거나 공격이 임박했을 때 일본 방위나 주민 피난이 원활하게 이루어지도록 자위대나 행정, 국민의 역할을 정한 법률. 2003년에 만들어진 무력공격사태 대처법을 핵심으로 2004년까지 관련 10법이 만들어졌다.

서 해내야 해" 하고 준이치로에게 압력을 넣었다는 것이 나가타초 주변의 이야기다. 고이즈미 내각이 국회에 제출한 유사법제 관련 법안에는 전후 정치에 한 획을 긋는 안전보장 과제라는 의미뿐 아니라 고이즈미 집안의 오명을 씻어야 한다는 숙원까지 곁들여져 있었던 것이다.

이런 고이즈미 준이치로와 누나 노부코의 관계는 앞의 『무정한 재상 고이즈미 준이치로』(마쓰다 겐야)에 따르면 「준이치로와 누나는 마치 부부 같다」(소제목)는 것이자, 고이즈미가 의식주 모두를 누나에게 기대고 있다는 것이 된다. 따라서 마쓰다 겐야는 다음과 같은 글로 고이즈미 정권이 던지는 최대 우려를 표명했다.

밥에서 돈까지 고이즈미는 그녀에게 기대지 않고는 손발을 꼼짝하지 못할 것 같은 상태다. 그것이 고이즈미 노부코다. 전부터 노부코를 알고 지내온 몇몇 후원회 간부는 고이즈미의 단편적이고, 아무런 설명이나 해설 없이 툭 내뱉는 듯한 말투는 노부코를 빼어 닮았다고 말한다. 일국의 총리가 국민이 알지 못하는 사이에 선거를 통해 뽑힌 것도 아닌 막후의 존재인 누나에게 그렇게까지 지배된다는 것은 위험하기 짝이 없는 것이 아닐까.

위험하기 짝이 없는 것은 물론, 이 사태는 실로 기묘하고 이상하다. 그것은 심지어 독재국가인 북한과 비교해 봐도 분명하다. 북한에서는 최고 권력자인 김정일이 거의 스스로의 힘으로 판단해서 정치를 하고 있다는데, 일본에서는 누나에게 조종되는 꼭두각시에 의

한 정치가 계속되고 있기 때문이다. 더욱이 중요한 결정이 의회에서가 아니라 밤에 총리관저에서 결정되고, 그것이 아무런 토의가 이뤄지지 않는 '예스맨 각의'에서 승인된다는 것은 '주권재민'이 아니라 '주권재자'主權在姉(주권이 누나에게 있다)다.

| 일련의 의혹을 어떤 인물에게 확인해 보니 |

여기서 이야기를 앞으로 되돌려 총리 취임 당시 신문 기사를 읽어본 후에 내가 어떤 생각을 했던가를 밝히고 싶다. 만약 언론인을 자임한다면, 그리고 고국의 상황을 진지하게 우려한다면 곧바로 이 문제를 취재해서 자신의 기억의 진위를 확인해야 했다. 그러나 나는 그렇게 하지 못했다.

변명처럼 들리겠지만, 나는 고이즈미 정권 발족 직후 미국으로 돌아갔고, 곧바로 LA의 '일미 문화회관 소동'이라는 문제에 휘말렸다. LA의 재미 일본인 사회의 기부로 만들어진 문화회관이 거기 모이는 간부들의 이권으로 사물화되고, 전무이사의 연봉과 개인 경비가 30만 달러에 이르는가 하면 서훈 추천료가 이권화한, LA 일본인 사회에서는 방관할 수 없는 문제였다. 또 그런 가운데 집안에 결혼식이 있어서 독일에 들른 길에 유럽 통화 출범 관련 취재로 유럽 이곳저곳을 돌아다녔다. 더욱이 그해 9월 11일에는 흔히 '동시 다발 테러'라고 부르는 '9·11 테러'가 일어났다.

그래서 이런 취재활동이 일단락된 뒤에 나는 역사학도의 한사람으로서 가진 흥미 때문에 쇼와사의 커다란 수수께끼의 하나로 여겨

온 오스기 사카에大杉榮[6]와 아마카스 마사히코甘粕正彦[7]에 관한 조사를 시작했다. 당시 나는 어떤 결론에 이르렀는데, 그런 인식의 의미도 있고 해서 도쿄에 칩거하고 있는 어떤 인물을 찾아갔다. 그 사람은 오구시 마사미小串正三라는 이름의 늙은 비즈니스맨으로, 과거 파리 미쓰이 물산 총지배인 등을 역임한 바 있어 역사 무대의 뒷이야기에 대단히 해박한 사람이었다.

시베리아 파병[8]이나 코민테른[9]과 관련, 오스기와 아마카스 두 사람은 모두 다이쇼大正 시대에 프랑스로 갔다. 또 아마카스는 오스기 살해에 관여하기 전 은밀히 프랑스로 건너 가 다이토카이大東會에 들어갔다. 이런 것을 어떻게 해석해서 점을 선으로 이을 것인지, 프랑스 경험이 풍부한 오구시 노인의 지혜를 빌리고 싶었다. 그런데 오구시 노인과의 이야기 도중 나는 예의 오랜 기억을 확인하게 됐다.

* 6) 1885~1923. 가가와香川현 출신의 사회운동가. 나고야名古屋 육군 소년학교에서 상관에게 반항하다가 퇴학을 당했고, 도쿄외국어 대학 재학중에 고도쿠 슈스이幸德秋水가 이끈 헤이민샤平民社에 가입한 이후 필화 사건 등으로 감옥에 드나들었다. 슈스이의 영향으로 아나키스트가 되었고, 1차 세계대전 후 노동운동 주도권을 둘러싼 아나키즘과 볼셰비즘의 대립에서 중심 역할을 했다. 1923년 도쿄대지진 당시 빚어진 조선인과 사회주의자 탄압 속에서 헌병대에 붙잡혀 사살됐다.
* 7) 1891~1945. 도쿄대지진 당시 오스기 사카에와 부인 이토 노에伊藤野枝, 조카 다치바나 소이치橘宗一 등 3명을 붙잡아 사살했던 헌병 대위. 그는 군법회의에서 징역 10년형을 받았으나 3년 만에 풀려났다. 나중에 만주로 건너가 우익 단체 간부로 활동했다.
*8) 일본은 1918년 8월 시베리아를 침략했다. 전면에 내세운 목적은 체코 군을 구출하기 위한 것이었으나 실제로는 바이칼 호 동쪽에 적군과 대항하는 백군 괴뢰정권을 세우기 위한 것이었다. 연인원 22만 명의 병력을 파견했으나 4600명의 전사자를 내고 4년 3개월 만에 철수했다.
*9) 공산주의 인터내셔널Comintern의 약자. 흔히 제3 인터내셔널이라고 불린다. 1919년 레닌의 주창으로 모스크바에서 결성된 공산당의 국제 조직이며 세계 각국의 공산당을 지부로 삼았다. 제2차 세계대전중인 1943년 해체됐다.

당시 파리의 일본인 사회에서 미쓰이 물산 총지배인이란 자리는 일본 정부의 '특명전권대사'에 이어, 도쿄은행 파리지점장과 함께 어지간한 파리의 일본인은 한참 올려다 봐야할 존재였다. 그래서 나는 오구시 노인에게 이렇게 물었다.

오구시 씨는 파리 생활이 길었기 때문에 당시 유럽 일본인 사회의 숨은 얘기를 많이 알고 계시리라고 생각합니다. 그래서 여쭤보고 싶은 것이 있는데, 당시 일본 재계나 정계 유력자의 자제 가운데 일본에서 불상사나 스캔들을 일으킨 후 세상의 관심이 식기를 기다리려는 목적에서 유럽으로 왔다는 사람은 없었습니까?"

"비서와 눈이 맞아 도망온 정치가의 딸이나 야쿠자에게 넘어간 인기 여배우, 상해 사건으로 해외 도피한 대기업 사장 아들, 형무소 대신 파리에 머문 각료의 아들 이야기 등 직업 속성상 여러 가지 이야기를 썩어 넘칠 정도로 들었지요."

오구시 노인은 내가 당시 런던에서 온 사람에게서 들은, 파렴치 사건을 일으키고 도망갔다는 학생의 이야기를 하자, 다음과 같이 대답했다.

물론 제대로 공부하던 유학생도 꽤 여럿 있었지요. 당시 일본 청년들은 착실한 사람이 많았거든요. 다만 어쨌거나 해외의 별천지였으니까 그런 청년도 섞여 있었지요.

오구시 마사미 노인이 얘기한 에피소드는 오스기와 아마카스에 대한 대담 기사의 일부로서 『재계 일본』(2002년 6월호)에 실렸다. 그로부터 2년 뒤 이 이야기를 일본의 다른 언론이 다루게 돼 민사소송까지 불러 일으켰다. 오구시 씨의 이야기는 시사하는 바가 많았는데, 그가 고이즈미에 대해 내린 '인물 고과'는 지금도 잊을 수 없다. "고이즈미 총리는 작은 일은 정말 열심히 하지만 대국적인 것은 생각하지 않는, 일종의 오타쿠[10] 계열로 우리 회사에서라면 과장에 머물 사람이지요. 그런 수준의 사람에게 총리를 시킨 게 불쌍해요" 하고 단언했기 때문이다.

| '강간 의혹'은 당시 고향에 널리 알려졌다 |

나중에 알게 됐지만, 오구시 노인과의 대담이 기사화된 것과 같은 시기에 뉴욕시립 대학의 쓰루미 요시히로鶴見芳浩 교수가 『닛칸日刊 겐다이』의 연재 칼럼 「일본을 베다」(2002년 6월 13일자)에서 이 문제에 대해 언급했다. 이 칼럼은 「왜곡된 일본의 정보 공개」라는 제목이었는데 마지막에 다음과 같은 내용이 있었다.

고이즈미 총리의 후견인이 '신의 나라'라는 발언으로 유명한

---

* 10)　사전적 정의로는 특정 분야나 사물에만 관심을 가져 이상할 정도로 자세히 알고 있지만 사회적 상식을 결여한 사람. 만화나 애니메이션, 게임, PC, SF, 특수촬영 등 일군의 하위문화에 탐닉하는 사람들이 서로를 존중해서 이렇게 부른 데서 정착한 말이다. 상대방이나 그 남편, 집안을 높여 부르는 '오타쿠'お宅에서 나온 말이지만 이와 구분하기 위해 'オタク'라고 쓴다.

모리 요시로 전 총리인데, 어느 잡지가 그가 대학생 시절 매매춘 혐의로 체포됐다는 확고한 증거를 공표했다. 그러자 모리 씨는 사법 관료와 공모해서 이 잡지를 제소했고, 도쿄지법이 모리 씨의 위증을 눈감아 주어 그의 승소로 끝났다. 모리 '물개' 씨의 제자인 고이즈미 총리의 어두운 그림자도 영미 첩보기관은 쥐고 있다. 고이즈미 총리의 '런던 유학' 진상은 어느 여성에 대한 파렴치 행위가 경찰에서 드러날 것을 염려한 아버지 방위청 장관이 일이 잠잠해 질 때까지 영국으로 빼돌린 것인 듯하다. 그러나 일본 언론은 그 진상을 추적하지 않았다. 지금 이런 엉거주춤한 언론까지도 봉쇄하려는 것이 개인정보보호법이다.

나와 쓰루미 씨는 친구로서 책이나 기사를 교환하는 사이여서 서로서로 정보를 얻었을 가능성도 있지만 "고이즈미의 어두운 그림자를 영미 정보기관이 쥐고 있다"는 것은 나도 처음 듣는 이야기였다. 그 후 나는 일본에 들를 때마다 여러 방면으로 이 건에 대한 정보를 얻었다. 그런 것들을 정리하면 다음과 같다.

- 게이오 대학 시절의 고이즈미가 여학생과 문제를 일으켜 요코하마橫浜에서 경찰 조사를 받았다는 애기는 당시부터 요코스카 현지에서는 널리 알려져 있었고, 많은 사람들이 그런 소문이 있었다고 긍정하고 있다.
- 사건은 1967년 4월경에 일어났다. 그리고 그 직후에 고이즈미가 유학 명목으로 런던으로 갔다.
- 각료였던 아버지가 정치력으로 사건을 무마하고, 세상의

관심이 식을 때까지 아들을 해외로 보낸 것이라는 소문이 당시부터 돌았다.

그러나 이런 소문은 일본 언론계의 많은 사람들이 알고 있었음에도 불구하고 지금까지 아무도 탐사 보도를 하지 않은 채 방치했을 뿐 아니라 가십 정도로 끝내 버렸다. 또 어느 대신문 사회부 기자의 정보에 따르면 "국회의원이 된 몇 년 뒤에도 성폭행 사건이 있었지만 당사자끼리의 대화로 화해에 이르렀다"는 얘기도 있었다. 또 고이즈미의 선배에 해당하는 게이오 대학 OB로부터 들은 얘기로는 "폭행 사건 화해에는 이지마飯島 비서관이 관여했으며 그로부터 이지마 비서관의 발언권이 급속히 강해졌다"고 한다.

런던 대학 유학은 '나가 놀기'에 지나지 않았다

2004년 2월 그때까지 연기만 피어오르던 '고이즈미 의혹'이 차례차례 매스컴을 타고 시끄러워지기 시작했다. 그것은 민주당의 미남 의원인 고가 준이치로古賀潤一郎의 '학력 사칭'[11]이 문제가 됐기 때문이며 그에 따라 언론이 아베 신조安倍晋三나 고이즈미 준이치로까지 조사하게 된 때문이다.

고이즈미의 '나가 놀기'는 '강간 의혹'을 빼면 아주 단순한 것이었다. 한 마디로 각종 자료에 차이점이 너무 많았다. 흥신데이터 사가 낸 『인사흥신록』에는 "1968년 런던 대학 재경학부에 유학"이라고 돼 있고, 도쿄 대학 출판회가 낸 『일본 근·현대 인물 이력 사전』

에는 "1967년 7월 런던 대학 정치학부 유학"으로 돼 있어서 1년이
나 차이가 난다. 또 고이즈미 의원 사무소는 "총리는 게이오 대학
을 졸업한 1967년부터 아버지의 급사로 중의원 선거에 출마한
1969년까지 런던 대학 정치경제학부에 유학했다"고 설명하고 있어
서 이를 분명히 할 필요가 있었다. 물론 이것은 당사자이자 일본 최
고의 공인인 총리 자신의 최소한의 의무다.

이 사건 보도에서 능력을 발휘한 것은 주간지였다. 특히 『슈칸週
刊 포스트』는 여러 차례 이 문제를 추적했고, 2004년 2월 9일자 기
사에서는 "고이즈미 총리가 런던 대학에 학생으로 등록된 것은
1968년부터 69년 6월 20일까지"라고 확정지었다. 즉, 그가 67년에
일본을 떠났다면 거의 1년 간 어디서 놀다가 런던 대학에 갔다는
게 된다.

더욱이 이 런던 대학 유학 또한 진짜 유학이 아닌 '나가 놀기' 일
뿐이어서 정치인이 이력서에 쓸 내용은 아니다. 『슈칸 포스트』(2004
년 2월 27일자와 3월 5일자)가 내린 결론은 다음과 같다.

고이즈미 총리가 처음 도전한 1969년 12월 중의원 선거 때의
선거공보, 처음 당선된 1972년 12월 중의원 선거 선거공보에 실
린 고이즈미 총리의 이력은 '게이오 대학 졸업. 런던 대학 정치
경제학부 유학'이지만 이는 허위 기재에 해당한다. 왜냐하면 런
던 대학UCL에는 정치경제학부가 없기 때문이다. 런던 대학에는

* 11)　　총선 입후보 당시 '미국 페퍼다인 대학 졸업'이라는 경력을 공표했으나 나중에 이
　　　　대학에 4년 동안 재적한 것은 사실이나 졸업하지 못한 것으로 드러났다. 경력 사
　　　　칭 논란이 달아오르자 민주당은 그의 당적을 박탈했고, 2004년 9월 그는 의원직을
　　　　사임했다.

여러 단과대학(칼리지)이 있고, 정치경제학부라면 일반적으로 런
던 대학 정치경제학원을 가리키는데, 우수한 학생이 모여드는
것으로 유명하다. 그러나 고이즈미 총리가 재적한 것은 여기가
아니다. 고이즈미 총리는 UCL 경제학부에서 1년이 약간 못 되는
동안 청강생 같은 형태로 나가 놀기를 한 데 지나지 않는다.

이런 기사까지 나오고, 또한 그것이 사실인 만큼 상식이 있는 인
간이라면 허위를 인정하고 사죄하는 것이 보통이다. 그러나 고이즈
미가 한 짓은 놀랍도록 파렴치했다. 이미 일본인들은 알겠지만 그
는 런던 대학 말콤 그랜트 학장을 일본에 초청해 기자회견을 시켰
다. 그랜트 학장은 노림수가 뻔한 기자회견에서 이렇게 말했다.
"고이즈미 총리는 정식으로 학위를 딴 학생은 아니었지만 1960년
부터 주어지기 시작한 외국인 유학생용 학점은 땄다. 고이즈미 총
리는 이토 히로부미伊藤博文 이래 우리 학교 출신으로서는 두 번째
일본 총리다. 부디 명예교수가 되어 주기 바란다."
　만약 뜻 있는 언론인이 일본에 있다면 고이즈미 사무소가 런던
대학에 기부금을 얼마나 냈는지를 조사해 볼 일이다.

| '강간범!' 이라고 야유한 랩까지 등장 |

　'나가 놀기'가 명백해짐으로써 그와 연관된 '강간 의혹'도 뚜렷
해졌다. 그런데 이것이 앞서 밝혔듯 민사소송이라는 형태('경력 사칭
등으로 일본 국민에게 정신적·물질적 손해를 끼친 데 따른 손해배상청구')로 도

쿄지법에 맡겨졌다.

'강간 의혹'은 이렇게 재판 기록으로 남게 됐는데 고이즈미 본인이나 사무소는 침묵을 지켰다. 또 2004년 6월 14일 민주당 히라노 사다오平野貞夫 의원이 '참의원 이라크 부흥 지원·유사법제 특별위원회'에서 이런 일련의 파렴치 사건 의혹에 대해 질의했으나 여느 때와 같은 고이즈미 특유의 당당한 답변은 들리지 않았다. 다만 당시 거대 언론을 제외한 몇몇 미디어에 고이즈미의 과거를 폭로하는 기사가 실렸다. 그 중 하나인 『*FRIDAY*』(2004년 7월 2일자) 기사를 인용하고 싶다. 이것은 고이즈미의 학창 시절 친구들의 증언을 모은 것이다.

고이즈미는 게이오 대학 시절에 고향인 요코스카에서 '게이오 요코스카 학생회' 회장을 지냈는데 인근 창고를 댄스홀로 개조해 직장 여성이나 여대생을 불러 댄스 파티를 자주 열었다. 그리고 요코스카 밖으로 '출장'을 갈 때는 유키 준이치로結城純一郎라는 가명을 썼으며, 강간을 가리키는 은어인 '해치울까' 라는 말까지 썼다.

일본의 정보 공간은 무서우리만치 왜곡돼 있다. 또한 일본의 대 언론은 각종 정보 통제와 과잉된 자기 규제 상태에 빠져 있어서 무엇이 언론의 사명인지를 잊어버린 지 오래다. 또한 경찰은 늘 정치적 압력에 굴복하기 때문에 증거가 될 정보는 숨기거나 없애버린다. 이 때문에 법원은 실체적 진실의 규명을 포기할 수밖에 없어 일본은 영원히 법치국가가 되기 어렵다. 이 나라의 최고 권력자인 총

리가 만약 과거에 지금까지 지적해 온 것처럼 난잡한 행동을 정말
로 해온 것이라면 그것이 설사 법적으로는 시효가 끝났다고 하더라
도 그대로 내버려 둘 문제는 아니다.

지금 시험 삼아 구글 검색에서 '유키 준이치로'와 '고이즈미'를
조합해 보면 3000건이 넘는 항목이 나온다. 심지어 총리를 '이 강
간범 놈!'이라고 야유한 랩송이 인터넷을 타고 유포되고 있다. 나는
이런 세계가 있는지조차 몰랐기 때문에 오랫동안 모르고 있었는데
자민당 관계자가 가르쳐 주었다. 게다가 참고하라며 CD롬을 건네
주었을 뿐 아니라 이런 말까지 했다.

이런 저질 랩 음악이 여러 사이트에서 흐르고 있어서 골치를
앓고 있습니다. 경찰에 의뢰해 지우고 돌아다녔더니 최근에야 조
금 줄었습니다. 그러나 이것은 '두더지 잡기'와 같은 끈기 싸움입
니다. 더욱이 국내만이 아니라 해외 경로도 있는 모양입니다.

일본이나 정치의 미래를 생각해서가 아니라 일종의 충동으로 일본의 운명을 바꾼 것이다.

어쨌거나 고이즈미 정권 탄생은 세기의 대형 뒤죽박죽으로, 총리로서의 능력 심사나 정책 논쟁을 거치지 않았다. 자민당은 선거에 이기기 위한 간판 얼굴로 쓰려고 동물원의 판다처럼 많은 사람들에게 구경거리가 될 만한 인물을 총재로 뽑았다. 그리고 이런 뒤죽박죽을 연출한 것이 바로 다나카 마키코인데, 그것도 일본이나 정치의 미래를 생각해서가 아니라 일종의 충동으로 일본의 운명을 바꾼 것이다.

CHAPTER 03

고이즈미 마키코 내각

KOIZUMI'S ZOMBIE POLITICS

| 원수를 갚고자 했던 마키코의 고이즈미 지원 |

고이즈미 정권과 관련, 후세의 역사가가 뭔가를 기술한다면 무슨 일이 있어도 다나카 마키코의 이름만은 빼놓을 수 없을 것이다. 제1차 고이즈미 내각에서 외무장관을 지낸 그녀가 없었다면, 고이즈미 준이치로는 자민당 총재 경선에서 이겼을 리가 없고, 또 내각 성립 후의 압도적 지지도 얻지 못했을 것이기 때문이다.

어쨌거나 고이즈미 정권 탄생은 세기의 대형 뒤죽박죽으로 총리로서의 능력 심사나 정책 논쟁을 거치지 않았다. 자민당은 선거에 이기기 위한 간판 얼굴로 쓰려고 동물원의 판다처럼 많은 사람들에게 구경거리가 될 만한 인물을 총재로 뽑았다. 그리고 이런 뒤죽박죽을 연출한 것이 바로 다나카 마키코인데, 그것도 일본이나 정치의 미래를 생각해서가 아니라 일종의 충동으로 일본의 운명을 바꾼 것이다. 그런 의미에서는 제1차 고이즈미 정권은 '고이즈미 마키코 정권'이나 '다나카 준이치로 정권'이라고 불러야지, 고이즈미 정권이라고 부르기에는 왠지 낯 간지럽다.

사실 2004년 4월의 자민당 총재 경선 전까지 고이즈미 준이치로는 완전한 다크호스였다. 또 후생장관이나 우정장관 경험이 있다고는 하지만 당 3역이나 주요 각료 경력도 전혀 갖추지 못했다. 이는 자민당 60년 역사로 봐도 도저히 총재가 될 수 있는 경력이라고 할 수 없었다.

그러나 모리 요시로 정권의 혼란으로 '자민당호'는 난파 직전 상태였다. 따라서 선장을 바꾸는 것이 최우선이지, 경력이나 자질 따위는 선택의 기준이 되지 못했다. 즉, 고이즈미 준이치로는 뜻밖에 굴러온 호박을 차지하듯 정상의 의자에 앉은 운 좋은 사람일 뿐이지, 정치 이념이나 지도력과는 무관한 정치인이었다. 여하튼 미지의 인물에 대한 대중의 호기심과 다나카 마키코 지지 열기가 담보로 쓸 수 있는 작은 재산이었을 뿐이다.

고이즈미는 난파선 속에서 그런 분위기에 능숙하게 올라탔다. 아니, 올라탔다기보다 쉽게 옭아들었고, 그를 옭은 것이 다름 아닌 다나카 마키코의 지원이었다. 따라서 그녀는 지금까지도 고이즈미 정권의 '생모'라는 말을 듣고 있는 것이다. 그런데 다나카 마키코는 왜 고이즈미를 지원한 것일까? 그녀는 정말로 고이즈미가 '자민당호'의 구세주이거나 '일본호'의 새 선장으로 어울린다고 생각했던 것일까?

이 질문에 대한 답은 노(NO)다. 왜냐하면 이 국면에서 국난 극복의 지도자가 될 만한 인재는 자민당 안에 한 사람도 없었기 때문이다. 다시 말해, 다나카 마키코는 그녀 특유의 타산으로 고이즈미를 지원한 데 지나지 않았다. 다나카 마키코가 고이즈미를 지원한 이유에 정책적 관점이 완전히 빠져 있다는 것은 『분게이슌주文藝春秋』
(2002년 6월호)에 실린 아카사카 다로赤坂太郎의 기사가 훌륭하게 전
하고 있다.

　3월 27일 오후 중의원 제1의원회관 327호실. 안쪽의 팔걸이
의자에 고이즈미, 그 앞쪽 약간 옆으로 히라사와 가쓰에이平澤勝
榮가 앉았다. 좀 늦게 도착한 다나카 마키코는 앉자마자 시끄럽
게 떠들어댔다. "고이즈미 씨, 이번에는 꼭 나서야 해요. 나서겠
다면 밀겠어요. 게이세이카이經世會(현 하시모토파)에서는 하시모
토 류타로가 나와요. 노나카 히로무野中廣務는 나올 리 없어요. 하
시모토는 실정으로 일본의 경제를 망쳤어요. 파벌 소속 의원 숫
자만으로 따지면 승산이 없을지 모르지만 바깥에 대고 호소해서
흐름을 바꾸면 그만입니다. 흐름이 바뀌면 어떤 파벌도 어떻게
될지 몰라요. 선거구의 사정도 있고요. 나는 지는 싸움은 하지
않아요.

지금도 많은 국민이 다나카 마키코와 고이즈미를 '일본을 바꾸
겠다는 같은 결의'를 하고 최종 결단을 했다고 믿고 있다. 그러나
그것은 언론이 흘린, 편향이 담긴 이야기며, 한 마디로 "그저 이기
고 싶다"는 것일 뿐이었다. 따라서 거기에는 일본을 어떻게 하겠다
든가 하는 정책적 일치 등은 눈곱만치도 존재하지 않았다. 다만 눈
길을 끄는 새로운 드라마의 탄생을 바라며 국민이 뜨거운 시선으로
기대했던 것은 분명하고, 언론도 인기를 모을 정치 드라마를 바라
고 있었다. 이런 새로운 드라마를 만들어 나가려면 당연히 캐스팅

도 새로워지지 않으면 안 됐으니, 두 사람은 정말이지 딱 들어맞는 배역이었던 것이다.

어쨌든 마키코는 고이즈미에게 '괴짜'라는 별명을 붙였고, 고이즈미도 '우정민영화'나 '총리 직선'이라는 슬로건을 내건, 자민당 의원치고는 이색적인 존재였다. 따라서 새롭다는 관점에서는 단연 두드러졌고, 그것을 능가하는 뉴스는 없었기 때문에 자민당 파벌 다툼에 지나지 않았던 총재 경선이 마치 국정을 다투는 선거처럼 언론에 다루어져 커다란 관심을 끌었다.

언론은 언제나 신선한 이야기를 필요로 한다. 그런 필요성이 앞섰기 때문에 왜 총리 교체가 필요한가 하는 논의나 앞으로 일본을 어떻게 할 것인가 하는 정책론은 관심의 대상이 되지 않는다고 판단해 프로그램 편성에서 빼버렸던 것이다.

| 다나카 마키코의 게이세이카이에 대한 원한의 분출 |

사실은 다나카 마키코는 고이즈미를 일절 평가하지 않고 있었다. 그녀에게 고이즈미는 해묵은 자민당 체질에 젖은, '빛이 바랜 정치인'으로밖에 비치지 않았다. 그것을 뒷받침하는 것이 『슈칸분슌週刊文春』(2001년 5월 3일자)에 실린 우에스기 다카시上杉隆의 다음과 같은 르포다.

자민당 총재 경선이 시작되기 얼마 전 마키코는 제1의원회관 3층 방에서 신문기자를 앞에 두고 여느 때와 같이 활달한 어조로

열변을 토했다. "고이즈미 준이치로? 안 돼요, 안 돼. 숫자 맞추기일 뿐인 파벌 정치의 적자嫡子거든요. 정책을 입안하려는 메시지 등이 전혀 없어요. 어차피 그 사람도 여기저기에 얽혀 있는 구태 정치인의 한 사람이지요. 응원할 가치가 없어요."

이 발언은 앞의 아카사카 다로의 기사에 나오는 '의원회관 327호실에서의 고이즈미 지지 표명' 바로 하루 전인 3월 26일의 일이다. 왜 그녀는 하룻밤 사이에 이처럼 180도 돌변해 버린 것일까? 우에스기 다카시가 마키코의 지역구인 니가타新潟 신문기자를 취재해서 끌어낸 답은 이런 것이었다.

"게이세이카이에 대한 원한이지요. 어쨌거나 하시모토가 승리하는 꼴은 보기 싫다는 단 한 가지, 바로 그것뿐입니다. 따라서 하시모토가 이기지만 않는다면 누구를 지원해도 그만이었지요. 바꿔 말하면 하시모토를 쓰러뜨릴 수 있을 만한 사람이 있다면 누구든 응원한다는 것이지요."

그렇다면 다나카 마키코 개인의 원한 때문에, 하시모토만 승리하지 않는다면 누구든 좋다는 망령된 집착에 의해, 고이즈미 준이치로가 일본 총리 자리에 앉은 것이 된다. 그러니 일본의 미래에 대한 비전이나 어떤 이념을 어떻게 실현할까 하는 과정과 정책적 견지는 결여할 수밖에 없었다. 더욱이 정치적 이성과는 동떨어진 '원한'이라는 야만적 충동을 제어하지 못하는 감정적 중년 여성의 변덕스러운 생각에 휘둘려, TV의 버라이어티쇼와 같은 티격태격 소동 속에서 차기 내각이 탄생한 것이다.

또 그 후 고이즈미 내각에서 외무장관에 취임한 다나카 마키코가 행한 역할도 정치 이념과는 전혀 무관한 것이었다. 슬로건뿐인 고이즈미, 변덕뿐인 마키코. 이 두 사람의 조합이 일본의 운명을 결정해 버렸다.

나는 지금까지 영문으로 일본 정치를 논할 때 자민당을 '디모럴 파티'Demoral Party라고 써 왔다. '디모럴'이란 도덕에 무관심한 '에이모럴'Amoral, 즉 '몰沒도덕'과 일반적으로 인정된 도덕 기준에 어긋나는 '이모럴'Immoral, 즉 '부도덕'의 키메라다. 키메라는 그리스 신화에 나오는 괴물로 머리는 사자, 몸통은 염소, 꼬리는 뱀이며 입에서 불을 내뿜는다. 따라서 고이즈미가 자신을 사자라고 여기는 것도 여기에 원형이 있는 듯한 느낌이 든다. 자기애에 탐닉하는 인간에게서 자주 나타나는 현상인데, 전체를 보지 않고 부분에 집착하는 성격 탓에 거울에 비친 얼굴에만 관심을 두기 때문에 자신의 전신이 어떤 모습인지를 알아차리지 못하는 것이다.

더욱이 역사적 혼란이 돌연변이를 낳는데, 모리 정권에서 고이즈미 정권이 탄생하는 것은 마치 키메라가 자민당 전체를 지배하는 것과 같은 것이다. 그리고 일본 열도에 발푸르기스의 밤이 퍼져나가는 가운데 사바트(악마의 향연)의 광란이 시작되는 법이니 좀비 정치가 마구 날뛰는 것도 당연하다.

'디모럴'은 '디모럴라이제이션'Demoralization(타락, 혼란, 좌절, 사기 저하)의 어간이므로 고이즈미 마키코 내각이 열광을 불러일으키고 난 후의 낭자한 향연의 흔적은 '비극'이 된다. 이런 고이즈미 마키코의 발생학에 따라 '나가타초 참새' 사이에서는 키메라에 대한 관심이 고조됐고, "이건 고이즈미 마키코 정권이다" "다나카 준이치로 내각이다"라고 떠들며 쓴웃음을 지어야 하는 현실에 부닥치게됐다.

'나가타초 참새'란 말 그대로 나가타초 주변을 떠돌며 소문을 찍어 먹는 사람들이다. 비슷한 뜻의 '워싱턴 참새'Washington Sparrows나 그 도쿄판인 '도쿄 제비'Tokyo Swallows도 존재한다. 한편으로 그 당시 '고이즈미 마키코' 정권이 탄생한 데 대해 이거 정말 잘 됐다며 만면에 웃음을 짓는 사람도 있었다. 왜냐하면 다나카 마키코에게는, 그녀의 열렬한 지지자인 일본 보통 주부들이 전혀 상상할 수도 없는 미국 체험이 있었기 때문이다.

다나카 마키코는 10대 때 미국에 유학, 필라델피아의 '프렌즈 스쿨'이라는 고등학교에서 자유롭고 즐거운 학창 시절을 보냈다. 따라서 영어도 할 수 있고, 미국 사정에도 밝다. 많은 사람은 이런 경력으로 보아 그녀가 친미파에 속하는 정치인이라고 여겼다. 실제로 내가 친근하게 지냈던 미국 신문사의 특파원도 "영어로 말할 수 있는 사람이 외무장관이 되었으니 이로써 일본도 아시아의 네 마리 용 수준이 됐다"고 나를 놀리며 즐거워하던 일이 생각난다.

그러나 이것은 그들의 천박한 이해일 뿐, 그녀를 진정으로 움직인 것은 그런 미국 체험이 아니라는 것이 그 후에 판명됐다. 다만 이런 미국 체험이 없었다면 현재의 다나카 마키코는 있을 수 없었기 때문에 여기서는 그녀의 미국 생활이 의미하는 바로부터 이야기를 시작해, '고이즈미 마키코' 정권의 생모인 그녀의 청춘 이력을 살펴보고자 한다.

| 퀘이커 학교에서 공부한 다나카 마키코 |

다나카 마키코는 니혼조시日本女子 대학 부속고등학교에 다녔지만 중학교 때 이케다 하야토의 딸들과 함께 미국을 여행한 일이 있어서, 미국에 깊이 빠져 있었다. 그녀의 도미는 1961년으로 아버지 다나카 가쿠에이田中角榮(1918~1993)의 반대를 무릅쓴 유학이었다. 일본이 아직 고도성장기에 접어들기 이전의 일이었다.

그런데 문제는 도대체 누가 다나카 마키코에게 1845년 퀘이커 교도가 설립한 '프렌즈 스쿨'을 소개했는가다. 현명한 독자라면 잘 알고 있겠지만 퀘이커 교도의 사상은 바로 일본의 '평화 헌법'으로 이어지는 '평화 사상'의 원점이다. 과연 다나카 마키코는 평화 사상이 필요해서, '프렌즈 스쿨'에 보내졌던 것일까?

퀘이커 교도들은 한때 미국 공화당 안에서 확고한 세력을 구축하고 있었다. 리처드 닉슨(1913~1994) 전 대통령이 그 필두다. 또 일본 최초의 퀘이커 교도는 옛날 5000엔짜리 지폐에 초상이 실려 친숙한 니토베 이나조新渡戶稻造[1]였다. 또 현재의 아키히토 천황의 황태자 시절인 13~17세 때 그 가정교사를 지낸 베이닝Elizabeth Grey Baining(1902~1999) 부인도 경건한 퀘이커 교도였다. 이 베이닝 부인의 출신 고등학교가 '프렌즈 스쿨'이다. 다나카 마키코의 미국 유

---

* 1) 1862~1933. 이와테岩手현 출신의 교육자, 농학자. 삿포로札幌 농학교를 나와 도쿄 대학에 진학했으나 중퇴하고 미국으로 건너갔다가 다시 독일로 갔다. 농업과 경제를 공부하고 귀국해 여러 대학의 교수를 거친 뒤 도쿄조시東京女子 대학 초대 총장이 됐다. 국제연맹 사무차장, 귀족원 의원 등을 지냈으며 기독교 사상을 바탕으로 국제평화에도 공헌했다. 그가 영문으로 쓴 『Bushido武士道』는 구미에 사무라이 정신을 알린 책으로 유명하다.

학 배경에 대한 이해는 이런 미일관계의 역사적 관계를 빼고는 말할 수 없다.

쿼이커란 일반적으로 '프렌즈회'Religious Society of Friends(기독친우회) 회원을 가리킨다. '프렌즈회'는 17세기 영국에서 설립된 기독교의 일파로서 예배 방법에 커다란 특징이 있다. 신자들이 침묵 속에서 하나님과 직접 교감하기를 기다리며, 하나님의 계시를 받으면 몸을 떠는 것이다. 따라서 '떤다'Quake는 말에서 나온 '떠는 사람'Quaker이라고 불리게 됐는데, 신자들은 자신들을 '친구들'이라고 부른다.

또 그들 신앙생활의 커다란 특징은 '간소한' 삶을 목적으로 하며, 모든 차별을 배제하고, 반전·비폭력의 적극적 '평화'의 실천을 겨냥한다. 즉, 이것을 전후 일본의 사상으로 치환하면 철저한 '반전주의' '평화주의'가 된다. 더욱이 쿼이커 교도는 미합중국의 진짜 조상이기도 하다.

쿼이커 교도가 미국에 상륙한 것은 1682년의 일이었다. 펜실베이니아라는 이름의 유래가 된 윌리엄 펜(1644~1718)의 인솔로 영국 성공회 박해를 피하기 위해 신앙으로 뭉쳐 살자고 신대륙을 찾아왔다. 또 펜실베이니아 주는 그 후 '자유·평등·박애'를 구가한 미합중국의 독립선언과 합중국 헌법을 기초하고 채택한 땅이 됐다. 따라서 주도인 필라델피아에는 '자유의 종'이 있고, 지금도 '미국 탄생의 땅'으로서 많은 관광객이 찾고 있다.

다나카 마키코는 10대의 젊은 시절에 미국 심장부라고 할 이 땅으로 건너갔던 것이다.

| 메이지 시대 이래 이어진 퀘이커 커넥션 |

퀘이커 교도와 일본과의 관계를 살펴보면 그 역사는 메이지 시대로 거슬러 올라간다. 명문 쓰다주쿠津田塾 대학의 창립자로서 유명한 쓰다 우메코津田梅子(1864~1929)는 1871년 여덟 살의 나이로 이와쿠라岩倉 사절단[2]의 최연소 여자 유학생으로서 도미했다. 그녀는 이 유학 당시 기독교에 입신했고, 귀국 후에는 화족華族[3] 여학교에서 교편을 잡았으나 남존여비의 일본에서의 새로운 여성교육이 필요하다는 것을 느끼고 1889년 다시 미국으로 건너가 필라델피아의 '브린 모 칼리지'Bryn Mawr College에서 공부했다. 그리고 1892년 귀국해서는 스스로 기부금을 모아 화족이나 평민의 차별이 없는 여성교육을 지향, 1900년에 도쿄 고지마치麴町에 쓰다주쿠 대학의 전신인 '조시에이가쿠주쿠'女子英學塾를 설립했다.

쓰다 우메코가 유학한 브린 모 칼리지는 퀘이커 교도 자녀가 공부하는 일반 교양Liberal Arts 대학으로 초대 학장을 지낸 제임스 로즈, 필라델피아 연방준비은행 초대 총재를 지낸 은행가 찰스 로즈 등으로 유명한 로즈가는 대대로 퀘어커 일족이었다.

더욱이 19세기 후반 필라델피아에는 세계 유수의 조선소가 있었

＊ 2) 1871~73년의 미일 수호통상조약 개정 교섭을 위해 미국에 파견된 사절단. 이와쿠라 도모미 특명전권대사, 기도 다카요시木戸孝允·오쿠보 도시미치大久保利通·이토 히로부미伊藤博文·야마구치 나오요시山口尚芳 부사가 많은 수행원과 유학생을 이끌었다. 이들이 조약 개정에 실패한 이후 일본은 유럽 시찰로 방향을 틀었다. 이들은 귀국 후 정한론에 반대하며 내치 우선을 강조했고, 정한파를 압도하며 문명개화 기운을 북돋웠다.
＊ 3) 메이지 시대 초기에 유럽의 귀족 등급을 본 딴 작위제도가 도입된 후 각급 귀족 작위를 받은 사람과 그 가족들.

고, 거기서 러일전쟁에서 크게 활약한 일본 제국 해군의 순양함 '가사기'笠置가 만들어졌다. 이 필라델피아의 크램프 조선소에서 공부해 나중에 미쓰비시三菱 조선소나 스즈키쇼텡鈴木商店[4]의 하리마토바播磨鳥羽 조선소에서 기술 책임자로서 일본 해운 융성에 진력한 것이 마스모토 우헤이枡本卯平인데 그는 고무라 주타로小村壽太郎 (1855~1911)[5]의 서생이었다.

또 미쓰비시 재벌의 창시자인 이와사키 야타로岩崎彌太郎(1834~1885)의 장남 이와사키 규야岩崎久彌(1865~1955, 미쓰비시 재벌 3대 회장)도 1886년 필라델피아에 있는 아이비리그 명문인 펜실베이니아 대학에 유학, 와튼 스쿨 학생으로서 회계학을 습득했다.

그리고 앞에 밝힌 니토베 이나조는 필라델피아에서 퀘이커 교도의 집회에 참가, 그 간소한 신앙생활에 일본의 무사도나 신토神道를 결합시켜 명저 『무사도武士道』를 썼다. 그는 여기서 평생의 반려가 된 메어리 P. 엘킹턴(1857~1938)과 만났고, 1886년에는 '볼티모어 친우회' 회원으로 인정을 받아 일본인 최초의 퀘이커 교도가 됐다.

2002년 2월 19일 방일중이던 조지 W. 부시 미 대통령은 참의원 연설에서 니토베 이나조에 대해 이렇게 언급했다.

지금으로부터 1세기 전 미일 양국은 당시까지 오랜 동안에 걸

---

* 4) 877년에 설립돼 대공황 때 도산한 일본 근대의 대표적 상사. 스즈키 이와지로鈴木岩次郎가 설탕·장뇌 사업을 일으키며 설립돼 1차 세계대전 특수 붐을 타고 밀가루, 고무, 비료, 선철, 면화 등을 다루는 종합상사로 발전했다. 전성기에는 세계 주요 도시에 지점을 두었고 60여 직·방계 회사를 거느렸다.

* 5) 일제의 조선합병과 대륙 침략에 깊이 관여했던 외교관. 청일전쟁 후 주한 공사를 지내며 명성황후 시해 사건에 관여했고, 외무대신으로 조선합병 정책을 강행했다.

친 시기猜忌와 불신의 시대를 거쳐 서로가 상대방에 대해 배우기 시작했습니다. 일본이 낳은 위대한 학자이자 정치가인 니토베 이나조는 미일 양국민의 사정을 이해하고, 그럼으로써 우호의 미래상을 그렸습니다. 그는 "태평양의 가교가 되기를 바란다"고 썼습니다. 그 '가교'는 이미 만들어졌습니다. 한 사람의 힘이 아니라 미일 양국의 수많은 사람들의 힘에 의해서…(주일 미대사관의 웹사이트에서).

이 말이 이야기하는 역사의 무게에 대해 현재 일본의 국회의원들이 가진 국제 감각으로 어느 정도나 이해할 수 있었던 것인지는 알 길이 없다. 그러나 일본과 퀘이커 교도가 이처럼 깊은 관계를 맺고 있었고, 그것이 미국에서는 상식 범주에 속할 뿐 아니라 외교 기반을 떠받치는 정치 지식이다.

또 앞의 베이닝 부인의 예에서 보듯 퀘이커교는 일본 황실과도 깊숙이 이어져 있다. 베이닝 부인은 1902년 펜실베이니아 주에서 태어나 프렌즈 스쿨을 졸업하고는 쓰다 우메코가 유학한 브린 모 칼리지에 진학했다. 그녀가 경건한 퀘이커 신자가 된 것은 1933년 교통사고로 남편을 잃고 나서였는데, 퀘이커 신자로서의 '평화 사상'은 한평생 변하지 않았다.

베이닝 부인이 아키히토 황태자의 영어 가정교사를 한 것은 주 1회뿐이었는데, 그녀는 황태자를 미국식으로 '지미'Jimmy라고 불렀기 때문에 시치부노미야秩父宮 부인의 친정어머니인 마쓰다이라 나오코松平直子가 동석해서 엄중하게 감시했다는 이야기가 전해지고 있다. 그래서 베이닝 부인이 인기를 마치고 귀국한 뒤에는 도쿄

후렌도普連土(Friend) 학교의 B. E. 로즈 여사가 후임이 됐다. 로즈 여사는 로즈가 출신으로 필라델피아 명문의 일족임은 말할 나위도 없다.

즉, 다나카 마키코의 유학 주선은 메이지 시대 이래 일본의 퀘이커 커넥션의 연장선이며, 그것은 니토베 이나조의 제자였던 내무성 관료로, 전후에 문부성 장관을 지낸 마에다 다몬前田多門(1884~1962) 등이 관계된 것이다. 이는 국제문화회관의 마쓰모토 시게하루松本重治(1899~1989)로 이어지는 인맥이기도 한데, 마쓰카타松方 재벌[6]을 통해 전 주일 미 대사인 E.O.라이샤워(1910~1991)로도 이어졌다.

| 장기적으로 인재를 육성하는 미국의 심모원려 |

미국은 장래의 포석을 위해 다른 나라 지도층 자제를 자국의 교육을 받게 하는 국가 전략이 있다. 따라서 다나카 마키코는 다나카 가쿠에이의 딸이라는 점에서 안성맞춤의 인재였다. 그녀에게 자유주의 사상과 민주주의를 심어주면 그것은 장차 일본 정치에 대한 영향력을 유지할 수 있을 것으로 예상했다. 그러나 다나카 마키코는 프렌즈 스쿨만 마치고 일본으로 돌아오는 바람에 세습의원으로

* 6) 메이지 시대 초기에 대장대신으로서 근대적 재정제도를 도입하고, 중앙은행 창설과 태환제도를 확립하고, 2기에 걸쳐 총리를 지낸 마쓰카타 마사요시松方正義와 그 후손들이 이끈 기업집단. 고베神戸의 기와 공장과 신문사, 규슈의 철도, 가와사키川崎 조선 등이 유명하다. 마쓰카타 전 총리의 손녀인 하루가 라이샤워의 부인이 됐다.

서 외무장관이 되긴 했지만 그 후 실력 부족을 드러내고 말았다.

그녀보다 한 살 어린 이라크 인 아하마드 찰라비는 MIT를 졸업하고, 시카고 대학에서 수학으로 학위를 취득했다. 그리고 이라크를 침공한 미국 주도의 국민회의INC에서 의장까지 역임해 미국에 공헌했다. 이 점을 다나카 마키코와 비교해 보면 그 스케일 면에서 메소포타미아 문명과 일본 문화의 차이를 느끼게 된다. 일본은 우민화가 진전된 탓에 다나카 준이치로나 고이즈미 마키코 수준으로 충분하지만 이라크에서는 통치가 그렇게 간단하지가 않다. 그래서 네오콘의 성채인 시카고 대학에서 단련을 받은 찰라비 정도의 인재가 필요하다고 생각한 것이라면, 미국의 심모원려深謀遠慮(깊은 꾀와 미래에 대한 생각)는 실로 무서운 점이 있다. 또한 정말 한심한 일이지만 최근 일본인이 미국에 무시를 당하고 있는 셈이다.

인재 육성에 대한 투자와 국제정치적 배려는 이처럼 오랜 기간을 두고 포석이 행해지는 것이다. 가장 크게 성공한 예가 헨리 키신저였다. 유대인 난민으로 미국에 건너 간 키신저가 뉴욕시립 대학에 진학하려고 할 때 참모총장 고문이던 프리츠 크레이머 박사는 이렇게 충고했다. "헨리, 신사는 시립 대학에는 가지 않는 거야. 하버드로 가라."

이 일화는 피터 드러커의 『방관자의 시대Adventures of Bystander』에 나오는데, 미국이 이런 쪽으로 얼마나 속이 깊은지 엿볼 수 있다. 크레이머 자신 역시 독일에서 미국으로 건너 온 뛰어난 인재였다.

| 대학 일반교양 교육의 이점 |

나는 다나카 마키코의 고교 유학을 평가하면서도 정말로 아쉽게 여긴다. 그것은 그녀가 한시라도 빨리 귀국하라는 아버지 가쿠에이의 뜻에 따라 대학에 진학하지 않고 귀국해 버렸기 때문이다.

미국 교육의 가장 뛰어난 점은 대학에서 행해지는 일반교양 과정이다. 이것은 일본의 교양과정과 비슷한 듯하지만 전혀 다르다. 한마디로 '전인교육'이다. 그리고 필라델피아에는 일반교양 대학 가운데 미국에서도 손꼽히는 좋은 대학이 얼마든지 있다. 앞에 든 브린 모 칼리지는 이른바 '세븐 시스터즈' Seven Sisters('아이비 리그'의 자매교인 7개 명문 여대) 중 하나다. 또 매사추세츠 주의 앰허스트 Amherst 칼리지와 어깨를 나란히 하며 전미 1위를 다투는 스워드모어Swarthmore 칼리지도 있다. 다나카 마키코는 이런 칼리지에서 전인교육을 체험할 수 있는 다시없는 기회를 놓쳐 버렸다.

일반교양 과정의 핵심 교과과정은 인간으로서 '진선미'의 가치를 깨닫기 위한 소양으로서 '폭넓은 교양'과 '양식'良識을 체득하는 것이다. 따라서 일반교양 교육에서는 그를 위한 기초훈련이 철저하게 행해진다. 시카고 대학 앨런 블룸 교수는 『미국식 사고의 종언 *Closing of the American Mind*』에서 다음과 같이 밝혔다.

사람들 사이의, 또 그들의 행동이나 동기 사이의 미묘한 차이를 구분할 수 있게 해주고, 진정한 취미를 형성해 주는 마음의 눈을 닦으려면 장엄한 문체로 씌어진 문예 작품의 도움을 받아야만 한다.

즉, 교양을 체득하면 인간은 정신이 풍요로워지고 쉽사리 손쉬운 답에 매달리려 하지 않게 된다. 그리고 언제나 해답을 찾으려고 머리를 회전시켜 이성과 양식에 근거한 판단을 내리고, 독자적 사상을 갖춘 탁월한 인간이 되는 것이다.

그래서 다나카 마키코가 4년 더 미국 대학에서 공부하고, 인간으로서의 보편적 교양을 익히고 귀국했다면 일본의 미래에 크게 공헌할 수 있었을 것이라고 나는 생각한다. 그러나 고이즈미 정권의 '생모'가 된 그녀의 판단에는 이런 측면은 아쉽게도 존재하지 않았기 때문에 다나카 마키코의 영향력은 고이즈미 마키코 정권의 탄생만으로 끝나고 말았다. 그렇게 된 것도 그녀가 오직 부친의 파벌을 낚아챈 '하시모토파'(구 다케시타파)에 대한 원한에 좌우됐기 때문이다.

| 고이즈미와의 결별은 당연한 흐름인가? |

다나카 마키코가 퀘이커 커넥션의 적자임을 엿볼 수 있는 사건이 외무장관 시절에 일어났다. 그것은 2001년 5월에 일본을 방문한 리처드 아미티지 국무부 부장관과의 회담을 무슨 이유에선지 급작스럽게 취소하고, 국회도서관에 틀어박힌 불가사의한 행동을 한 점이다.

기자단에 대해 그녀는 "피할 수 없는 개인적 용무가 있었다"고 강조했지만 국회에서 추궁을 받자 이번에는 "요직을 맡았기 때문에 심신이 완전히 지쳐서 피로가 극한 상태였다"고 답변했다. 그러나 그 행동의 근저에 있던 것은 그녀가 퀘이커 교도로부터 배운

'평화주의'가 아니었을까? 그것은 다나카 마키코가 의식하든 안하든, 그녀의 마음 속 깊은 곳에 잠재한 신조가 전쟁꾼인 아미티지에 대한 반발을 불렀다고 생각할 수 있다.

현재 미국에서 부시가 이끌고 있는 공화당 정권은 퀘이커 사상과는 완전한 대척점에 있는 패권주의에 지배된 네오콘이 좌우해 세계 각지에서 분쟁을 일으키고 있다. 그리고 그들은 일본에 대해 '개헌' 시한폭탄까지 설치했으며, 바로 그 사자가 아미티지였음은 쉽사리 이해할 수 있다. 따라서 다나카 마키코는 미국이 일본에 강요하려고 하는 '미사일 방위'MD에 대해 강한 반발의 의사표시를 했다. 또 고이즈미가 부시의 졸개로서, '충견'忠犬이 되어, 자위대를 이라크에 파견한 후에는 강렬한 반고이즈미 감정을 나타냈던 것이다.

아마도 다나카 마키코에게는 '반전·평화' 사고방식이 깊이 뿌리를 내린 듯하다. 그것은 니토베 이나조를 원류로 하는 일본인 기독교도로서 '평화 헌법' 제정에 공헌한 그룹에 이어져 있으며 황실 인맥과도 그 흐름이 이어져 있다.

이런 인맥에 관한 보고는 노소다 요시아키園田義明의 『최신 미국 정치 지도』(고단샤 현대신서, 2005)나 그의 웹사이트 기사에 자세히 나와 있다. 이 일본 기독교 인맥은 메이지 시대에 원류를 두고 있으며 복잡한 인맥 계보를 통해 얽혀 있어서 미치코美智子 천황비나 오가타 사다코緖方貞子[7] 등으로도 이어져 있다.

그렇다면 이런 계보가 전혀 없는 고이즈미 준이치로는 아무리 3대째 정치 가문 출신으로서 총리가 됐다고 해도 퀘이커 인맥과 줄이 닿아 있는 다나카 마키코와는 격이 다르기 때문에 최종적으로 결별하는 것이 당연한 흐름이었다.

2002년 1월 30일 고이즈미는 "여자는 좋겠다" "내가 가장 많은 상처를 받았다"며 다나카 마키코 외무장관을 경질했다. 이는 외무성 사상 최초로 이뤄진 심야의 경질극이어서, 집무실에서 나오는 그녀를 기다리던 보도진이 카메라 플래시를 일제히 터뜨렸을 때 그 눈에 눈물이 고여 있었다. 이는 사임 문서에 억지로 서명할 수밖에 없었던 데 대한 회한의 눈물이었다.

사토 마사루佐藤優의 『국가의 덫』(신초샤新潮社, 2005년)에 따르면 스즈키 무네오鈴木宗男[8]가 다나카 마키코와 어긋나는 것을 고이즈미 총리에게 따졌기 때문에 이 경질이 실현됐다고 한다. 고이즈미는 이 경질을 두고 '새발의 피'라는 진부한 표현을 썼는데, 뒤처리를 잘못한 이유로 목을 자르기에는 적절한 시기가 아니었다.

| 다나카 마키코와 중국에 대한 기묘한 정보 |

이처럼 다나카 마키코의 가슴 속에는 미국을 원류로 하는 '평화주의'가 있지만, 그렇다고 해서 그녀를 친미파라고 할 수 없다는 점

---

* 7)   1927년~. 도쿄 출신의 국제정치학자. 외교관의 딸로 대학 졸업 후 미국 조지타운 대학과 UC버클리 대학에서 공부해 박사학위를 땄으며, 1991~2000년 유엔 난민 고등판무관UNHCR을 지냈다. 현재는 국제협력기구JICA 이사장을 맡고 있다.

* 8)   1948년~. 홋카이도北海道 출신의 정치인. 오랫동안 자민당 하시모토파에 몸을 두고, 외무성에 커다란 영향력을 행사해 왔기 때문에 다나카 마키코가 외무장관 시절 '타도 표적 1호'로 삼았던 인물이다. 다나카와의 치열한 싸움으로 외무성을 혼란에 빠뜨렸고, 그 결과 다나카 장관의 경질에 성공했다. 그러나 그 과정에서 제기된 각종 이권 개입 의혹이 사실로 드러나 국민적 비난을 받았다. 결국 알선 수뢰 혐의로 구속돼 의원직을 사임했으나 3년 만인 2005년 8월 새로 탄생한 홋카이도 지방 정당의 후보로서 당선돼 재기했다.

에서 현재 일본이라는 나라의 특수성이 드러난다. 그렇다고 고이즈 미는 '부시의 강아지'라고 불릴 정도니까 당연히 친미파인가 하면 그 또한 틀린 생각이다.

다나카 마키코의 사상과 행동은 진폭이 컸지만, '워싱턴 참새 들'이 '친미파'라고 낙관할 수 없었던 데는 또 다른 이유가 있다. 나 는 고이즈미 내각이 탄생한 2001년 봄 시점에서 이 문제에 밝은 어 느 정보 관계자로부터 다나카 마키코에 관련된 기묘한 이야기를 들 을 수 있었다.

그 정보는 '차이나 리소시즈'China Resources, 즉 중국에서는 화룬 공스華潤公司라고 불리는 회사가 도쿄 사무실을 도라노몬虎ノ門 모 리森 빌딩에 개설했다는 이야기였다. 그것만으로는 아무런 얘기가 될 수 없다. 그런데 이 '화룬 일본'이 만들어진 것이 1994년으로 정 확히 다나카 마키코가 국회의원 출마 의사를 밝힌 시기였다. 그리 고 그녀는 이 회사의 후원자가 되었고, 당시 하타 쓰토무羽田孜 총 리를 설립 파티에 불러 후원자의 한 사람으로서 만세삼창을 선창하 도록 했다는 것이다. 다나카 마키코가 중일 국교 회복(1972)에 진력 한 다나카 가쿠에이의 딸이라는 점에서 중국 측이 주목했음은 물론 이다.

홍콩에 있었던 화룬공스라는 회사는 홍콩 반환 직전에 중국대륙 으로 가는 비자를 발급하던 곳이다. 이를 주목한 미 중앙정보국CIA 이나 군사관계자, 정보 관련 기업이 같은 건물 안에 사무실을 두었 기 때문에 그 빌딩이 관광명소가 됐다고 한다.

그런데 그 '화룬 일본' 사무실이 설립 2년 후 이타바시板橋구의 아파트 한 칸으로 이전해 유령회사 상태가 되었다. 더욱이 이전하기 전에 은행에서 거액의 무담보 대출을 받은 것이 발각됐고, 조직 폭력배가 얽힌 부정 융자 회수 작업이 이뤄졌다고 한다. 또 설립 시의 대표는 베이징에서 처형됐다는 것이다. 만약 이런 소문이 사실이라면 이 기묘한 조직과 얽혀 있던 다나카 마키코를 일본 언론이 왜 추적하지 않았을까?

이에 덧붙여 어느 정보 소식통에 따르면 화룬공스는 중국 국공내전 당시 발족한 중국 공산당 특무기관이며, 이 회사가 홍콩에서 외화 조달 창구로 개설된 덕분에 중화인민공화국이 이룩될 수 있었다고 했다.

다나카 마키코를 '완전한 친중파'라고 볼 측면은 많다. 그것은 아버지 다나카 가쿠에이에게로 거슬러 올라간다. 그 아버지가 록히드 사건(1976)으로 실각한 것을 '미국의 음모'라는 시각에서 보면, 거기에는 '친중'이 아니라 미국에 대한 원한 같은 것이 떠오른다.

고이즈미 내각이 발족한 지 얼마 되지 않아 야스쿠니 신사 참배 문제로 언론이 시끄러웠을 때 다나카 마키코는 고이즈미 총리를 통렬하게 비판했다. 그리고 베이징 정부도 그에 편승해 강력하게 고이즈미를 비난했다. 따라서 이때부터 마키코와 고이즈미의 '각내閣內 불일치'는 누구의 눈에나 분명해 보였다. 즉, 그녀는 스즈키 무네오라는 경쟁자가 없었더라도 언젠가는 고이즈미에게 잘릴 운명이었던 것이다.

| 중국의 권모술수와 탁월한 외교술에 압도되는 일본 |

중국은 3000년의 권모술수 전통을 자랑하는 나라다. 따라서 그 외교는 일본의 외교와는 비교도 되지 않을 정도다. 공적개발지원 ODA 자금을 마구 뿌리기만 할 뿐 전략적 사고를 결여해 온 일본과 비교하면 그야말로 천양지차의 외교력 차이다.

그런 생각을 하면 떠오르는 게 있다. 외무성 장관에서 경질된 후 다나카 마키코의 최초 행동은 어찌된 일인지 허겁지겁 베이징을 방문한 것이었다. 그녀는 도대체 무엇을 보고했을까 하고 생각한 나는 세계 제2차대전 이전 일본의 외교 능력을 떠올렸다.

오리건 사투리의 영어를 하는 마쓰오카 요스케松岡洋右[9]는 굳이 말하자면 과대망상적 '즉흥 연기'에 능했다. 그러나 그가 아무리 애써도 당해낼 수 없는 상대가 있었다. 그것은 국제연맹 무대에서 명외교관으로 이름을 날리던 중화민국의 구웨이이준顧維均(1887~1985) 외무장관이었다. 마쓰오카는 구 박사에 대해 씻기 어려운 열등감을 안고 있었다. 컬럼비아 대학을 나와 불어와 독어, 영어가 유창한 구웨이이준은 국제정치학 박사 학위를 갖고 있었을 뿐 아니라 외교관으로서 세련된 매너와 교양을 체득하고 있었다.

그 때문에 마쓰오카는 만주 문제 논쟁에서 구웨이이준의 논리에 밀렸고, 결국 국제연맹을 탈퇴해 일본을 국제 고아로 만들어 버렸

* 9)　1880~1946. 야마구치山口현 출신의 외교관, 정치인. 미국 오리건 대학을 나와 외무성에 들어갔다가 1921년 중의원 의원으로 전신했다. 1933년 제네바 국제연맹회의에 수석전권대표로 참석해 국제연맹 탈퇴를 선언하고, 일제 침략 노선의 추진자가 되었다. 만주철도 총재를 지냈고 1940년에는 외무대신으로서 3국 동맹을 맺었다. 패전 후 도쿄 전범재판에서 A급 전범으로 지정됐고, 옥중에서 병사했다.

을 정도였다. 마쓰오카의 열등감이 일본의 운명을 크게 틀어지게 했고, '대일본제국'을 멸망시켰다고 해도 과언이 아니다.

더욱이 전쟁 이전의 일본은 부패한 중국 정부와 군벌을 주무르며, 마음대로 회유와 모략을 써서 중국 침략을 계속했다. 그러나 현재는 어떤가? 이제는 입장이 뒤바뀌어 일본 쪽이 부패했다. 따라서 베이징은 자민당 파벌의 거물이나 각료뿐 아니라 소카갓카이創價學會 간부나 조폭까지도 마음먹은 대로 조종할 조건을 갖추고 있으며, 이를 활용하지 않을 까닭이 없다고 말할 수 있다.

전쟁 전의 일본 외교사를 돌이켜볼 것도 없이 역사 감각이나 정치 능력의 소양, 외교적 훈련과 조국을 생각하는 정열로 보아 다나카 마키코는 마쓰오카 요스케보다 한참 뒤떨어진다. 물론 다나카 마키코만이 아니라 고이즈미 역시 외교 소양이 없기는 마찬가지여서 국제 수준의 정치 판단력이나 역사 감각은 제로인 것과 다를 바 없다. '깜짝 정치'나 '즉흥 연기'에서도 마쓰오카보다 한참 아래다.

어쨌든 중국은 기원전에 마키아벨리(1469~1527)를 크게 능가하는 법가 사상의 원조인 한비자韓非子를 낳았고, 소진蘇秦과 장의張儀 등 종횡가를 배출한 나라다. 따라서 고이즈미 마키코나 다나카 준이치로 정도는 마음대로 주무를 수 있다.

최고의 전략가였던 노자老子가 남긴 "약하게 하고 싶다면 잠시 강한 채로 내버려 두라. 빼앗고 싶다면 잠시 가지도록 하라. 이를 미명微明이라고 한다"는 말을 상기하면 다나카나 고이즈미를 띄워서 일본인을 열광하게 하고, 포퓰리즘의 소용돌이에 말려들어 가는 것을 지켜보는 것만으로도 노자의 책략은 최상의 결과를 중국에 가져다주는 것이다. 포퓰리즘 열광은 위험하며, 그것은 무솔리니나 히틀러가 불러일으킨 열광이 이탈리아 인이나 독일인에게 결과적으로 가져다 준 비극을 통해 실증됐다.

따라서 그것을 배경으로 한 고이즈미의 야스쿠니 신사 참배나 부시에게 복종한 이라크 파병은 '야스쿠니 유신'으로 명명할 수 있다. 포퓰리즘을 배경으로 한 애국주의와 자기 과시는 국민에게 아무런 이익을 가져다주지 않기 때문이다. 더욱이 유신은 쿠데타일 뿐, 결코 아래로부터의 혁명이 아니다. 홍콩 잡지 『파 이스턴 이코노믹 리뷰FEER』(2001년 8월)는 당시 이 점을 날카롭게 지적했다.

고이즈미는 대두하고 있는 일본인의 애국심을 주의 깊게 조종하려고 한다. 일본인의 혼 속에서 긍지 높은 애국심과 외국인을 혐오하는 민족주의는 종이 한 장 차이임을 알고 있기 때문이다. 고이즈미의 교묘한 애국심 이용은 주로 일본의 농민, 어민과 건설 노동자 등 고이즈미의 경제 처방전에 의해 가장 커다란 타격을 받은 사람들을 겨냥하고 있다.

| 세습의원에 의한 국정 이권화와 일본의 열등화 |

그런데 다나카 마키코와 고이즈미 준이치로에게는 공통점이 있다. 그것은 두 사람 모두 세습의원(2세, 3세)이라는 것이다. 지금 내가 가지고 있는 세습의원 자료(2003년)에는 중의원 전체 480석 가운데 185석이 세습의원이 차지, 전체의 38.5퍼센트에 달하고 있다. 그 내역은 4세 3명, 3세 41명, 1세대 건너 뛴 3세 2명, 2세 128명, 1세대 건너 뛴 2세 11명이다.

이는 놀랍도록 한심한 숫자다. 더욱이 일본에서는 국회의원 절반 가까이가 세습적 이권처럼 특정 가족에 속할 것이 조건으로 돼 있으며, 그것이 200가족에 집약돼 있다. 총리를 하고 있는 고이즈미 집안은 3대 연속이고, 또 가족이 총 출동해서 비서관 급여를 받고 있으니, 고이즈미 집안은 세금에 기생하고 있는 셈이다.

겉으로는 민주국가지만, 실태는 예상과 달리 봉건시대와 다름없다. 이처럼 세습제는 현재 일본 사회 여러 분야에서 폐해를 부르고 있다. 또 열등화에 따른 이권과 사물화는 물론 근대사회가 지닌 역동성을 잃어가고 있다. 물론 미국에서도 부시 부자가 대통령 세습 체제를 실현했지만 이는 예외에 속한다. 그러나 일본은 역대 내각에서 총리를 지낸 인간의 가계에서 정치인의 세습제도가 확립돼 있고, 아래의 면면을 보면 그것이 확연해진다.

아소 타로麻生太郎, 아베 신조安倍晋三, 이케다 유키히코池田行彦, 오부치 유코小淵優子, 사토 신지佐藤信二, 스즈키 슌이치鈴木俊一, 나카소네 히로부미中曾根弘文, 다케시타 와타루竹下亘, 다나카 마키코, 다나카 나오키田中直紀, 다카하시 기세코高橋紀世子, 하타 유이치로羽田雄一郎, 하토야마 유키오鳩山由紀夫, 하토야마 구니오鳩山邦夫, 후쿠다 야스오福田康夫, 마쓰자키 데쓰히사松崎哲久, 미야자와 요이치宮澤洋一 등등.

정말 현대 일본에서는 유서 깊은 무사 집안의 망령들이 국회를 떠돌며 일본의 장래와 국민의 운명을 희롱하고 있다. 만약 그들이 망령이 아니라면 조상의 업적을 뛰어넘어 청출어람靑出於藍의 자랑거리를 실현해 실력으로 의원이 됐음을 보여야 할 것이다.

아마도 이런 상태를 보며 후쿠자와 유키치福澤諭吉[10]는 무덤 속에서 쓴 웃음을 짓고 있지 않을까? 유키치가 처음 미국을 방문했을 때의 체험담 속에는 건국의 아버지인 조지 워싱턴(1732~1799)은 대단히 훌륭하니 자손이 의원이라도 하고 있을 것으로 여겨 여러 사람에게 소식을 물어보았지만 아무도 모르더라는 이야기가 들어 있기 때문이다. 세습은 2세, 3세만이 아니라 부자, 형제, 부부 등 다양하게 이뤄져서 일본에서는 혈연이 모든 것에 우선한다.

고노 요헤이河野洋平·다로太郎 부자, 하타 쓰토무·유이치로 부자, 노다 세이코野田聖子·쓰루호 고스케鶴保康介 부부, 다나카 마키코·나오키 부부, 하토야마 유키오·구니오 형제, 가메이 이쿠오龜井郁夫·시즈카靜香 형제, 니시메 준지로西銘順志郎·에쓰사부로悅三郎 형제, 아소 타로·스즈키 슌이치 처남·매부, 무라카미 세이이치로村上誠一郎·오카다 가쓰야岡田克也 처남·매부, 사카모토 고지坂本剛二·마스코 데루히코增子輝彦 처남·매부, 나카야마 다로中山太郎·야스히데泰秀 백부·조카, 나카가와 요시오中川義雄·쇼이치昭一 숙질, 와타나베 고조渡部恒三·사토 유헤이佐藤雄平 숙질, 마쓰자키 데쓰히사·다카하시 기세코 사촌남매, 가토 가쓰노부加藤勝信·가토 노리후미加藤紀文 사촌동서, 사토 신지·아베 신조 당숙질, 쓰시마 유지津島雄二·교이치恭一 처숙질 등등이다.

* 10)　1835~1901. 일본의 근대 계몽사상가. 난학蘭學을 공부한 후 독학으로 영어를 익혔고, 도쿠가와 막부가 구미에 파견한 사절단에 세 차례나 동행해 구미 근대문명을 배웠다. 메이지 유신 후 정·관계에 나가는 대신 교육, 언론운동에 매달려 게이오 대학과 '지지신포'時事新報를 세웠다. 일본 근대화의 기본 방향으로 주창한 '탈아입구'脫亞入歐, 조선 개화파의 대표적 인물이던 김옥균 지원 등으로 유명하다.

| 세계를 무대로 뛰는 사람일수록 일본을 싫어한다 |

일본사회에 봉건사회와 다름없는 세습제가 유지되는 것은 '인재가 고갈해서'라는 설이 있다. 그러나 과연 그럴까? 정치에 한정해 말하자면 그것은 단순한 '자민당 문제'라고 해야 할 것이다. 사막에서 건자재를 찾아도 사보텐만 보일 뿐이고, 노송나무나 삼나무를 찾으려면 산으로 가야한다는 이야기다. 인재가 어디 있느냐를 가려서 찾아보면 견식과 실력을 지닌 일본인도 있게 마련이다.

자민당은 몰락을 저지하기 위해 필사적으로 공명당과의 연립정권 유지를 꾀해 왔는데, 이 두 정당이 흐려놓은 연못에 팔팔한 물고기는 없다.

전쟁 전의 일본 군사조직은 군함이나 병기를 제대로 갖추었으나 병사들은 무조건 상관의 명령에 복종하도록 강요됐기 때문에 무능한 상관을 배제할 방법이 없었다. 그것이 원인이 되어 '대일본제국'은 멸망해 버렸다. 당시 정부나 국회가 군부의 실패에 대해 그 책임을 추궁하지 못했던 것도 마찬가지다. 그런데 지금도 자민당이나 국회는 전쟁 전부터의 이런 전통을 따르는 것인지, 고이즈미 일가가 아무리 제멋대로 해도 그냥 내버려두고 있다.

2005년 9월 11일의 총선에서는 정치적 능력이나 이념 심사도 제대로 거치지 않은 사람들이 그저 유명인이라는 이유만으로 '자객'[11]

---

* 11)　고이즈미 노선에 반대해 자민당을 탈당한 가메이 시즈카亀井静香 의원 등을 낙선시키기 위해 특별히 공천해 내보낸 후보들을 가리키는 말. 한국 정치에서의 '표적 공천'과 같으나 표적 공천은 행위, '자객'은 후보자를 가리킨다는 점에서만 차이가 있다.

으로 동원됐다. 즉, 즉석에서 예스맨이 만들어진 셈인데 그것을 비판한 자민당 의원은 아무도 없었다. 총리의 명령이 비열한 것임을 알면서도 그것을 받아들여 납작 엎드려 있기만 하는 자민당 의원들은 부당한 명령을 감수하고 있는 것을 반성도 하지 않고, 부정 횡령 앞에서 침묵함으로써 억압과 폭력적 학대의 공범자임을 드러냈다.

선거에 이길 수 있는 '간판'이 될 만한 후계 총재가 없다고 하지만 그것은 자민당 안의 인재고갈에 지나지 않고, 눈을 세계로 넓히면 뛰어난 일본인은 얼마든지 있다. 그러나 국제 수준에서 평가를 받는 우수한 일본인은 실력보다 학벌이나 문벌이 지배하고 있는 일본에서 살 필요가 없다고 생각하고 있다. 또 치열한 실력 경쟁에서 패배해 활력을 잃고, 꼬리를 말고 귀국한 탈락자 아래서 일하고 싶다는 생각은 하지 않고 있다. 따라서 폐쇄사회 안에서의 인적 잠재력은 떨어지게 마련이다. 눈에 띄게 시대에 뒤처진 정치의 세계에 들어가 말단에서부터 시작하고 싶다는 별난 생각을 가진 사람은 이미 벼락부자 지원자 이외에는 없고, 있다고 해도 그것은 그저 부모덕을 보려는 세습정치인이나 연예인뿐일 것이다.

| 정치인의 질 저하와 인재고갈을 구제하려면 |

국회의원이 '선량選良'이던 시대가 과거에 분명히 있었다. 그것은 유능한 의원이 존재했기 때문이다. 그러나 세습의원이나 탤런트, 유명인 의원들이 판을 치게 되면 그 아래 붙어서 일하려는 인간은 좀체 나타나지 않는다. 말 그대로 '악화가 양화를 구축해' 버린 것이 현재 일본의 정계다. 괴테가 "현명한 사람이라도 어리석은 자와 싸우면 어리석어지게 된다"고 말했던 그대로 돼 버렸다.

이런 과제를 어떻게 극복해야 할까. 미국에 흥미로운 실례가 있어서 그것을 참고로 소개하고, 이 장을 끝내기로 한다. 다만 민주주의 수준이나 역사가 다를 뿐 아니라 헌법상 의원의 역할이 달라서 그 예가 참고가 될지는 사실 의문이다.

미국에서는 의원 임기를 제한할 필요성이 검토됐고, 그 찬반 여부를 주별로 투표해 민의를 살리기로 했다. 그래서 절반 가까운 주에서 의원 임기에 제한을 두고 있다. 하원의원은 6년에서 최장 12년, 상원의원은 12년이라는 제한의 틀을 정하고 있다. 따라서 하원의원을 거쳐 상원의원이 되더라도 국회의원으로서 봉사할 수 있는 정치 생명은 아무리 길어도 18년에서 24년이 한도다. 즉, 일본처럼 당선 횟수를 다투고, 30년 이상이나 의원을 계속하는 따위의 일은 있을 수 없다. 20년이나 정치를 했다면 그것으로 충분하지 않을까. 당선 횟수로 각료가 될 자격을 정하는 관습이나 근속 25년 의원을 표창하는 시대착오는 생존자 서훈과 마찬가지로 쓰레기통에 던져버려야 한다.

일본에서 정치개혁이라고 하면 이내 선거구 제도나 정원 문제로 의원 기득권의 재분배에 대한 조정일 뿐 국민의 이익과 정치의 기능에 대한 기본 명제는 그 대상이 되지 않는다. 더욱이 선거가 정책 실현에 대한 신임이 아니라 마권을 사는 것처럼 인기 투표가 돼 버렸다. 따라서 의원이 선거구민의 의사를 대표하지 못하고, 의원의 역할이나 자질을 따지지 않으니까 선거구민보다 수준이 낮은 의원이 국회를 움직이게 돼 버린 것이다.

시대에 뒤처진 세습의원이나 이권 사냥을 추방하고, 의원이 되어 생계를 꾸리는 기생 계층을 제거하는 등 정치의 장을 근본부터 뜯어 고칠 필요가 있다. 그리고 정치 이념을 실현하기 위한 판단력을 살리고, 정책이나 법률을 심사·토론해서 구체화하고, 납세자 전체의 이익에 결부시킬 수 있어야 한다.

그렇게 되면 공적인 목적에 양식을 살리려고 하는 사람이 정치에 참가하려는 의욕을 갖게 될 것이다. 또한 현실 사회에서 10년 이상의 실무 경험을 쌓고, 30대 후반까지 자신의 공적 책임을 자각하고 사회에 대한 보답으로서 정치에 뛰어드는 사람도 나타나게 될 것이다.

그러나 일본이 거기까지 이르는 것은 언제쯤일까? 고이즈미 정치가 계속되는 한 이 나라는 확실히 미래가 없다.

다시 말해, 오늘날 우리가 보고 있는 사상은 과거의 어딘가에 발상이 있는 것이며, 현재 발병한 질병에는 반드시 초기 증상이 있듯, 현재는 과거에서 기인하고, 미래는 현재에서 기인하는 것이다. 일본의 정치가 이렇게까지 병들어 버린 직접적 원인은 무엇보다 거짓말이 공공연히 통용된 때문이다.

CHAPTER 04

좀비 연대기

KOIZUMI'S ZOMBIE POLITICS

| 공공연히 거짓이 통용되는 '좀비 사회'의 출현 |

도대체 왜 고이즈미 정권과 같은 일본 사상 '최저·최악'의 정권이 탄생하고, 전후사에 있어서도 유례가 없는 장기 정권이 돼버린 것일까? 이 장에서는 고이즈미 정권 탄생 이전으로 시간을 되돌려 병력학Pathology이나 병인학Pathogeny 관점에서 일본을 좀먹는 정치의 이상성에 대해 검증해 보고자 한다.

일본인은 망각하는 것이 장기다. 특히 자신에게 곤란한 일은 금세 잊으려고 한다. 그러나 이는 근대 세계에서는 결코 용인될 수 없는 태도다. 그것은 이 세계에 일어나는 일 모든 것에 어떤 원인이 있게 마련이고, 그것을 해명하지 않고서는 사회의 진보를 기대할 수 없기 때문이다. 근대란 그런 과학적 합리성 위에 성립됐고, 데카르트(1596~1650)가 말한 양식良識과 이론의 명징성에 의해 지탱되고, 축적한 경험이 낳은 역사의 교훈을 살리는 문명 속에서 사회 진보가 실현돼 왔기 때문이다.

다시 말해, 오늘날 우리가 보고 있는 사상事象은 과거의 어딘가에 발상이 있는 것이며, 현재 발병한 질병에는 반드시 초기 증상이 있듯 현재는 과거에서 기인하고, 미래는 현재에서 기인하는 것이다. 일본의 정치가 이렇게까지 병들어 버린 직접적 원인은 무엇보다 거짓말이 공공연히 통용된 때문이다.

일본의 정치가 일종의 픽션이라는 점은 이미 많은 사람이 지적했지만, 1990년대 초까지는 그나마 픽션도 픽션 나름대로의 형태는 갖추고 있었다. 즉, 거짓말에도 거짓말 나름대로의 이유가 있었다. 일본이 우여곡절을 겪었지만 근대사회가 됐고, 마찬가지로 우여곡절 끝에 민주주의 국가가 됐다는 픽션은 법치국가의 틀 안에서 일정한 질서를 띠고 있었다.

그러나 1990년대 후반 들어서는 이런 픽션의 기본 구조마저 깨어져 버렸다. 금융위기 처리 등에서 보듯, 누구나 뻔히 알 수 있는 거짓말조차 공공연히 통용되게 됐다. 그리고 오부치 게이조가 총리 재임중에 쓰러지고, '밀실에서 이뤄진 반칙극'을 통해 모리 요시로가 후임 총리가 된 순간부터 이미 거짓말에 쐐기를 박을 수 없는 상태에 빠져 버렸다. 여기에 이르러 마침내 픽션으로서도 일본이 근대 민주주의 국가라고 말할 수 없는 상황이 나타났다. 따라서 그 뒤에 포퓰리즘 폭풍이 몰아치고, 논리보다는 감정에 지배된 내셔널리즘이 대두한 것이다.

픽션이 픽션으로 끝나지 않는 상태는 질서 체계가 붕괴해 카오스 상태가 되는 것으로서, 바꿔 말하면 이것은 '좀비 정치'가 횡행하는 사회다. 좀비는 아무렇지도 않게 거짓말로써 시체를 조종하며, 거기에다 흑마술을 사용한다고 서두에서 밝혔는데, 정말로 그런 역겨운 상황이 오부치 게이조가 쓰러짐으로써 눈앞에 나타난 것이다.

| 아오키 관방장관의 거짓말과 5인조의 '밀실 담합' |

오부치 게이조는 2000년 4월 2일 뇌경색을 일으켜, 도쿄 분쿄文京구에 있는 준텐도順天堂 대학 부속병원으로 실려 갔다. 그리고 바로 병원을 나올 수 없는 상태여서 관방장관 아오키 미키오靑木幹雄를 총리 대행으로 삼은 채 총리를 사임하게 됐으며, 쓰러진 지 한 달여 만인 5월 14일 세상을 떠났다. 그러나 그 경위에 대해서는 지금도 거의 모든 사람이 당시 발표된 대로라고는 생각하지 않는다. 그것은 입원 후 아오키 장관의 발언이 거짓말인 것으로 드러났고, 국민을 기만한 것으로 판명되었기 때문이다.

그럼, 왜 아오키는 거짓말을 계속했을까? 그것을 여기서 다시 한번 검증해 보면 일본의 병증이 얼마나 심각한 것인지 알 수 있다. 아래에 실은 것은 당시 보도에 근거해 내가 정리한 오부치 입원을 둘러싼 밀실담합의 연대기, 또는 일지다.

4월 2일 오전 1시 30분 준텐도 병원에 환자로 실려 간 오부치 게이조는 이미 의식이 없었고, 입술에 보랏빛 반점 모양이 나타나 뇌경색 가능성이 짙었다. 구명치료실(중환자실)에서는 의사가 라커에서 '뇌혈전 용해제 TPA'를 꺼내려고 했다.

4월 2일 오전 2시 의사단은 MRI(자기공명 화상진단장치) 검사를 하고, 뇌혈관이 막힌 네 군데의 출혈을 인정, "진행성 뇌졸중"이라고 확정 진단을 내렸다.

4월 2일 새벽 정신안정제, 최면제, 전신마취제, 근육이완제가 투여된 오부치는 인공호흡기에 의존해 계속 깊은 잠을 자고 있었다.

4월 2일 오전 5시 직후 오부치 총리의 주치의가 아오키 관방장관에게 전화를 걸어 오부치가 뇌경색으로 입원했다고 연락했다.

4월 2일 오후 1시 아오키가 예약한 아카사카 프린스호텔의 한 방에 참의원위원회 간사장으로 관방장관인 아오키 미키오를 비롯, 자민당 간사장인 모리 요시로, 정조회장인 가메이 시즈카, 간사장 대리인 노나카 히로무野中廣務, 참의원 의원회장인 무라카미 마사쿠니村上正邦가 모인 비밀 회합에서 오부치 입원에 따른 후속 대책이 협의됐다.

4월 2일 저녁 오부치 총리의 병문안을 간 아오키는 의사단으로부터 병증에 대해 설명을 들었다. 이때 병상의 오부치 총리는 아오키에게 "우스잔有珠山[1] 분화 대책 등을 한시도 소홀히 할 수 없으니 무슨 일이 있으면 모든 것을 잘 부탁한다. 검사 결과에 따라서는 총리 임시대리의 자리를 맡아 달라"고 말했다고 한다(나중에 아오키 자신이 구체적인 대화 내용을 밝혔다).

4월 2일 오후 7시 직후 5인조는 다시 프린스호텔에 모여 밀실에서의 담합을 재개했다. 아마 이 단계에서 차기 총리를 거의 정했다고 여겨지는데 자세한 것은 밝혀지지 않고 있어서, 불가사의

---

* 1)　홋카이도北海道의 명승지인 도야코洞爺湖 가까이에 있는 활화산으로 2000년 3월 31일 27년 만의 화산폭발을 일으켰다. 사전 예보와 치밀한 주민 대피로 인명 피해는 없었지만 주변의 온천관광지가 화산재에 뒤덮이는 등 많은 피해를 내면서 당시 일본 정부와 사회를 긴장시켰다.

한 밀실의 암거래라고 이야기된다.

4월 2일 밤 11시 30분 정례 기자회견에 임한 아오키는 "오부치 총리는 2일 오전 1시 과로 때문에 준텐도 병원에 긴급 입원했다"고 처음으로 총리의 입원을 공표했다. 이것은 오부치 총리가 쓰러진 지 22시간 뒤의 일로서, 발표가 이렇게 늦어진 데 대해 아오키는 "여러 가지 검사를 받았기 때문에 그 검사를 지켜보느라 늦었다"고 말했다. 또 총리 관저 측의 "오전, 오후 내내 관저에서 지내고 있다"는 발표에 대해서 "그 점에 대해서는 잘 모르겠다"고 대답했다.

4월 2일 심야~4월 3일 이 기자회견 뒤에 아오키는 호텔로 돌아가, 5인조에 의한 밀실 담합을 재개했다. 그 담합에서 결정된 것이 총리 임시대리 아오키 미키오, 그리고 후계 총리는 모리 요시로였다고 한다.

4월 3일 오전 11시 아오키는 총리 관저에서 열린 정례 기자회견에서 오부치 총리의 병명이 뇌경색이라고 처음으로 밝혔다. 그리고 오전 9시에 자신이 총리 임시대리에 취임했다고 발표했다. 기자들은 여러 차례 의사단이 직접 병세를 설명해 줄 것을 요구했으나 아오키는 "가족의 뜻" 등을 방패로 삼아 이에 응하지 않았고, 준텐도 병원 측도 요청에 응하지 않았다.

4월 3일 저녁 7시 오부치 내각이 총사퇴했다.

4월 5일 모리 요시로가 자민당 총재가 되고, 자민당은 전일 발족한 보수당을 끌어들여 자민·공명·보수 3당이 모리 요시로를 총리로 지명함으로써 연립에 의한 모리 내각이 탄생했다.

4월 10일 아오키가 국회 심의에서 거짓말을 인정하고, 임시 총리

대리를 맡도록 지시받은 게 아니라 "무슨 일이 있으면 잘 부탁한다"는 말을 들었다고 말을 뒤집었다. 그러나 병원 측의 발표는 오부치가 아무런 말을 할 수 없는 상태로 입원했음을 시사하고 있었다.

5월 14일 오후 4시 7분 오부치 총리가 향년 예순여섯 살로 서거했다. 준텐도 병원의 의사단이 기자회견을 열었고, 담당인 미즈노 요시쿠니水野美邦 교수(뇌신경내과)는 입원 직후 총리에 대해 "긴 문장을 명료하게 말하기는 어려웠다" "그런 문장(아오키에게 말했다는 "모든 것을 잘 부탁한다…")은 좀 어려웠을 것으로 추정된다"고 설명했다.

5월 19일 민주당 에다 사쓰키江田五月 중의원 의원을 비롯한 9명이 아오키가 총리 임시대리에 취임한 절차가 위법이었을 가능성이 있다고 주장하면서 유인有印 공문서위조와 경범죄법 위반(관명 사칭) 등의 혐의로 아오키 미키오를 도쿄지검에 고발했다.

지금 이런 경과만을 봐도 아오키 미키오가 거짓말을 했고, 밀실 공작을 추진해 암거래로 모리 요시로를 총리로 만들어 버린 것임을 알 수 있다. 즉, 여기서 일본은 근대국가의 모습이 아니라는 것이 확정됐다. 이래서야 히미코卑彌呼[2]가 야마타이邪馬台국의 여왕이던 고대국가와 다를 바 없다. 이런 밀실 담합 정치는, 일본인이라면 평소 일본 사회의 의사결정 구조에 익숙해진 탓에 별나게 여기지 않

* 2)　　　3세기 경 일본 남부 규슈九州 지역에 난립했던 군소 정치집단 연맹체의 수장으로 중국이나 한국 문헌에 최초로 등장하는 일본의 역사 인물이다. 『삼국지』 「위지 동이전」과 『삼국사기』에 왜의 여왕으로 등장하며, 제정일치 사회의 제사장 같은 모습으로 그려져 있다. 한반도에서 건너간 무녀라는 추측도 힘을 얻고 있다.

을지도 모른다. 그러나 구미의 언론은 다르다. 그들의 놀라움은 심상치 않았다. 이를 가장 확실히 쓴 것은 영국 『가디언』으로, '꼭 크레믈린과 같은 비밀주의'라고 썼다. 그리고 『이코노미스트』는 4월 8일자에 실은 「일본의 관리인」이라는 제목의 기사에서 모리 총리에 대해 다음과 같이 통렬하게 비꼬았다.

모리는 전형적인 실무가다. 그는 자신이 단순한 징검다리 총리이고, 중요한 일은 총선에서 너무 많이 의석을 잃지 않도록 당을 조종하는 것임을 알고 있다. 그 후의 일본은, 이 나라의 앞길에 가로놓인 쉽지 않은 과제를 검토 측면에서 매달릴 수 있는 유력한 지도자가 필요하다.

| 왜 아오키는 거짓말을 했을까? |

두말할 것도 없이, 정치에서 거짓말을 내버려두는 것은 대단히 위험하다. 거짓말의 반복이 방치돼 검증 기능이 마비되고, 신뢰 관계가 사라져 버리면 사회의 규범이 무너져 내린다. 그리고 '마땅히' 있어서는 안 될 일이 '당연한' 것이 되고, 최후에는 '이상'이 '이상하게' 느껴지지 않게 되어 버리면, 그런 공동체는 연대 상실로 아노미에 빠져 따로따로 해체될 운명에 빠지게 된다.

사실 우리는 '거짓말도 당연한' 사회를 경험한 바 있다. 그것은 태평양전쟁 중의 '대일본제국'에서였다. 대본영이 발표하는 전과戰果는 거짓과 과장의 연속이었다. '대일본제국'은 거짓말로 똘똘 뭉쳐져 있었기 때문에 결정적으로 파탄을 맞이했던 것이다.

그래서 아오키, 모리, 고이즈미를 시계열로 늘어놓고 보면 그것이 곧 '거짓말의 연쇄'임을 알 수 있다. 또 입에서 나오는 대로 마구 내뱉은 거짓말로 떡칠이 된 정치가 고이즈미 내각의 등장으로 일상다반사가 되어버린 것이 얼마나 위험한지도 알 수 있다. 어떤 이유로든 일단 행해진 거짓말은 가령 선의에서 나왔다고 해도 언젠가는 선의와는 거리가 멀어져 버리고, 궁극에 가서는 기만과 사술을 동반한 악의로 변해 버린다. 이것이 거짓말의 진정한 위험성이다.

거짓말을 하는 심리에는 여러 가지가 있을 수 있지만 일반적으로 수용될 만한 것으로는 배려에 기초한 과장이나 은폐가 있다. "당신은 아름답다"거나 "걱정하지 마" 정도가 여기에 해당한다. 또한 무엇이 거짓말인지는 상황과 의도에 따라 다르기 때문에 거짓말이라고 해서 무조건 나쁘다고만 단정할 수는 없다. 그러나 명백히 보신이나 책임 회피를 위한 거짓말은 사회에 해악을 끼치기 때문에 비난의 대상이 된다. 그리고 가장 나쁜 것이 상대방을 함정에 빠뜨리려는 의도를 가진 거짓말이다. 거짓말도 여기에 이르면 허언이나 사술이 되어, 범죄 행위로 이어지기 때문에 법적으로 배척과 처벌의 대상이 된다.

그렇게 생각하면 아오키의 거짓말은 그것이 국민을 대상으로 했다는 점에서 주권자인 국민에 대한 범죄이고, 더욱이 의도적이었다는 점에서는 처벌의 대상이다. 그럼, 그가 한 거짓말의 의도는 도대체 무엇이었을까? 실은 그 당시 병상에 누워 있던 또 한 사람의 중요한 인물이 있었는데, 그가 바로 다케시타 노보루(1924~2000)다.

'정계의 킹메이커'로 불린 다케시타 전 총리는 1999년 4월 변형성 척추증이라는 진단으로 입원한 이래 공식 석상에 모습을 나타내지 않았다. 그리고 2000년 5월에 정계은퇴를 표명한 후 도쿄 시로가네白金에 있는 기타사토北里연구소 병원에서 6월 19일 호흡부전으로 일흔여섯의 생애를 끝마쳤다.

이 다케시타의 죽음을 『뉴욕타임스』는 "일본 전후 정치의 전설적 킹메이커의 한 사람이 사거했다"고 쓰고, 고 다나카 가쿠에이와 함께 "1960년대 이후 일본 정치를 특징 지운 이익 유도형 정치의 중요한 설계자"라고 표현했다. 또 『LA타임스』는 "막후에서 정치를 주무르는 꼭두각시 조종자"인 다케시타의 죽음은 "자민당 권력 투쟁의 한 시대가 종언을 고한 것"이라고 분석했다.

미국 신문의 이런 분석은 특별히 언급할 필요가 없다. 다만 다케시타의 죽음이 '자민당 권력 투쟁의 한 시대의 종언'이라면 그것을 무사히 매듭하기 위해서는 거짓말이 필요했다는 것을 알 수 있다. 즉, 아오키는 다케시타 노부로와 밀착돼 있는 '이권 유도형 정치'와 겹쳐진 범위 내에서 거짓말을 계속해야 할 필연성이 있었다. 나는 나중에 다케시타와 아오키의 본거지인 시마네현을 취재한 후 이 점을 확연하게 이해할 수 있었다.

다케시타 이권의 분배라는 고려 사항이 있었기 때문에 아오키는 조종하기 쉬운 모리를 총리로 삼아 시간을 벌려고 했고, 유산 정리 공작을 했다는 것이 나의 견해다.

| 다케시타 '이권 왕국'의 대리인 역할 |

시마네현 이즈모出雲 출신인 다케시타 노보루와 아오키 미키오는 와세다早稻田 대학 웅변부 선후배 관계이기도 하다. 다케시타가 국회의원이 되자 아오키는 대학을 중퇴해 그 비서로 정치 세계에 뛰어 들었다. 그리고 다케시타가 도쿄에서 국정을 장악하는 동시에 아오키는 본거지를 지키는 형태로 정치 역정을 함께 했다. 아오키는 다케시타의 '측근 중의 측근'으로서 힘이 붙어, 5선 19년에 걸쳐 시마네현 의원을 지내며 '성주 부재 중의 대리 성주'[3] 역할에 충실했다.

국회의원 다케시타는 다나카 파 안에서 착실하게 출세를 거듭했다. 그리고 실력을 갖추자 게이세이카이經世會를 출범시켜 다나카 파벌을 빼앗고, 천하를 도둑질하기 위해 아오키를 활용한 포석을 했다. 그것은 아오키를 참의원에 들여보내는 것이었다.

가령 사토 에이사쿠佐藤榮作는 당시 '시게무네重宗 왕국'이라고 불린 참의원의 협력을 얻음으로써 7년 반이나 계속된 장기 안정 정권을 실현할 수 있었다. 시게무네 유조重宗雄三(1894~1976)는 1962년부터 3기 연속 참의원 의장을 지냄으로써, 같은 야마구치山口 출신인 기시岸·사토 형제 총리와 함께 자민당의 '초슈長州(야마구치현의 옛 이름) 3대 가문'이라고 불렸다. 또 다나카 가쿠에이가 강력한 지배체제를 유지할 수 있었던 것도 참의원에 포진한 다나카파를 통해서야 가능했다.

＊ 3)　　봉건시대 일본의 지방 영주가 막부 관리가 되거나 전쟁에 동원되어 나가면 가신의 우두머리인 가로家老가 영주의 대리인으로서 지방 행정과 영지 관리를 맡았다.

이처럼 일본 정계에서는 '참의원을 장악하는 사람이 정권을 쥔다'는 철칙이 있고, 참의원은 정권 탈취의 교두보 역할을 한다. 2005년 9월 11일 총선거에서 자민당이 대승을 거두어 중의원을 제압했지만 참의원에서는 공명당의 협력을 얻지 못하는 한 완전한 권력을 쥘 수 없기 때문에 고이즈미는 공명당과의 연립을 풀지 못하고 있다. 이런 예에서도 알 수 있듯, 다케시타는 천하를 도둑질하기 위해 선인들의 오랜 지혜를 배웠고, '대리인'인 아오키를 참의원에 심어두는 한편으로 자신은 대장대신을 거쳐 총리가 되는 길을 걸었다.

어쨌든 현재 시마네현이 일본 최고의 '이권 왕국'임을 의심하는 사람은 없을 것이다. 신지코肉道湖 앞바다의 매립공사를 비롯해, 흔히 '다케시타 길'로 불리는 추고쿠中國자동차도 오노미치尾道~마쓰에松江선, '아오키 터널'로 불리는 산인山陰자동차도 붓쿄야마佛敎山 터널과 산라쿠三絡 터널, 보통 '아오키 대교'라고 불리는 사카이미나토境港시와 야쓰카마치八束町 사이의 에시마江島 대교 등 공공 공사 이권은 이루 헤아릴 수 없다. 그렇다면 정계의 대부인 다케시타 노보루가 쓰러진 데다, 다시 와세다 대학 웅변부 3년 후배인 오부치까지 쓰러졌으니 아오키가 해야 할 일이 무엇인지는 쉽게 짐작이 간다.

정치가는 '거짓말이 허용되는 유일한 직업'이라고들 하지만 그것은 국익과 공익에 한할 때의 이야기이지, 아오키 미키오처럼 자신을 위해 거짓말을 하고서 아무렇지도 않은 듯한 얼굴을 하는 정치가는 일본에서도 달리 예를 찾아보기 어려운 돌출형이다. 지금 생각하면 아오키가 아무렇지도 않게 거짓말을 하기 시작한 것은 2000년 4월 2일 오부치 입원보다 1년이나 앞섰고, 그것은 다케시타 노보루가 병세 악화로 공식 석상에 나타나지 않게 되면서부터다.

| 다케시타 입원에서 타계까지 무슨 일이 있었나 |

다케시타 노보루가 마지막으로 사람들 앞에 모습을 나타낸 것은 1999년 3월 27일이다. 그 이후 다케시타의 병세나 발언에 대한 뉴스는 모두 아오키가 발표하는 형식으로 언론에 전해졌다. 대언론은 그것을 그대로 흘려보냈을 뿐이다. 일부 과감한 언론이 다케시타가 입원한 병원과 병세를 확인하기 위해 다케시타의 모습을 추적한 적은 있다. 가령 입원하고 있었다는 기타사토연구소 병원에는 언론의 부탁을 받은 관계자들로부터 "진료 기록을 보여 달라"는 의뢰가 쇄도해서 병원에는 함구령이 내려졌을 정도였다.

또 긴급사태라는 정보가 흘러나와 각사 특별보도팀이 움직인 일도 있었지만 4월 6일 오부치 총리가 "다케시타 전 총리는 낙상으로 인한 노인성 골절로 입원해서 치료를 받고 있다"고 발표하자 언론의 취재는 잦아들었다. 그러나 이 발표도 아오키가 전한 정보에 따른 것이었으므로 다케시타의 진정한 병세는 누구도 알 수 없었다.

그 후 다케시타에 관한 정보는 오리무중이었다. TV는 뒷모습 등을 내보냈지만 누구도 기묘하다고 생각하지 않았으니 불가사의한 일이다. 바로 이 시기에 나는 여러 사람과 만나 다케시타의 병세에 대해 물어 보았지만 "음, 뉴스가 전혀 없어서 알 수 없다"는 대답뿐이었다. 게 중에는 "내년 선거 때 입후보하지 않으면 죽었다는 게 증명되는 셈이지" 하고 핵심을 찌른 사람도 있었다.

그리고 1년이 지나 오부치 총리가 준텐도 병원에 입원한 것을 전후해 "벌써 다케시타 노보루는 죽었다"는 소문이 흘러나왔다. 이 소문에는 "그것이 왜 발표되지 않느냐 하면 다케시타가 쥐고 있던 일본의 '검은 돈 환류 시스템'을 누가 어떤 형태로 이어받을지 하는 구체적 조정에 시간이 걸리고 있기 때문"이라는 꼬리가 달려 있었다. 그리고 오부치 사거 후 중의원 선거가 눈앞에 닥친 5월 1일에 목소리가 떨려 알아듣기 힘든 다케시타의 육성 테이프란 것이 공개됐다. 이에 의해 다케시타 전 총리가 정계를 은퇴한다는 결의가 공식화됐는데, 도대체 그것이 본인의 음성인지 어떤지는 현재에 이르기까지 분명하지 않다. 이렇게 해서, 다케시타 노보루 전 총리는 2000년 6월 19일에 세상을 뜬 것으로 돼 있지만 정말로 그가 그날 숨을 거둔 것인지는 지금까지 누구도 확인하지 못한 상태다.

| 다케시타 부음 논평에 드러난 마키코의 깊은 원한 |

이렇게 다케시타 노보루 타계까지 그 경위를 돌이켜보면 일본 정치가 겉모습과는 전혀 다른 세계에서 은밀하게 이뤄지고 있음을 알게 된다. 밀실 정치와 담합은 어둠의 세계에서 이뤄지며, 거기에 사는 것이 바로 좀비들이다. 다만, 다케시타 노보루 전 총리의 부음이 전해진 시점에서 특기해 둘 만한 것이 있다. 그것은 지역구인 니가타에서 부음을 들은 다나카 마키코의 반응이다.

다나카 마키코는 다케시타의 죽음에 전혀 애도의 뜻을 표하지 않고 정치가로서의 그를 통렬하게 비판했다. "돈 뿌리기 원조" "고

향 살리기 사업으로 마구 뿌려댄 3200억 엔은 정말 아까운 돈이었
다"고 말했다. 또 스스로 '경제의 다케시타'를 자임했던 그에 대해
"전혀 경제를 몰랐다. 처음부터 그렇게 생각했다"고 단칼에 잘라
말했다. 또 "플라자 합의 무렵부터 국내외 경제가 바뀌고 있다는
점에 대해 엉터리 전망을 했다. 소비세도 고향 살리기도 그런데 그
런 짓을 하지만 않았다면 노인봉양 보험도 잘 됐을 것이다. 국민에
대해서는 전혀 생각하지 않았다"고 그녀 특유의 빠른 말투로 떠들
어댔다.

　이 논평에서 알 수 있는 것은 그녀가 아버지 다나카 가쿠에이의
파벌을 탈취한 장본인인 다케시타를 얼마나 깊이 원망하고 있었던
가 하는 점뿐이다. 그리고 이 원한은 다케시타 사후에도 사라지지
않고 제3장에서 살펴보았듯, 하시모토파에 대한 원한을 이유로 고
이즈미 옹립으로 움직여 갔던 것이다.

　그럼 다시 아오키 이야기로 돌아가자. 과거 내각 관방장관은 완
전히 평범한 존재였다. 그것은 관방장관이 총리를 보좌하는 '마누
라' 역할에 그쳐, 총리의 실언에 대해 사죄하거나 야당과의 물밑 조
정을 하는 것이 중요한 역할이었기 때문이다. 그러나 아오키는 그
것을 거꾸로 이용해서 정권을 조종하는 힘으로 활용했다. 더욱이
아무렇지도 않은 얼굴로 '대본영 발표'와 같은 거짓말을 했고, 모
리 내각의 대변인으로서도 공식 발표를 주물러 좀비의 2인 3각 달
리기를 계속했던 것이다.

　그러나 오부치와 다케시타가 세상을 떠나고 이권 승계가 끝났다
고는 해도 총리가 된 모리 요시로는 도저히 말이 안 되는 그릇이었
다. 오부치의 내각장이 끝나는 순간 모리는 경솔한 '신의 나라'[4] 발

언을 했고, 이미 일본의 혼란은 수습할 수 없는 상태가 돼 버렸다.

정말이지 세기말의 일본은 엉망진창이어서 잇따라 일어나는 혼란에 일본 전체가 휘말렸고, 언론까지 우왕좌왕하게 됐다. 이런 혼란 속에서 마침내 고이즈미 준이치로가 등장했던 것이다.

| '미일구조협의' 는 의도적으로 오역됐다 |

일본 경제가 도라노몬虎ノ門과 가스미가세키霞が關[5]의 주인과 함께, 일본 언론이나 세계를 지배하는 그룹의 압력에 의해 이렇게까지 극도의 혼란에 이른 원인을 추적해가면, 역시 마지막에는 미일 관계에 이르게 된다. 일본 정계에 횡행하는 거짓말의 밑바탕은 세기말의 좀비들이 거짓말을 마구 뿌리기 훨씬 이전에 준비돼 온 것임을 알 수 있다.

나는 이 문제를 지금까지 여러 차례 경고해 왔는데, 여기서 다시 한번 정리해 두고 싶다. 그것은 "일본에서는 의미론을 생각하지 않기 때문에 늘 같은 과오를 되풀이 한다" 는 점이다. 가장 간단하게 말해 정확한 의미를 애매하게 만들고 있기 때문에 거짓말의 횡행을 허용하게 된다는 것이다.

그 단적인 예가 '미일구조構造협의'Strategic Impedi-ment Initiative(SII)

---

* 4) 2000년 5월 15일 모리 요시로 당시 총리는 신토神道정치연맹 소속 의원간담회 인사말에서 "일본은 그야말로 천황을 중심으로 한 신의 나라라는 점을 국민이 분명히 알기를 바란다"고 언급해 과거 국가신도 시절의 발상에서 벗어나지 못했다는 비난이 빗발쳤다.

* 5) 도쿄 중심부의 중앙관청이 밀집한 곳의 지명. 일본 관가의 대명사로 통한다.

인데, 이것은 완전한 오역이자 거짓말이다. 이런 거짓말로 미일 관계를 구축했기 때문에 일본 정치의 모든 것이 거짓말로 굳어져 버렸다.

일본과 미국의 경제 마찰은 1980년대 중반 무렵부터 본격화됐고, 종래의 자동차나 반도체 등의 개별 상품을 둘러싼 문제에서 이윽고 무역 불균형을 낳는 기반인 상호 경제 구조나 제도, 관행으로 논의의 중심이 옮겨졌다. 즉, 경제 구조가 문제 되기에 이르렀고, 그래서 '구조협의'라는 말이 등장하게 됐다.

1989년 7월의 미일 정상회담에서 처음으로 '미일구조협의' 개시가 결정된 뒤 1990년 6월의 제5차 회담을 거쳐 7월에 최종보고서를 양국 정부가 발표됐다. 그 내용을 간단히 정리하면 다음과 같다.

(1) 공공 투자의 증액(10년간 430조 엔)에 의한 저축·투자 균형의 개선.
(2) 토지 이용 촉진을 위한 세제 등의 강화.
(3) 대규모 점포법LRSL 개정 등 유통 체계의 개선.
(4) 독점금지법 강화에 의한 배타적 거래 관행의 개선과 계열 거래의 감시.
(5) 내외 가격차의 시정 조치.

일본이 지난 15년 동안 매달린 '개혁'의 원형이 모두 여기에 얼굴을 내밀고 있다. 고이즈미의 '구조개혁' 따위는 이 목록의 한 토막에 지나지 않는다. 그렇다면 일본은 '미일구조협의'의 의미를 제대로 이해하고, 미국이라는 교사의 가르침을 받는 우등생으로서 그 가르침에 따랐던 것이 된다. 그런데 실제로는 그렇지도 않았다.

이 '미일구조협의'가 무엇을 의미하는지를 알고 있었던 일본인은 극히 일부에 지나지 않았고, 그들은 그 의미를 의도적으로 은폐해 자신들의 이권과 바꿔치기해 왔다. SII를 의도적으로 '미일구조협의'라고 오역해 커다란 거짓말을 하고, 개혁자 시늉을 해 온 것이다.

| 소련처럼 전략 목표가 된 일본 |

SII를 정확하게 번역하면 '구조 장애 분쇄의 선제 공략'이 되며, '일본의 장애를 제거하기 위해 전략적 이니셔티브를 발동한다'는 의미가 된다.

미국의 정치 개념에서 '이니셔티브'가 의미하는 것은 '제1 순위 전략 차원에서의 대외 정책'을 가리킨다. 따라서 미국은 일본과 '협의'할 마음으로 SII를 발동한 것이 아니다. 그러나 일본은 '미일구조협의'라는 교묘한 관료 용어로 핵심을 흐렸고, 신문과 방송, 잡지와 단행본까지도 그 말을 그대로 써버렸기 때문에 원래의 의미를 알 수 없게 되어버렸다.

그것은 디비전Division을 '구획' '포기' '나누기' '나눗셈' 등으로만 번역하고, 군사 용어로 쓰이는 '사단'을 간과할 경우 정확한 개념을 포착할 수 없는 것과 마찬가지로 대문자로 씌어진 이니셔티브의 전략적 의미를 간과한 것이었다.

학문의 세계에서는 구분법이 확립돼 있고, 역사에 있어서의 시대 구분 대代(Era), 기紀(Period), 세世(Epoch), 기期(Age)처럼 시간의 길이가 차원이 다르게 표현된다. 그것이 분류학의 기초가 돼 있다. 그러나 일본인은 구별이 차별이라는 생각에서인지, 단락 짓기를 싫어하고, 되도록 부드러운 말로 하려고 하기 때문에 군사 용어가 일상 언어로 뒤바뀌어 버린다. 또 그것을 정치인이나 관료가 활용하고 있는데, 이를 감시해야 할 언론이 의미론에 약해서 정치적 기만의 횡행을 방조하고 있다.

미국에는 일본을 겨냥한 이 SII 이전에 대소 전략의 하나인 '전략방위구상'SDI이란 것이 있었다. 이것은 레이건 정권이 '스타워즈'를 상정하고 발동한 것으로, 그 본질은 '소련 공격 계획'이다. 따라서 소련은 이 SDI에 대응할 수밖에 없었고, 결국은 힘이 부쳐서 무너져 버렸다. 즉, 일본을 겨냥한 SII도 같은 의미를 함축하고 있는 것이다.

10년간에 걸쳐 합계 430조 엔을 내수 확대를 위해 우선순위를 정하지 않고, 세금을 마구 뿌려 정치인의 이권에 영합하듯 쓰다가는 경제 파탄을 부르는 게 당연하다. 이미 '잃어버린 10년'은 오래 전에 지나왔지만 일본이 헤이세이 불황에서 완전히 탈출하지 못하는 최대 원인이 여기에 있음을 누구도 지적하지 않는 것은 이상하다. 소련이 워싱턴의 SDI 덫에 걸려 붕괴한 것과 마찬가지로 일본 경제도 미국의 '이니셔티브' 덫에 걸려들었고, 이것이 바로 '금융 패전'의 정체임을 일본인 스스로 알아차릴 시기가 아닐까.

| 미국과 좀비들을 위한 공공투자 |

미국의 경제패권에 적대하는 일본에 대해 워싱턴이 사용한 치명적 '선제 공략'(이니셔티브)에 의해 일본 경제는 차마 눈뜨고 보기 어려운 상황이 됐다. '미일구조협의'라는 번역은 너무 방약무인해서 오히려 부끄러움을 느낄 정도였는데, 일부에서는 그 후 이 말을 '공동투자 10개년 계획'으로 바꾸어 쓰고 있다. 그러나 이 또한 커다란 거짓말로, 쓸모없는 공공시설에 돈을 쓰고, 지방 공항 건설에 돈을 낭비했다. 세 개씩이나 필요할 리가 없는 혼슈本州~시코쿠四國 가교, 여우를 위한 고속도로 등도 만들어졌다. 그 혜택은 납세자인 국민이 아니라 세금을 마구 갉아먹는 좀비들에게 돌아갔다.

덧붙여 쇼갓칸小學館의 『데이터팰Data-Pal』에서 '미일구조협의'를 찾아보면 다음과 같이 씌어 있다.

1990년 6월 말 미일구조협의 최종 보고에서 책정된 것으로 무역불균형 시정의 관점에서 일본의 내수 확대로 이어질 투자 확대 요구가 있었기 때문에 취해진 조치. 국가와 지방자치단체, 공단公團 등이 행하는 공공부문 투자액을 1991~2000년도의 10년 동안 430조 엔으로 잡았다. 게다가 그 후에도 내수 확대를 요구하는 미국이나 국내 경제계로부터의 투자액 증액 요구가 커져 정부는 94년 10월에 1995~2004년도를 계획 기간으로 하는 총액 630조 엔의 새로운 기본 계획을 결정했다.

따라서 일본 경제 파멸 계획은 지금도 계속되고 있다. 더욱이 이 새로운 630조 엔의 행방을 보면 오히려 과거보다 점점 더 질이 나빠져서, 대부분이 건설족[6]에 의해 대형 건설사에 뿌려졌다. 그리고 나머지 대부분은 공단에 낙하산을 타고 내려간 관료들이 낭비해 거대한 적자 국채의 산더미를 만들었을 뿐 아니라 재정투융자 형태로 우편저금이나 연금기금을 구름이나 안개처럼 흩어져 사라지게 만들었다. 그런 의미에서 고이즈미의 우정 개혁 따위는 속이 뻔히 들여다보이는 연극이다. 현재 우체국에 국민이 저축한 돈은 얼마 남아 있지도 않다. 그 증거 인멸을 민영화 명목으로 행해서, 우편저금이나 간이보험을 건네줌으로써 국제 금융계의 비위를 맞추는 것일 뿐이다.

더욱이 투자액의 10퍼센트 가까이는 정치 헌금이 됐다(즉, 좀비들의 손에 들어갔다)고 하고, 그 절반 가까이가 다케시타 노보루 주변에 흘러들어 돈세탁을 거쳐 해외로 빠져나갔다고 한다. 이렇게 1990년대의 광상곡은 세기말까지 이어지다가 다케시타 노보루가 모습을 감춘 후에 사라졌다.

다케시타가 입원 후 행방을 알 수 없게 되자 정보가 통제된 가운데 교란 공작이 거듭되고, 아오키 미키오가 거짓말을 퍼뜨렸다. 더욱이 겉으로 드러난 정보보다 뒷소문 쪽이 신빙성을 가질 때가 많았다는 점은 그런 점을 단적으로 보여준다. 그럼, 해외에서 세탁된 자금의 정리와 분배는 어떻게 이뤄졌고, 그것을 지금 누가 쥐고 있는 것일까?

---

* 6)　일본 정계에는 특정 업계와 유착한 '족의원'이 있다. 의원내각제의 속성상 대개의 의원은 어느 상임위원회에서 오랫동안 일하며 어느 정도 전문적 소양을 익히게 되는데 그 과정에서 관련 부처 및 업계와 유착하게 된다. 그 결과 건설족, 우정족, 농수산족 등 다양한 족의원이 나타나게 됐다.

| 다케시타 노보루의 비밀에 다가선 제1급 자료를 읽다 |

일본 정치사를 물들인 좀비들의 암약은 '거악'이라고 불리며 악명을 떨친 나카소네 야스히로 시대부터 투기활동을 통해 그 이권 사냥을 본격화했다.

그 필두가 토지 가격 앙등과 주식 투기로 카지노 경제를 낳아, 거품 경기와 전대미문의 '야쿠자 정치' 속에서 리크루트 사건으로 내각 붕괴를 부른 다케시타 노보루다. 다케시타 내각이 탄생했을 때의 에피소드로서 조폭과 우익이 얽힌 고민토皇民黨 사건(1987)[7]이 있었는데 지금도 그 의혹은 해명되지 않았고, 거품 붕괴의 악몽과 함께 망각의 저편으로 사라져 갔다.

다케시타 노보루의 비밀에 다가가면 생명의 위험이 따르지만 앞으로의 일본을 재건하는 데 중요하다고 생각하는 사람이 나만은 아닐 것이다. 그런 의미에서 프리랜서 기자인 이오세 다쓰야岩瀬達哉가 공들여 취재해 『죽어도 좋다』(신초샤新潮社, 1999)란 책으로 발표한 내용은 자료로서는 제1급이다.

지금까지 일본 언론의 보도에 따르면 다케시타는 이즈모의 유서 깊은 양조장집 아들로서 농민운동가를 거쳐 정치인이 됐다. 그러나 이와세는 그런 전기의 저편에 있는 수수께끼에 도전해 다케시타 집

---

* 7) 　나카소네 야스히로 총리가 차기 자민당 총재를 지명하기에 앞서 아베 신타로安倍晋太郎, 미야자와 기이치宮澤喜一와 다투고 있던 다케시타 노보루에 대해 우익 단체인 고민토가 "일본에서 가장 돈을 잘 버는 다케시타를 총리로 삼아야 한다"고 비꼬았다. 고민토의 다케시타 흔들기는 나중에 다케시타가 다나카 가쿠에이의 집을 찾아갔다가 문전박대를 받은 후 잦아들었다. 이 사건은 일본 총리 선출에 우익 단체와 조폭 등 어둠의 세력이 관여해 왔다는 인식을 퍼뜨렸다.

안에 얽힌 비밀을 발굴했다. 그것은 첫 아내 마사에政江의 죽음과 아버지의 출신을 밝힌 것이었다.

마사에의 고민은 다케시타의 아버지 유조勇造와의 관계 때문이었다. 유조는 3월 24일 처 다다코唯子를 잃은 직후에, 외로움 때문인지 마사에에게 간섭하기 시작했다. '유조 씨는 패전을 의식하고 자포자기 심정이 됐는지도 모르지만 그 집요한 간섭은 매일 밤처럼 마사에 씨를 괴롭혔습니다. 마사에 씨는 노이로제 상태가 되었고, 수면제를 밀쳐 놓을 수 없게 됐지요.' ('2월회' 전 간부)

이와세는 위에 인용한 증언을 끌어낸 것만이 아니다. 다케시타는 유서 깊은 양조장집 아들로 돼 있지만 아버지 유조는 이즈모시에서 인쇄업을 하던 다케나가武永 집안에서 다케시타 집안에 데릴사위로 들어온 인물이어서 가업인 양조업에 정성을 기울이지 않았다는 점도 분명히 했다. 더욱이 이와세는 다케시타 비서들의 미심쩍은 자살 사건에 대해서도 실로 의미심장한 증언을 많이 모았다.

다케시타 내각의 붕괴를 결정지은 사건은 그의 비서로서 금고지기였던 아오키 이헤이靑木伊平의 죽음이었다. 목을 매 자살한 것으로 처리됐지만 지금도 그것을 의심하는 사람이 고향 땅에는 많다. 또 한 사람의 희생자라고 해도 좋을 전 비서가 구와하라 야스토시桑原安俊인데, 한때는 아오키 스스로 후계자라고 불렀던 그 또한 자살하고 말았다.

구와하라는 유체가 발견되기까지 1주일 정도 행방불명이었다. 최후로 목격된 것은 다케시타의 전 비서로 참의원 의원인 아오키 미키오의 사무실에서였다. 그날 아오키 사무실에는 92년 7월 26일 참의원 선거를 앞두고 선거대책 사무소가 설치됐다. 다케시타도 달려와서 성대한 개소 축하연을 했으나 구와하라는 아직 사무소에 사람도 드물었던 오전 이른 시간에 얼굴을 비쳤다.

이런 기술의 저편에 있는 진실에 대해 앞으로 기백이 날카로운 젊은 언론인들이 파고 들어가야 할 것이다.

| 시마네현을 취재하고 알게 된 것 |

나는 이와세 다쓰야의 멋진 취재에 자극을 받아 성묘를 위해 일본에 들른 기회를 이용해서 시마네현을 취재하며 돌아다니기로 했다. 그것은 다케시타가 세상을 뜬 지 약 1년 후의 봄이었다. 외가가 시마네현이어서 마쓰에에 묘가 있었고, 친척 가운데는 교육위원장을 비롯한 교사들이 많았다. 다케시타와 같은 마쓰에 중학 동창생도 있었다.

다케시타 노보루의 묘소인 가케아이마치掛合町의 정토진종 센쇼지專正寺를 찾아보고, 관계자 증언을 듣고 싶다는 생각에 나는 중앙지 지국장이나 현지 신문 기자들을 취재하려고 했으나 대부분이 상대해 주지 않았다. 특히 현청 기자실은 나를 문전박대했고, 다케시타에 대한 이야기를 꺼내면 모두들 피해버렸다. 그래서 다음으로 현경찰본부 기자실로 갔는데 이번에는 홍보담당 경찰관이 따라붙어 감시하는 상태였기 때문에 시마네현에서는 다케시타 문제가 금기시 되어있다는 것을 깨달았다.

과거 LA 근교의 페퍼다인 대학에서 총장 고문을 지낸 나는 그때 세계 각국의 대학 총장을 찾아다녔는데 중국의 대학에서 이와 비슷한 경험을 한 적이 있었다. 중국의 대학에서는 정치위원이 총장 옆에 진을 치고 앉아 총장이나 교수들의 발언을 감시했다. 그래서 나는 이때 일본의 경찰은 전체주의 공산 중국과 같은 감각으로 기자실의 감시견 역할을 하고 있는 셈이라고 생각했다.

내 명함의 직함은 '프리랜서 저널리스트'인데 일본에서는 이런 직함으로는 불가능한 것이 많고, 개인보다는 큰 조직 쪽이 압도적으로 유리하다. 그래서 구미에서는 언론인끼리 인간으로서 연대하지만 일본 신문은 지국장을 만나는 데도 사전 면회 약속을 요구하고, 사전 약속이 없으면 만나려고도 하지 않는다.

어쨌거나 나는 이때의 취재로 이와세가 쓴 다케시타 집안의 비밀 한 끝은 잡을 수가 있었다. 다케시타의 첫 아내 마사에가 목을 매 자살한 원인이 시아버지이고, 시아버지 유조의 출신인 다케나가 집안을 추적하면 그 뿌리가 일본에 없었다는 점 등을 확인할 수 있었다. 그리고 흥미롭게도 다케시타가 젊은 시절에 이미 간사이關西 광역 폭력단과 관계를 갖고 있었고, 그것이 그의 금맥이나 이권과 밀착해 있다는 점을 알 수 있었다.

그러자 나의 흥미는 또 다른 곳으로 향했고, '현재까지 이른 대불황의 한 원인이 선물시장 개설과 함께 거액의 돈이 사라진 것' 이라는 가설에 이르렀다.

| 히로히토 타계 발표는 조작(?) |

석유산업은 지상 최대의 산업으로 20세기의 국제 정치를 지배해 왔는데 나는 젊은 시절부터 이 산업 가운데서 살았고, 미국에서는 스스로 석유개발회사를 설립하기도 했다. 그리고 이런 체험을 통해 배운 귀중한 교훈은 정보의 취사 선택이 얼마나 중요한가 하는 것과 함께 드러난 정보에는 반드시 눈에 보이지 않는 뒤쪽이 있다는 점이었다.

즉, 날카로운 정보 감각이 없고서는 진상에 다가설 수 없으며, 겉으로 드러난 정보에 지적 능력을 작용시켜 숨은 차원을 더듬어간다는 의미에서 '선물시장 개설→ 대불황설'에 대해 문득 떠오른 것이 있었다.

1999년 봄 다케시타 노보루가 입원했을 때 도쿄에 있었던 나는 "다케시타는 이미 죽었다"는 소문을 듣고는, 이런 사망설이 얼마든지 나올 만하다고 느꼈다. 또 그런 소문은 그 후에도 더러 들었기 때문에 그때마다 금융계의 심층해류의 존재를 느끼고, 언젠가 적절한 시기에 사망이 발표되기까지 무언가 분명한 움직임이 있을 것으로 예상했다. 예상대로였다고 할까, 그의 죽음 발표는 황태후 서거 시기와 겹쳤고, 총선거 직전의 혼란한 와중에서 이뤄졌다.

나는 이런 다케시타 타계 10년 전에 같은 일을 겪은 경험이 있었기 때문에, 어디선가 본 듯한 생각이 들었다.

그것은 히로히토裕仁(1901~1989) 천황이 타계했을 때의 일로, "도쿄에 선물시장을 개설하는 것과 관련해 천황의 사망 발표를 늦추었다"고 말하는 인물과 만났다. 그래서 나는 알고 지내는 외국인 기자에게 무심코 진위 여부를 타진했더니 "날카로운 감각이지만 다른 말은 소용없다"는 충고를 받았기 때문에 묘한 인상을 받았던 일을 지금도 기억하고 있다.

이 기괴한 이야기는 그 후 소문으로서 활자화되기도 했지만 확인할 수 있는 줄거리의 이야기가 아닌 것만은 분명하다. 다만 히로히토 천황 타계 소식이 선물시장을 활용한 돈세탁을 감추기 위해 정보 조작으로 왜곡된 일이 있더라도 그것은 사실로 밝혀질 일은 아니다. 더욱이 대불황의 원인이라는 설은 너무 과장이 심해서 믿기 어려운 데다 일본인의 발상의 한계를 넘어선다. 그런 뒷돈을 일본 정계가 만들어 냈더라도, 그 뒤로는 미국인들이 즐겨 쓰는 수법이지, 일본인이 생각해 낼 수 있을 만한 조작법이라고 생각하기 어렵다. 분명 어느 나라의 정계에나 뒷돈이 존재하고, 후세인이 스위스에 비밀계좌를 갖고 있었으니, 일본에 그런 것이 존재해도 그리 이상할 까닭이 없다. 그렇더라도 히로히토 천황이 타계했을 때의 총리였던 사람이 다케시타 노보루라는 점만은 마음에 걸린다.

좀비들이 연출하는 광란의 역사는 뿌리가 깊다

가령 『신초新潮 45』(2001년 4월호)에 나온 도쿄조시東京女子의대 아마노天野 의사의 수기가 있다. 여기서 아마노 의사는 록히드 사건 때 고다마 요시오兒玉譽士夫[8]의 국회 증언을 저지하기 위해 상사의

---

* 8)　1911~1984. 전후 일본 정계의 대표적 막후 실력자. 우익 단체의 돈줄로 정계의 의혹 사건이 일어날 때마다 빠짐없이 거론된 인물이다. 록히드 사건으로 기소됐

명령으로 약물을 주사했다고 고백하고 있다. 즉 '입막기 모략'이 20년 만에 밝혀진 것이다.

이처럼 일의 진상은 언젠가 누군가에 의해 밝혀지게 마련이고, 그 시기는 언젠가는 오는 법이다. 그건 그렇다 치고, 세기말 일본을 혼란에 빠뜨린 금융 스캔들의 대부분은 나카소네나 다케시타에 의한 카지노 경제에서 유래했으며, 1985년의 플라자 합의에서 발단했다고 생각해도 좋다. 또 나카가와 이치로中川—郎(1983년 사망)에서 시작해 아오키 이헤이(1989년 사망), 아라이 쇼케이新井將敬(1998년 사망), 혼마 다다요本間忠世(2000년 사망) 등 미궁에 빠진 일련의 자살은 모두 이권이 얽힌 금융 스캔들과 밀착됐다고 여겨진다. 다만 좀비들의 거짓말은 이때보다 훨씬 오래 전에 시작됐다.

아래 이야기는 내가 30년 전에 낸 『석유 기아』(사이마루 출판회, 1974)에 쓴 이야기지만 당시 도쿄발 뉴스 가운데 이런 것이 있었다.

일본 재계 그룹이 영국의 반국영 석유회사인 BP(British Petrolem)가 3분의 2를 지배하고 있는 아부다비 해양석유ADMA의 BP 소유 주식의 45퍼센트를 7억 8000만 달러에 매수하기로 결의했다.

으나 판결이 나오기 전 눈을 감았다. 후쿠시마福島현 출신으로 전전 정부 요인 암살기도 등 급진적 우익활동에 관여했고, 군부와 밀착해 전시 군수물자 수송으로 패전 때는 32억 엔의 막대한 돈을 가진 자산가로 변신했다. A급 전범으로 스가모巣鴨 감옥에 수감됐다가 1948년 석방된 이래 일본 정계에 강력한 영향력을 행사했다. 한일 국교정상화 회담에도 상당한 역할을 했고, 그 후 일본의 경제 원조에서 거액의 리베이트를 챙긴 것으로 알려졌다.

나는 그 무렵 석유산업 한 가운데에 있었기 때문에 이 뉴스를 듣고 배경을 조사해 보았더니, 속임수 이권 거래로 판명되는 바람에 분노를 담아 다음과 같이 썼다.

자산으로서 평가할 수 있는 이 회사의 장부 가격은 기껏해야 4억 달러가 상한이다. 그렇다면 일본이 계약했던 것처럼 전체의 22.5퍼센트를 지배하는 거래는 아무리 보아도 9000만 달러 이상 될 리가 없다. 그러나 그것을 일본 재계와 정부가 시세의 8.7배나 되는 고가로 매수했다는 것이다. 이것은 완전히 상식과 동떨어질 뿐 아니라 만담에 나오는 요타로與太郎조차도 이런 멍청한 거래는 하지 않는다.

이 기사를 쓸 때의 나는 아직 서른세 살이었는데 에너지는 일본에서 최대의 이권이었기 때문에 석유에 관련된 협잡질에 세금이 쓰이는 것을 용납하기 어려웠다. 이처럼 당시부터 국내용 거짓말이 횡행했다. 이 거래는 우익 다나카 세이겐田中淸玄의 중개로 재계 자원파인 이마사토 고키今里廣記(1907~1985)가 국내를 다잡고, 다나카 가쿠에이와 석유공단을 움직여 막대한 세금을 아부다비에서 사라지게 한 사기였다.

생각해보면 이와 같은 일은 지금도 행해지고 있다. 도산한 장기신용은행에 세금을 8조 엔이나 쏟아 부어 국유화한 후 깨끗하게 만든 신세이新生은행을 겨우 10억 엔에 '벌처 펀드'Vulture Fund인 리플우드 홀딩스에 팔았다. 그 구도와 쏙 빼어 닮지 않았는가? 이렇게 거짓말과 사기로 좀비들이 연출한 광란의 역사는 뿌리가 깊다.

| 큰 덩치 빼고는 내세울 게 없는 부끄러운 총리 |

여기서 다시 이야기를 되돌려, 모리 정권에서 고이즈미 정권에 이르는 좀비들의 행동으로 엉망진창이 된 나날을 되짚어 보자.

밀실의 담합으로 성립된 모리 정권의 무능을 일찌감치 간파한 것은 역시 해외 언론이었다. 영국과 프랑스 관찰자들은 원래 일본에 냉소적이긴 하지만, 스위스발 독일어 기사의 영역을 읽으며 나도 모르게 질려 버렸다. 그것은 2000년 4월 10일자에 독일 『슈피겔』에 실린 「유럽의 시선, 오키나와 G8 정상회담에 앞서」라는 기사로 "일본의 정치와 정권은 지금도 여전히 결정 능력 없는 사람이 쥐고 있다!"는 부제가 달려 있었다. 거기에는 모리의 정치 경력이 간략하게 소개된 후 다음과 같이 씌어 있었다.

모리가 지금은 정상회담 주최의 중심인물이 됐다. 일본 TV 기자들은 즐거운 듯이 언급한다. 모리가 일본인 치고는 덩치가 커서 신장 175센티미터, 체중 98킬로그램이라고. 그것은 정상회담에서 다른 나라 지도자들과 사진을 찍을 때 유리하다. 역대 총리는 작아서 촬영할 때 종종 다른 당당한 체격의 지도자 옆에 서면 왜소해 보인 일이 있었기 때문이다. 그런 사진에 일본인들은 언제나 화를 내 왔다.

이를 읽고 부끄럽다는 생각이 들지 않는 일본인은 아마도 없었을 것이다. 여하튼 덩치 큰 것만이 눈에 띄는, 그런 총리를 일본인은 반기고 있다는 뜻으로 읽을 수밖에 없기 때문이다. 그러고 보면 나카소네 전 총리도 마찬가지 지적을 받은 적이 있다. 구미 언론의 '백

인우월주의'(인종 편견)는 때로 너무나 노골적이어서 참기 어려울 때가 있는데, 이 기사도 그런 편견이 이빨을 드러낸 가혹한 것이다.

그러나 모리에게 정말로 그것밖에 쳐줄 것이 없었다면 그 또한 일본인으로서 부끄럽기 짝이 없다. 그 뒤에 모리는 일본 언론으로부터도 바보 취급을 받았고, 『분게이슌주』(2000년 7월호)의 아카사카 다로赤坂太郎의 칼럼이 거침없이 "벼룩의 심장, 상어의 뇌"라고 썼기 때문에 그것이 별명으로 굳어지게 됐다.

내각이 발족한 지 얼마 지나지 않은 5월 15일 밤 신토정치연맹 국회의원 간담회 축하모임에서 모리는 저 악명 높은 '신의 나라' 발언을 했다. 그리고 여론의 전면적 외면을 맛보고, 내각 지지율이 순식간에 대폭락해 버렸다.

이에 해외 언론이 달려들지 않을 리 없다. 『워싱턴 포스트』는 "일본 국가주의 세력의 기분을 보여주고 있다. 아시아에 대한 팽창주의적 움직임에 박차를 가하고, 미국과도 전쟁을 하기에 이른 저 신비적이어서, 광신적이라고 형용할 수 있는 애국주의에 대한 향수가 담겨 있다"고 써서 은근히 수상 실격이라고 재를 뿌렸다. 밀실에서 호박이 절로 굴러들어와 총리 자리에 앉은 모리는 시골 면장이라면 그리 큰 문제는 없었다. 그러나 일본의 수상으로서는 실격이었고, 그 후 겨우 1년 사이에 수많은 일화를 낳게 된다.

후세에 전할 '아연실색 에피소드'

모리 요시로의 일화 가운데 아마 가장 오래 전해질 것으로는 IT

를 '잇'it이라고 읽은 에피소드가 꼽힐 것이다. 물론 정보기술IT을 줄인 '아이티'다.

그리고 더욱 놀라운 것으로는 빌 클린턴 대통령에게 말했다는 '미, 투'Me, too[9] 전설이란 게 있다. 이는 모리의 실언을 걱정한 비서관이 클린턴 대통령을 마중할 때 악수를 하면서 우선 "How are you?"라고 인사를 하면 상대방이 "Fine, thanks, and you?"라고 대답할 테니 "Me too"로 답하라고 가르쳐 준 데서 시작된다.

그런데 실제로 클린턴과 만난 모리는 악수를 하며 "Who are you?"라고 말해 버렸다. 클린턴이 농담 삼아 "I am Hillary's husband."라고 대답했더니 모리 총리는 즉각 "Me too" 하고 대답했다는 얘기다. 이 이야기가 정말로 있었던 것인지 여부는 알 수 없지만, 마쓰조에 요이치舛添要一 의원이 외무성 북미과에 물어보고, 미국에도 비슷한 이야기에 다른 곁가지까지 붙어서 나돌았기 때문에 많은 일본인들이 부끄러움을 느꼈다.

이상은 우선 '무지무능편'에 속하는데, 이런 에피소드는 그 밖에도 얼마든지 있다. 모리가 총리에 취임한 지 반 년 정도 지난 후에 그 동안 몇 차례나 밤에 회식을 했는지 이를 센 사람이 있었다. 그것이 100회를 넘은 것으로 밝혀져 '공전의 식탐食貪 총리'로 비판을 받았는데, 그의 위를 채운 요리대는 모두 세금이었다. 그리고 모리 일화의 절정은 '아연실색 편'으로서 두 가지가 있는데, 첫 번째가 영국 토니 블레어 총리에게 말했다는 "북한 납치 피해자 구출을

* 9)　　같은 이야기가 한국에서는 김영삼 전 대통령의 일화로 전해져 장안의 화제가 된 적이 있다. 원래는 헬무트 콜 전 서독 총리를 풍자한 '콜 농담집'에서 나온 만들어진 이야기라고 한다.

위한 '굿 아이디어'"다.

그 모리 발언은 서울에서 열린 아시아유럽회의ASEM 정상회담에서 있었다고 전해진다. "실은 (북한이 납치한 일본인에 대해서는) 행방불명이라고 해도 좋으니까 베이징이건, 파리건, 방콕이건 좋으니 '거기 있더라'고 말하는 방법도 있는 것 아닌가 하고 북한 측에 제안했습니다."

이에 대해 블레어 총리가 어떻게 반응했는지는 전해지지 않았지만 적어도 외교관을 지낸 가토 고이치加藤紘一는 완전히 질려서 자신도 모르게 "이런 바보 멍청이"하고 외쳤을 것임에 틀림없다. 그것은 그 직후에 모리 총리의 불신임안이 제출되자, 이른바 '가토의 반란'(2000년 11월 21일)이 일어났기 때문이다. 그러나 가토는 이때 동료들에게 배신을 당한 끝에 실각해 버렸다.

그리고 모리 일화의 '아연실색 편' 나머지 하나가 '매매춘 체포 경력'으로, 역대 총리 사상 이런 파렴치한 과거를 가진 인물은 없었다는 점에서 일본의 좀비 정치는 여기서 절정을 맞았다. 다만 그 후 고이즈미도 모리와 비슷한 파렴치 의혹이 있었기 때문에 좀비의 치세는 지금도 계속되고 있다.

모리는 이런 부끄러운 과거가 발각됐기 때문에 권력을 동원해서 은폐 공작에 전력을 기울였다. 경시청의 '전력 카드' 기재에 따르면 죄명은 '매춘방지법 위반'이라는 것이므로 그가 문부성 대신이 되기 전에 소문이 난 게 오히려 다행이다.

그러나 총리가 되고나서 밝혀진 것이었더라도 모리는 책임을 지고 사임하는 것이 당연했다. '가토의 반란'을 유발한 모리 내각 불신임안은 이런 데서 기인했을 수도 있어, 그때 이미 일본은 '발푸르기스의 밤' 상태였다. 이 '발푸르기스의 밤'에서 2001년에 '외무성 공금 횡령 문제'가 튀어나오고, 그에 따른 대혼란에 의해 고이즈미 내각 탄생으로 이어졌던 것이다.

| 외무성 공금 횡령 사건에서 보는 '국가 범죄' |

2001년 1월 17일 『마이니치毎日신문』은 외무성 마쓰오 가쓰토시松尾克俊 사무관의 공금 횡령 사건에 대해 이렇게 전했다.

마쓰오 전 실장은 4개 시중은행에 계좌를 갖고 있으며 수백만 엔에서 1000만 엔의 현금을 과거 60회 이상 입금했고, 잔액은 최고 2억 엔까지 이르렀으며, 사임한 지금도 1억 4000만 엔의 잔액이 있다. 계좌의 자금 출납을 조사했더니 수백만 엔에서 1000만 엔이나 한다는 경주마나 100만 엔 단위의 마권을 구입했고, 약 8000만 엔이 넘는 고급 아파트도 샀다.

이것이 나중에 다나카 마키코 외무장관이 일련의 이상 행동을 일삼고, 고이즈미 열기를 불러일으켜 눈길을 끈, '외무성 스캔들'의 서막이었다. 이어 2001년 1월 25일에 외무성은 마쓰오가 기밀비 5억 6000만 엔을 착복했기 때문에 업무상 횡령 혐의로 경시청에 고발한 데 덧붙여 징계면직 처분을 했고, 외무성 간부 15명에게 엄중한 주의를 주었다고 발표했다. 또 고노 요헤이河野洋平 장관(사건 당시)의 급여 6개월분 반납을 발표했는데, 사건은 사무관의 부정 차원이 아니었다.

왜냐하면 이 공금 횡령의 막후에는 더욱 커다란 국가 범죄가 숨겨져 있었기 때문이다. 2001년 3월 5일 『마이니치신문』 특보 기사에는 한결 놀라운 내용이 실렸다.

> 외무성으로부터 (총리관저로의) 상납금 총액은 연간 20억 엔에 달했고, 관저는 정규 기밀비(연간 16억 2400만 엔)를 웃도는 공금을 따로 관리하면서, 자유롭게 쓸 수 있는 짜임새로 돼 있었다. 정부는 상납을 전면부정하고 있지만 국가 기밀을 방패로 삼은 허위라는 것이 뒷받침됐다. 상납 총액은 연간 20억 엔으로 거의 고정됐지만 연도에 따라 수억 엔의 증감이 있었다고 한다. 이렇게 관저로 흘러들어간 거액의 상납금은 예산서에는 일절 등장하지 않는 '숨은 기밀비'로서 여당의 선거자금 등에 충당됐을 가능성이 있다.

이것은 내각에 의한 극히 악질적인 국가 범죄로서, 자민당 장기 정권에 의해 외무성 기밀비로서 계상된 세금이 총리 관저에 진을 친 정치인의 주머닛돈으로 바뀌었음을 말하고 있다. 즉, 좀비들은 국민의 돈은 닥치는 대로 긁어모아 대충 나누어 착복했던 것이다.

이를 벤자민 풀포드는 "도둑 국가"라고 말했지만 꼭 그대로다. 더욱이 도둑의 두목은 일본의 총리였던 것이다.

또 이런 사태가 터졌을 때 모리 요시로는 미국을 방문, 새로 대통령이 된 부시에게 인사를 했다. 이는 속령屬領의 장으로서 맹주의 눈도장을 찍고, 조공의 의무를 다하려는 것이라고 하더라도 불청객

으로 몰려가서는 오히려 폐가 된다. 왜냐하면 이 시점에서 이미 정
치적으로 사망 선고를 받은 모리가 빈사의 좀비로서 가는 것이었다
면 그 발상지인 아이티나 도미니카가 어울렸을 것이기 때문이다.

| 미국의 놀림감이 됐을 뿐인 축하 방문 |

　홍콩의 『파 이스턴 이코노믹 리뷰*FEER*』라는 영문경제지는 제법
예리한 논조를 전개하는 미디어로 알려져 있는데, 모리 방미 기사
제목으로 「MORIbund Giant」라고 썼다. ‘모리번드’Moribund라는
말은 ‘다 죽어가는’ ‘죽어도 싼’을 의미한다. 또 보스턴에서 발행되
는 『크리스천 사이언스 모니터』의 기사는 사임을 앞둔 모리가 미국
을 방문한 날의 논평으로서 “로마 거리가 불타고 있을 때 바이올린
을 켜고 있던 폭군 네로와 마찬가지”라고 썼다. 즉, 이런 때 뻔뻔스
럽게 문안 인사를 하러 온 모리를 조소한 것이다. 더욱이 모리의 축
하 방문은 한국의 김대중 대통령보다 먼저라는 체면 문제와 연관이
있었지만, 미국은 그런 동양식 예의범절이 통하는 나라가 아니다.
　나는 그것을 우려해 일본의 경제지에 다음과 같이 논평했다.

　모리의 축하 방문은 부시에게 폐가 되는 것이었는데, 우둔한
정치인은 창피한 외교에서 못난이와 풋내기 얼굴을 원 없이 보
여주었다. 미국 측은 분위기를 잘 맞추는 아소 타로麻生太郎를 끌
어내어 확신범적 우익 정치가로 띄워줌으로써 장래를 위한 포석
까지 마쳤다. 국가주의적 성향의 아소나 단세포적 이시하라 신

타로石原愼太郎[10] 도쿄지사를 자극해 일본이 아시아로부터 고립되는 처지가 되면 일본의 혼미는 더욱 심해질 뿐이며, 이런 위기를 조종함으로써 유리한 위치를 점한다는 워싱턴의 전략에 대해 안타깝게도 일본인은 아무도 알아채지 못하고 있다.

| 노르웨이 국왕 주최 만찬회 돌연 취소 사건 |

'발푸르기스의 밤'의 좀비들의 향연은 모리의 등장으로 더 이상 내버려둘 수 없는 상태에 이르렀다. 그것을 상징하는 것이, 일본 언론은 깊이 추적하지 않았지만, 노르웨이 국왕이 일본을 방문해서 주최한 만찬회에 모리 총리가 참석하지 않은 '돌연 취소' 사건이다.

『마이니치신문』 2001년 3월 29일 기사 제목에는 「모리 총리 공무 제쳐두고 생선초밥집에서 회식」이라는 게 있다. 이것은 모리가 27일 밤 도쿄의 영빈관에서 열린 노르웨이 국왕 하랄드 5세 부처 주최 '방일 기념 콘서트와 리셉션' 참석을 취소하고 영빈관에서 가까운 아카사카赤坂의 생선초밥집에 진을 치고, 자민당 모리파 소장파 의원들과 회식을 했다는 내용이다.

이때 노르웨이 국왕은 국빈으로서 방일중이었고, 리셉션은 천황

일가에 대한 답례 행사였다. 따라서 이 리셉션에는 천황과 황태자 부처 외에 와타누키 다미스케綿貫民輔 중의원 의장, 야마구치 시게루山口茂 대법원장, 하시모토 류타로橋本龍太郎 전 총리 등이 초청됐고, 약 240명의 출석자 가운데는 모리 총리의 이름도 당연히 들어 있었다.

그러나 모리는 리셉션 참석을 취소하고 오후 6시 30분부터 자민당 모리파인 나카가와 히데나오中川秀直 전 관방장관, 시모무라 히로후미下村博文 중의원 의원, 야마모토 이치타山本一太, 세코 히로나리世耕弘成 두 참의원 의원 등과 약 한 시간 반에 걸쳐 회식을 했다. 총리 퇴진에 따른 자민당 총재선을 비롯해 IT 문제나 외교 전략 등을 주제로 의견을 교환하고 총리관저로 돌아왔다고 한다.

『마이니치신문』 기사 말미에는 「해명 일전一轉, 정색하고 나선 모리 총리」라는 작은 제목으로 모리의 해명이 다음과 같이 실렸다.

"(러시아에서 돌아온 28일에는) 예산위원회나 (노르웨이 국왕의) 오찬회, 궁중 만찬회에까지 요통을 참고서 참석했다" "내가 꼭 참석해야만 하는 것도 아니었다" "요통의 고통은 겪어보지 않고서는 모른다. 갑자기 취소했다고 해서 무조건 내보내는 것이 뉴스인가" "그래서 여러분(담당 기자)과는 얘기하고 싶지 않다. 인정이라고는 눈곱만치도 없다."

그러나 총리가 만찬회를 갑자기 취소하고 허리가 아픈데도 동료나 부하들을 데리고 생선초밥집에 간 것은 상식적으로는 어떻게 생각해도 이상하다. 더욱이 이날 저녁 모에코智惠子 부인은 정장을 하고 총리 관저로 나와 있었다. 즉, 부인은 그때까지도 남편과 함께 답례만찬회에 참석할 예정이었던 것이다. 그렇다면 모리에게는 출석할 수 없었던 다른 분명한 이유가 있었다고 생각할 수밖에 없다.

| 일본인이 자랑한 예절과 겸양의 미덕이 무색해졌다 |

모리 요시로는 이 '직전 취소 사건'의 1주일 뒤에 총리 사임을 정식으로 표명했는데 그 이틀 전에 궁내청 장관인 가마쿠라 다카시鎌倉節가 갑자기 사임했다. 여기에 '직전 취소 사건'의 진상을 밝힐 열쇠가 있다. 점을 선으로 이어 억측을 한다면 모리를 사임시키기로 결정한 그룹이 이 시점에서 움직였을 가능성을 생각할 수 있다. 그리고 그것은 '세계의 상식'을 아는 집단이었을 것이다. 가마쿠라 다카시는 경찰청에서 내각조사실장, 경시총감(서울경찰청장에 해당) 등을 거쳐 궁내청 장관이 된 거물로서, 고토다 마사하루後藤田正晴나 노나카 히로무와도 친했다. 그 가마쿠라가 체면을 구기고, 사직할 수밖에 없었던 사태로 내몰린 것은 무엇 때문일까.

역사가 가르쳐주는 교훈을 먼 옛날에서 찾자면 케임브리지 대학에 유학해서 신사의 소양과 품성을 익히고, 세계 수준에서 세련됐던 오쿠라 기시치로大倉喜七郎(1882~1963)는 데이코쿠帝國호텔 창업자이자 사장이었다. 이 오쿠라를 현 노르웨이 국왕의 아버지인 하콘 7세가 따뜻하게 환대해, 오쿠라는 쌍두마차를 타고 왕궁으로 들어갔다. 그런 점에서 보자면 소행이 나쁘고, 품성이 천박한 것으로 소문이 났다면 설사 총리라도 국왕 주최 만찬회에는 어울리지 않는다는 이유로 "삼가해 달라"는 메시지가 전달됐다면 모리가 무리하게 밀고 들어가긴 어려웠을 것이다.

국왕 자신이 이런 메시지를 밝혔는지 여부와는 별개로 이런 메시지가 나오게 한 것은 도대체 누구이고, 누가 전령 역할을 했을지는 나의 지적 호기심을 자극한다. 지위나 직책보다는 인격이나 품성이 평가되는 세계가 일본 열도 밖에는 엄연히 존재한다. 그렇다면 총리 사임 직전의 이 불가사의한 사건은 일본인이 자랑으로 삼아 온 예절과 겸양의 미덕을 무색하게 하고, 일본이 정치 차원에서 창피함을 남겨 놀림감이 됐음을 의미한다.

경제대국이라는 자아도취에 빠져 훈련과 규율을 결여한 인간에게 권력을 쥐게 하고, 그런 잘못을 알아채지 못하는 국민에 대해 인과응보의 교훈을 가르친 것이라고 이해하면 될까?

일본의 총리가 만찬회 주최자의 기피로, 출석을 제지당했을 가능성에 대해 생각해 볼 때 그럴 가능성이 있다는 결론이 나온다면, 그런 인물을 총리로 삼은 일본인은 그것을 부끄럽게 여기는 감수성은 가져야 하지 않을까? 우리는 부끄러움의 문화 속에서 자란 것은 아닌가? 부끄러움을 아는 무사도의 나라라는 일본인의 자세는 니토베 이나조의 초상이 담긴 5000엔짜리 지폐가 사라지는 것과 함께 일본 열도에서 사라져 버린 것일까?

올림픽 개최의 진정한 의미

동계 프레올림픽 루지 종목 선수로서 나는 경기에 참가한 경험이 있다. 또 1968년의 그루노블 대회에서는 임원으로서 개최 도시의 올림픽 보좌관 일을 하면서 올림픽의 진정한 의미를 이해했다. 그것은 인간이 쌓아 올린 세계의 내력에 대해 진정한 의미를 알 기회로서 귀중한 경험이었다.

루지의 나무썰매는 그 무게가 20킬로그램이나 되는데 선수는 그 것을 지고 100미터 높이를 올라, 출발지점까지 가야만 한다. 더욱이 위로 올라가는 데만 30분 정도가 걸리고, 미끄럼을 타기까지 영하 15도 정도의 추위 속에서 다시 한 시간에서 한 시간 반 정도를 기다려야 한다. 이것은 해뜨기 전의 어둠 속에서의 일이고, 경기에서는 두 번이나 이를 반복해야 하기 때문에 나는 자신이 노예가 아닌가 싶어서 1년 만에 선수생활을 하고 그만두었다.

그것은 나와 같은 노예가 경쟁하는 것을 즐기는 사람들이 있고, 그것을 스포츠 축제로 위장하는데, 올림픽 선수라는 미명에도 불구하고 실태는 검투사와 같은 것임을 알아차렸기 때문이다. 그래서 그 뒤로 나는 노예의 주인에게 관심을 갖고, 그루노블이나 삿포로札幌 올림픽 관계자와 사귀면서 하나의 중요한 결론에 도달했다.

그루노블 동계 올림픽에서 나는 시장 보좌관에 취임했기 때문에 각국 선수단장과 동격의 C패스를 갖고 거의 어디든 자유롭게 드나들 수 있었다. 이 C패스 위에는 B패스를 가진 사람들이 있는데 그것은 그루노블 시장이나 국제올림픽위원회IOC 임원들이었다. 그러나 다시 그 위에는 A패스를 가진 사람들이 있는데, 그들이 이른바 '구름 위의 사람들'이었다. 이 사람들이 왕족과 귀족이었기 때문에 나는 마침내 진실에 눈을 뜨게 됐다.

나는 리히텐슈타인의 총감독을 지낸 왕자와 친해져서 그를 통해 유럽 귀족들을 알 기회를 가질 수 있었다. 그리고 그들과 얘기하면서 올림픽의 실상은 왕족과 귀족들이 4년에 한 번씩 서로 얼굴을 보이기 위한 것이며, 스포츠 대회 위에 살롱이 있다는 것을 처음으로 알았다. 더욱이 귀족들은 올림픽 파티를 아들 딸 선을 보는 자리로 삼고 있었다.

나는 우연한 기회에 어느 파티에 참석했는데 거기에는 몬테네그로 대공비가 나와 있었다. 더욱 놀란 것은 키에프 대공의 자손까지 있었는데, "어디 살고 계시냐"고 물었더니 "파리에 살고 있다"는 것이었다. 즉 유럽에는 일반인들이 알기 어려운 살롱 사회가 있고, 엄연히 활동을 계속하고 있으며, 지도에서 사라진 나라가 지금도 존재하는 것이었다.

즉, 내가 엿본 것은 유럽의 핵심이고, 이런 사람들과 시민들이 근대사회를 만들었고, 역사교과서에서는 이미 모습을 감춘 1815년의 빈 체제[11]가 살아 있었다. 이것은 이식된 근대와 민주주의 아래서 자라 교과서로 근대를 배웠을 뿐인 우리들에게는 이해할 수 없는 세계의 이야기이므로 그것을 안 것만으로도 나는 행운이었다고 생각한다.

---

* 11)　　　나폴레옹 전쟁의 전후 처리를 위한 빈 회의에서 오스트리아 메테르니히 총리 주도로 만들어진 복고적 유럽 지배 체제. 당시 성장하던 시민계급을 중심으로 한 자유주의 세력을 억누르고 봉건적 귀족 지배 체제를 옹호했다.

| 존경 받고, 긍지 높은 일본인의 부활을 위해 |

일본이 아무리 부자이고, 경제대국이라고 해도 국가로서의 존엄을 인정받지 못하는 한 보는 사람의 눈에는 벼락부자 국가일 뿐이다. 따라서 총리나 각료를 국내 차원의 기준으로 뽑고, 인격이나 실력을 무시하고 인기에만 의존하면, 길게 보아 부끄러움만 축적해 일본의 체면과 존엄을 손상하게 된다.

가마쿠라 궁내청 장관이 사임한 이야기로 되돌아가면, 그의 입장에서 총리에 대해 만찬회에 참석하지 말아달라는 진언을 할 수는 없었다. 따라서 이런 권고의 메시지를 누가 전했는지는 헤이세이의 수수께끼로 남아 버렸다. 그러나 그것을 파고들어가는 것보다 총리를 뽑을 때는 더욱 신중해야 할 필요를 느끼는 것이 이 사건의 교훈이라고 생각한다.

노르웨이 국왕은 노벨평화상을 수여하기 때문에 조사를 맡은 인물을 각국에 파견하고 있으며 그 정보망은 철저하게 비밀에 부쳐져 있다고 들었다. 따라서 설사 지명도나 직책이 높은 사람이더라도 경력이나 검은 인맥 관계에 관한 정보는 확실한 정확도를 갖고 파악할 수 있다고도 한다. 평화상은 스웨덴이 아니라 노르웨이이고, 정치적으로 결정된다는 이유로 격이 한참 떨어진다고도 한다. 그러나 사토 에이사쿠佐藤榮作(1901~1975)의 평화상 수상을 위한 집요한 공작이 드러나 마음고생이 심했다는 이야기가 전해질 정도로 누구나 동경하는 상이다. 사사카와 료이치笹川良一[12]나 이케다 다이사쿠

* 12)   1899~1995. 오사카大阪 출신의 전후 일본의 대표적 우익 민족주의 활동가, 막후 실력자 언제든 100억 엔이 현금을 동원할 수 있는 재력가였나. 연예 프로덕션 사

가 돈과 선전의 힘으로 평화상 획득을 노린 것은 허튼 짓이며, 상을 탐내는 일본의 비속한 대부代父(조폭 두목)에 지나지 않는다고 웃음거리가 되었다고 한다.

어쨌든 거짓말과 속임수, 담합만을 거듭하며 국내에서만 통용되는 가치관으로 움직이며, 정치인에 걸맞은 인간적 단련이 필요하다.

과거 일본인은 나라로서는 가난했지만 마음은 풍요롭고, 뜻과 성의를 지닌 개인을 존중했기 때문에 인재 면에서는 훌륭한 사람 만들기 전통이 있었다. 그래서 오구리 다다마사小栗忠順13)가 사절로서 미국을 방문했을 때 많은 미국인이 "이런 시기에 그와 같은 인재가 일본에 있다는 것은 행운이자 기적이다"라고 상찬했다고 한다. 오구리가 갖춘 실력과 태도, 풍격, 견식, 지성, 예의, 절도 등이 미국인을 매혹시키고, 감탄시켰을 것이다. 품성과 교양 면에서 오구리에 필적하는 정치인은 전후 일본에 과연 존재했을까?

미국이라는 나라는 흥미로운 성격을 지니고 있다. 천성이 개방적이어서 밝은 기질을 보이며, 실력을 인정하면 개인 차원에서 크게 평가해서 예상치도 못한 환대로 상대방을 놀라게 한다. 따라서 오구리 사절단의 귀국에 즈음해서는 특별한 배려가 이뤄져 최신예 전함 '나이아가라'USS Niagara로 요코하마까지 전송해 주었던 것이다.

업으로 돈을 모아 전시에는 만주에서 군수물자 조달 등의 사업으로 거금을 모았다. 우익 단체 고쿠스이다이슈토國粹大衆黨의 총재로서 비행기와 비행장을 군에 헌납하고, 이탈리아로 날아가 무솔리니와 회담하는 등 통이 큰 사업이나 '동양의 마타하리'라는 관동군 스파이 가와시마 요시코川島芳子와의 교제로도 유명했다. 전후 A급 전범으로 지정됐으나 석방된 후 경정競艇 사업으로 떼돈을 벌어 일본선박진흥회, 사사카와재단 등을 설립했다.

* 13)　1827~1868. 도쿠가와 막부 말기의 막신幕臣 가운데 대표적인 개화파로 프랑스와 손잡고 서양식 군대를 창설하는 등 메이지 유신 이전의 개화운동에 매달렸다. 메이지 유신에 저항하다가 유신군에 붙잡혀 처형됐다.

그뿐이 아니다. 미일 관계가 험악하게 되기 시작한 시대에 워싱턴 주재 일본 대사를 했던 사이토 히로시齋藤博(1886~1939)는 양국 우호관계의 유지에 전력을 기울여 프랭클린 루즈벨트(1882~1945) 대통령을 비롯한 많은 사람들로부터 평가를 받았는데, 워싱턴에서 객사했을 때 크게 애도를 받았다. 사이토 대사가 살아 있었다면 진주만 공격을 회피, 태평양전쟁도 일어나지 않았을 것이라고 많은 사람들이 탄식하며 슬퍼했다고 한다. 따라서 미국 정부는 예외적으로 전례를 깨고, 사이토 대사의 유해를 고국에 보내기 위해 순양함 '아스토리아'USS Astoria를 장례선으로 요코하마에까지 파견했다.

사이토 대사가 살아 있을 무렵 일본 국회의원 가운데는 반전 연설을 해서 제명된 사이토 다카오齋藤隆夫[14]가 있었고, 데라우치 주이치寺內壽一(1879~1946) 육군 장관을 상대로 할복자살 문답을 한 하마다 구니마쓰浜田國松(1868~1939)도 있었다. 하마다는 군부를 배경으로 고자세를 보인 데라우치가 "군부에 대한 모욕 발언"이라고 위압하는 데 대해 "시정잡배처럼 논거도, 사실 적시도 없이 남의 명예를 단정할 수 있느냐. 내가 군대를 모욕하는 말을 했다면 할복으로 당신에게 사죄할 것이다. 아니라면 당신이 할복하라"고 밀어붙이는 명연설을 했다. 이 말을 들은 데라우치 육군 장관은 횡설수설하면서 "속기록, 속기록…"을 거듭했고, 하마다는 불필요한 잡음을 따돌릴 수 있었다는 것은 유명한 얘기다.

---

* 14) 1870~1949. 효고兵庫현 출신의 정치가. 미국 유학 후 변호사를 했고, 1912년 중의원 의원에 당선된 후 의회를 중심으로 군국주의 저항 운동을 폈다. 1936년 2·26 사건 이후에 행한 숙군연설, 중일전쟁 처리를 비판한 1940년 연설 등의 반군 연설이 문제가 돼 제명됐다. 전후 진보당 결성에 참가했고, 자민당 고문을 지내기도 했다.

　고이즈미가 연금 문제에 대한 답변으로 "인생도 여러 가지, 회사도 여러 가지, 사원도 여러 가지"라고 태도를 바꾸었다는 이야기를 전해 들었을 때 나는 데라우치 육군 장관과 하마다 의원의 '할복자살 문답'을 떠올렸다. 그렇지만 현재의 국회의원을 둘러보며 느끼게 되는 것은 하마다나 사이토에 필적할 기개를 가진 사람이 전무하다는 점이다. 또 우정법안에 반대한 의원을 공천하지 않고, '십자가 밟기'를 강요하는 것도 모자라서 표적 공천으로 자객을 보내 끝까지 배제하려는 '부드러운 숙청'이 눈앞에서 벌어지고 있는데도 그렇게 판단하는 자민당 의원은 없었다.

　이처럼 좀비 정치는 지금도 계속되고 있는 것이다.

미국 또한 천민자본주의의 나라지만 공화사상이 건국 사상과 결부돼 유지되고 있어서 '공공선'에 바탕한

정치이념은 아직 붕괴하지 않았다. 그러나 현대의 일본은 정치에서 이념이 사라졌기 때문에 천민자본주의가

만연해버렸다. 그 때문에 사회는 중세로 역행하려 하고 있고, 좀비들이 암약하는 '발푸르기스의 밤'이

여기저기서 나타나 크게 번지고 있는 것이다.

CHAPTER 05

천민자본주의

KOIZUMI'S ZOMBIE POLITICS

| '우정 해산'으로 어떤 '신임'을 물은 것일까? |

2005년 8월 8일 참의원 본회의에서 고이즈미 총리의 비원인 '우정민영화법안'이 부결되자 그는 즉각 중의원 해산을 결정했다. 이때까지의 정국 운용 전통에서 보면 해산이 아니라 내각이 총사퇴하는 것이 타당했지만 헌정사의 틀을 벗어난 중의원 해산이었기 때문에, 그 후 일본 정계는 대혼란에 빠졌다. 고이즈미 자신은 당연한 것처럼 "이번 해산은 이른바 '우정 해산'이다. 선거에서 국민에게 신임을 묻겠다"고 밝혔지만 "국민에게 신임을 묻겠다"는 말은 권력자가 사용하는 상투어에 지나지 않는다.

몽테스키외(1689~1755)가 확립한 3권 분립 사상에서는 입법·사법·행정은 독립한 존재이고, 국민이 뽑은 의회는 내각을 뽑고, 감시하고, 제어하는 입장에 있다. 따라서 내각이 불신임을 받는 경우에는 내각이 총사퇴를 하는 것이 세계의 통례다.

그러나 고이즈미는 법안이 부결된 것을 빌미로 의회를 해산하고 총선거를 단행했다. 이것은 감시받아야 할 존재가 감시하는 존재에게 도전해, 일종의 쿠데타를 한 것을 의미하며, 전제나 독재로의 출발점에 해당한다. 여하튼 고이즈미가 말한 '신임' 따위를 국민이 요구한 적이 없었다.

더욱이 이 해산은 고이즈미 정치의 선거전 실태를 은폐하려는 것이기도 했다. 원래 우정민영화 따위는 현재 일본의 긴급 과제가 아닌데도 고이즈미는 집착할 대로 집착했고, 더욱 중요한 외교나 내정은 내팽개쳐 버렸던 것이다.

즉, 그의 시야에 주권자인 국민의 존재는 전혀 없었을 뿐 아니라, 정치 지도자에게 불가결한 우선순위를 매기지 않고, 독선적인 '내 마음대로 정치'를 관철한 것이다. 물론 '우정민영화법안'에 반대한 자민당 의원도 굴러들어올 호박을 기대하고 법안에 반대했고, 양다리 걸치기를 한 민주당을 비롯한 야당도 일본의 운명 따위는 상관없다는 태도였다. 그래서 다음날 언론은 선거가 지닌 의미를 천착하지 못한 채 해산이라는 현상을 소란스럽게 떠들었기에, 다음과 같은 해산의 명명법이 소개되기에 이르렀다.

- "자포자기 해산" : 가메이 시즈카 자민당 전 정조회장
- "에도江戸의 적을 나가사키長崎에서 치는 해산" : 고무라 마사히코高村正彦 전 외무성 장관
- "자폭테러 해산" : 모리나가 다쿠로森永卓郎 경제 애널리스트
- "나르시시즘 해산" : 가야마 리카香山リカ 정신과 의사
- "분풀이 해산" : 마타이치 세이지又市征治 사민당 간사장

도대체 일본은 이런 말장난을 언제까지 계속해야만 속이 시원한 것일까? 나의 역사 인식으로는 이 해산은 쿠데타이고, 선거는 신임과 절대 권력의 부여를 요구한 전권위임에 대한 국민투표를 의미했다. 그래서 해산이 주역이 아니라 국민투표에 역점이 주어졌는데도, 주제를 '우정민영화'로 축소해 진정한 의도와 바꿔치기한 것이었다.

패권 확립 쿠데타의 정치사적 배경

쿠데타라는 나의 지적에 대해 "웬 별난 소리냐, 자위대도 움직이지 않았는데" 하고 비판하면서 비웃을 사람이 있을지도 모르겠다. 그러나 쿠데타의 본질은 권력 내의 패권다툼이고, 우정 문제가 대립 축인 것처럼 보이지만 그 실태는 통솔자의 결정에 찬성하는지, 반대하는지를 물어 대립하는 상대를 배제하는 결정권 쟁탈전이다.

고이즈미의 노림수는 자민당 내의 수구파 추방이어서, 우정 이권과 밀착한 우정족과 사고능력을 가진 사람을 한꺼번에 숙청해 고이즈미에게 충성을 맹세하는 예스맨으로 당내 기반을 굳히고, 이어 야당 세력을 해체하는 데 있었다.

쿠데타의 개념은 1630년대 이탈리아에서 확립됐다. 그것은 '군주가 취하는 특별한 조치'가 출발점이며, 절대권력과 결합된 권력의 발동에 대해 자유주의자가 쓴 용어였다. 따라서 1572년에 일어난 '성 바르텔르미의 대학살'[1]을 비롯해 나폴레옹(1769~1821)이 총재부를 무너뜨린 '브뤼메르의 18일'[2]도 쿠데타의 전형으로 여겨지고 있다. 또한 프랑스 역사에 알기 쉬운 예가 많아서 프랑스 어가 역사 용어로 정착됐다.

쿠데타를 일본에서 한자로 옮긴 것이 '유신'인데, 메이지 유신이나 쇼와昭和 유신[3] 등의 사건을 통해 일본인에게는 귀에 익은 말이 돼 있으며 무력이 관여하는 권력 교체의 이미지를 갖게 됐다. 분명히 메이지 유신은 무진戊辰전쟁(1868~1869)을 수반했고, 5·15 사건(1932)[4]이나 2·26 사건(1936)[5]은 군대가 관여했기 때문에 일본인은 군대와 연관지어 생각하기 쉽다. 그러나 군인이 주역인 쿠데타는

* 1) 프랑스에서 신·구교 갈등이 첨예했던 1572년 8월 24일 샤를르 9세의 여동생 마르그리트 드 발로와와 신교도인 앙리 드 나바로의 결혼식장에 모였던 신교도들이 교황 예찬론자들에게 집단 학살된 사건. 이 날이 성 바르텔르미 축일이었기 때문에 이렇게 불린다.
* 2) 1799년 11월 9일 프랑스 공화정에 의해 파리 수비대장에 임명된 나폴레옹의 의회 장악. 1789년 프랑스 혁명 이후 공화정이 선언된 1792년 9월 22일을 원년 1월 1일로 잡는 프랑스 혁명력曆으로는 이날이 '브뤼메르Brumaire(안개의 달, 霧月) 18일'에 해당하기 때문에 이렇게 불린다. 칼 마르크스의 '루이 보나파르트의 브뤼메르 18일'로도 유명하다.
* 3) 1926년 히로히토가 즉위하고 난 뒤 주로 군부 청년 장교와 우익이 현상 타파와 국가 개조를 외친 운동. 이들은 내외의 위기 상황을 강조하며, 일본 국내의 대대적인 세대 교체와 천황 중심의 국가주의적 세계관을 제창했는데 이를 메이지 유신에 빗대서 이렇게 불렀다. 1936년의 청년 장교들의 쿠데타 기도인 2·26 사건의 출발점으로 지적되기도 한다.
* 4) 1932년 5월 15일 국가주의파 해군 청년 장교들이 일으킨 친위 쿠데타. 총리 관저와 경시청, 내무대신 관저, 중앙은행, 정당 본부 등을 습격해 이누카이 쓰요시犬養毅 총리를 사살하고 자수했다. 군부는 이 사건을 정계 진출의 계기로 활용했고, 관련자를 가볍게 다루었으며 이 사건으로 일본의 초기 정당 정치에 암운이 드리웠다.
* 5) 1936년 2월 26일 육군 국가주의 청년 장교들이 무력으로 국가주의 개혁을 달성하기 위해 일으킨 친위 쿠데타. 육군성과 참모본부, 총리 관저와 의회 등을 점령하고, 사이토 마코토 내무대신과 다카하시 고레키요高橋是淸 대장대신, 와타나베 조타로渡辺錠太郎 교육총감 등을 살해했다. 군부는 계엄령을 내렸으나 적극적 대응을 하지 않다가 여론이 찬성하지 않자 진압에 나서 주모자들을 처형했다. 이 사건으로 군부의 영향력은 극대화됐고, 이후 일본은 군국주의의 길로 빠르게 내달렸다.

19세기까지일 뿐이며 20세기 민주국가 체제에서는 의회주의와 문민 통제의 원칙이 있기 때문에 군대는 쿠데타의 주역에서 멀어지게 되었다.

그래도 역사성이나 민주주의 성숙도의 차이에 따라 경성硬性인 무력과 결합된 쿠데타는 존재하고, 아프리카나 중남미 각국에서는 연중행사처럼 군인이 주도하는 쿠데타가 반복되고 있다.

또 공업생산력에서는 근대화를 실현한 일본이었지만 정치적으로는 뒤처진 '익찬체제'였기 때문에 군인들이 5·15 사건이나 2·26 사건에 관여했고, 그것을 국가주의자들은 '쇼와 유신'이라고 불러왔다.

퀘이커 교도의 평화사상을 살린 헌법에 의해 전후의 일본은 민주국가로서의 재생과 부흥을 겨냥했지만 한국전쟁을 계기로 익찬 정치인이 부활했다. 더욱이 고이즈미 준야가 따른 기시 노부스케 총리가 시도한, 전전의 국가주의를 목표로 한 정치의 알레르기 반응으로서 1960년의 '안보 소동'이 일본을 휩쓸었다.

그래서 기시 내각은 안보 소동의 혼란 속에서 퇴진했지만 전전부터 활동을 계속한 국수주의자 거물은 자민당과 밀착해 영향력을 유지해 왔다. 나카소네의 자문역이던 요쓰모토 요시타카四元義隆(1908~2002)는 혈맹단원으로서 요인 암살에 가담한 과거를 갖고 있고, 전후 역대 총리의 정치적 인도자였던 야스오카 마사히로安岡正篤(1898~1983)는 2·26 사건의 주모자인 니시다 미쓰기西田税(1901~1937)의 영향을 받은 인물이듯, 자민당 매파에는 '유신사상'이 전해져왔다.

따라서 '닛폰카이'日本會나 '소신카이'素心會를 떠받쳐 온 기시岸

나 후쿠다福田로부터 모리파로 전해져 내려온 국가주의적 성향과 연결돼 있는 고이즈미에게 유신에 의한 천하 훔치기는 전혀 이질적인 것이 아니다.

| 역사에서 보는 국민투표와 전권위임법의 닮은 점 |

반항이나 저항을 의미론적으로 생각해 보면, 연성인 것으로 명령 불복종, 규칙 불복종, 태업이나 짓궂은 언행 등이 있다. 또 경성인 것으로는 폭동이나 봉기, 농성, 반란, 반란형 농성 등이 있다.

쿠데타는 일반적으로는 반항의 일종이지만 권력자 내부의 패권 다툼에서는 권력 중추에 가까운 것을 특정한다. 쿠데타가 권력 내부의 권력 다툼이라면 이미 총리인 고이즈미의 입장이 확립돼 있는데 굳이 새삼스럽게 쿠데타를 일으킬 필요는 없지 않을까? 그렇게 생각하고 나의 논리에 반대하는 사람이 있겠지만 고이즈미는 총리로서는 최고 권력자라고 해도 9·11 선거 전에는 아직 독재적 권력을 갖지 못했다는 점을 지적하고 싶다. 따라서 선거가 반대자 배제를 목적으로 한, 절대적 지배권을 확립하기 위한 수단이 된 것이다. 즉, 전통적 경성 쿠데타가 아닌 연성 쿠데타였기 때문에 국민은 그 실태를 전혀 알지 못했다.

널리 알려진 역사를 돌이켜보면 히틀러의 경우 뮌헨 반란(1923)[6]에서 시작해 권력의 계단을 걸어 올라가 총리에 취임했다. 그리고

＊6)　　아돌프 히틀러가 바이마르 공화국에 대항해 기도한 폭동. 히틀러와 소수 나치당
　　　　은 우익 군사지도자인 에리히 루덴도르프와 연합, 1923년 11월 8일 뮌헨의 한 맥

전권위임법 투표라는 연성 쿠데타를 통해 독재가가 되었고, 영미 은행가들의 도움을 받음으로써 그는 합법적으로 전권을 손에 넣은 역사가 있다. 히틀러가 총리에서 총통이 된 것은 1933년으로, 겨우 8개월이라는 어지러운 기간에 이뤄진 일이었는데 그 정치 과정을 시계열로 늘어놓아 보면 다음과 같이 된다.

1933년 1월 30일 군부 쿠데타의 우려가 있어서 브롬베르크 장군을 국방장관에 임명해 진압을 꾀했는데, 힌덴부르크 대통령은 본의 아니게 히틀러를 총리에 임명해 '우익연립정권'이 성립했다.

2월 1일 히틀러 총리의 강요로 대통령은 국회를 해산한다. 포괄적 전권위임을 요구한 히틀러는 다수 의석 획득을 위해 총선거를 선택했다.

2월 4일 출판과 언론의 자유를 제한하는 단속법이 의회를 통과.

2월 24일 나치스 돌격대가 공산당 본부를 습격해 점거.

2월 27일 국회의사당이 불탐(네덜란드계 공산당원인 룻페를 체포함과 동시에 이를 기회로 공산당 의원을 체포).

2월 28일 사실상의 계엄령을 각의에서 결정했다.

3월 5일 나치당이 선거에서 제1당이 되었다.

3월 23일 제국의회에서 "전권위임법"이 성립, 이튿날 발효.

4월 1일 유대인 배척운동 실시.

주집에서 열린 우익 정치모임에 난입해 베를린에서 일어날 '혁명'(1년 전 베니토 무솔리니의 로마진군을 흉내낸 것) 동참 약속을 강압적으로 얻어냈다. 이튿날 나치당원 3000명이 뮌헨 시가지를 진군하다가 경찰의 일제 사격에 부닥치는 바람에 반란을 포기했다. 이 사건으로 투옥된 히틀러는 합법적 수단에 의한 권력 장악을 구상하게 된다.

5월 10일 나치스 정부가 사회민주당 자산을 몰수. 게펠스는 비독일적 서적의 분서를 선동.

7월 14일 '정당신설금지법'에 의해 나치스당의 독재 확립. 또 국민투표에 관한 법률 실시.

10월 14일 국제연맹, 제네바 군축회담 탈퇴 성명 발표.

11월 12일 국제연맹 탈퇴 국민투표. 95퍼센트가 정권을 지지.

12월 7일 노동조합 해산 명령.

12월 28일 학교에서의 인사를 '하일 히틀러'로 규정.

1934년 6월 30일 '긴 칼의 밤', SA 돌격대원 학살과 숙청.

8월 2일 힌덴부르크 대통령 사거. '국가원수법' 발효로 히틀러 총리는 대통령을 겸임, 합법적으로 총통에 취임해 독재를 완성.

8월19일 새 국가원수에 대한 신임 국민투표에서 89퍼센트가 찬성.

아래 분석은 역사의 유사 현상에 근거한 것인데, 히틀러가 총리에 취임한 후 독재권력 확립을 위해 '전권위임법'을 성립시킬 때까지의 시간은 극히 짧았고, 전격적이었다. 그것은 나치스 당수에서 정권을 잡을 때까지는 시간이 걸렸지만, 총리가 된 시점에서는 이미 당내 지배권이 확립돼 있어서 '전권위임법'을 손에 넣는 일만 남아 있었기 때문이다.

이에 비해 고이즈미의 경우는 당내 지배권이 불완전했고, 우정법안 성립에도 많은 저항이 있었던 것처럼 해산이라는 연성 쿠데타가 필요했다. 게다가 반대 세력을 배제하면서 정쟁의 문제점을 우정민영화 문제로 바꿔치기해서, 민영화에 찬성이냐 반대냐는 국민투표로 신임을 얻는다는 과정을 추구했다. 히틀러는 바로 국민투표를 애용해 독재적 권력을 확립했다.

따라서 해산이 쿠데타이고, 선거가 국민투표라고 생각해서 나는 일련의 과정을 '야스쿠니 유신'이라고 이름붙이기로 했다. 다만 고이즈미 내각이 히틀러와 마찬가지 노선을 택할 가능성은 높지 않지만 국회에서 자민당이 절대 다수를 얻음으로써 참의원에서의 에서의 공명당의 협력을 얻어야 할 필요성만 빼면 달리 연대는 불필요하게 된 점만은 명백하다. 또 사회 하층 출신이 압도적으로 많았던 SS(친위대)쪽이 중요해 지면, 소카갓카이와 통일교회의 상극이 표면화, 연성의 '긴 칼의 밤'이 찾아올지도 모른다.

| 언론과 정보 조작을 활용한 '야스쿠니 유신'의 마술 |

어쨌든 고이즈미 내각이 묘책으로 쓴 '야스쿠니 유신'은 대성공이었다. 야당인 민주당이 파멸적 패배를 맛봄으로써 중의원에서는 자민당의 절대 지배가 확립됐다. 대역으로 쓴 우정 문제는 어찌됐든, 익찬체제에 더욱 가까이 다가간 기본 정책인 헌법 개정과 재군비는 '야스쿠니 유신'에서는 최대의 과제이고, 그 포석으로서 '국민투표법'이 나올 모양이다. 그리고 그 실현을 위해 준비됐다고 여겨지는 것이 거대 광고대리점을 활용한 장기 전략이다.

오늘날 여론 형성은 거대 광고대리점을 통하는 것이 일상화돼 있다. 일본에는 덴쓰電通라는 세계 유수의 광고대리점이 있고, 약 2조 엔의 매출을 통해 일본 전체 광고시장의 절반 가까이를 지배하는 힘을 갖추고 있다.

현재의 덴쓰는 미국 매디슨 가의 노하우를 흡입해 광고뿐 아니라 홍보대리업도 폭넓게 펼치고 있다. 미국인이 개척한 새로운 분야는 '전쟁 PR'이나 '선거 홍보전' 기술로서, 정보 조작을 통해 대중의 세뇌공작을 담당하는 것이다. 보스니아 전쟁(1992~1995)에 있어서 미디어 전략의 실례는 다카기 도오루高木徹의『전쟁 광고 대리점』(고단샤, 2002)에 자세히 나와 있다. 상품 광고나 선거 홍보전 일반에 대해서는 한 권의 책이 될 만큼 많은 정보가 있기 때문에 여기서는 논하지 않고 서둘러 앞으로 나가기로 한다.

다만 이런 주제에 관해서는 낸시 스노우의『프로파간다 주식회사』(아카시쇼텐明石書店, 2004)를 필두로 가와카미 가즈히사川上和久의『이라크 전쟁과 정보조작』(다카라지마신쇼寶島新書, 2004) 등이 있고, 존 스토버 & 셸던 램프턴의『거짓말, 저주, PR산업』(Common Courage Press, 1995)이 흥미롭다. 이런 분야는 지금부터 내막이 폭로돼 선거에 있어서 선전활동의 위력이 얼마나 무서운지 사람들이 알게 될 것이다.

그런데 덴쓰와의 관계는 아직 명확하지 않지만 미국 최대 광고 대리점 BBDO 월드와이드 사의 로젠신 회장이 해산 직전인 2005년 8월 3일 총리관저를 예방한 일이 있다. 이 회사는 1984년 미 대통령 선거 때 선거 PR 하청을 받아 레이건의 대승을 끌어낸 실적을 자랑하고 있다. 따라서 미우라 히로시三浦博史의『세뇌선거』(고분샤光文社, 2005)가 그린 수십 배 규모의 선거필승 노하우가 앞으로 활용될 가능성이 있다.

TV는 프로그램 전 영역을 지배하고, 신문의 하단 광고는 대리점

의 본업, 상단 기사는 PR회사의 영향력에 의해 언론공작을 하고 있
는 것이 현대의 광고대리점이다. 그리고 세계 유수의 덴쓰는 일본
에서는 반독점 기업이다. 따라서 덴쓰가 정부의 여론 형성에 깊이
관여하고 있다는 것은 틀림없다. 그리고 나카소네 전 총리도 덴쓰
의 고문이고, 정계와 재계, 언론계 간부의 많은 자제가 덴쓰의 사원
이다. 더욱이 2004년 8월 20일 쓰키지築地 혼간지本願寺에서 거행된
평론가 다와라 소이치로田原總一朗의 부인 장례식에서 장례위원장
을 한 것이 덴쓰의 나리타 유타카成田豊 최고 고문이었다.

　이렇게 생각해 보면 '야스쿠니 유신'이 실현돼 버린 이상 더욱
깊이 이 나라의 병리를 고찰할 필요가 있다.

| 정크 푸드 가게가 늘어나는 거리 |

　나는 거품 발생에서 현재에 이르기까지의 일본에서 '좀비 정치'
의 하부 구조로서 '천민자본주의'가 있었고, 거기에 경제사회의 병
소病巢가 있다고 생각해 왔다. 그래서 지금부터는 이 '천민자본주
의'를 키워드로 삼아 일본의 병리에 대해 검증해 가고자 한다.

　'천민자본주의'란 독일 사회학자이자 정치학자인 막스 베버(1864
~1920)가 쓴 말인데, 그는 이것을 근대자본주의와 분명하게 구분하
고 있다. 막스 베버는 근대자본주의가 자신의 저서 『프로테스탄티
즘의 윤리와 자본주의 정신』(1905)에서 밝혔듯 기독교 윤리와 정신
에 근거해 성립했다고 생각했다.

　천민자본주의란 간단히 말해 그런 윤리관 따위는 일절 없는 근

대 이전의 시스템을 가리킨다. 그에 대해서는 뒤에서 다시 자세하게 고찰하기로 하고, 내가 실감한 것을 우선 밝히면, 현재 일본의 패스트푸드 전성 현상과 마찬가지다.

몇 년 전 일본을 방문했을 때 가장 놀란 것은 햄버거나 프라이드 치킨처럼 미국에서 '정크 푸드'라고 불리는 이른바 패스트푸드 가게가 반액 세일을 하고 있어서 일본의 불황이 본격화하고 있음을 실감한 것이었다. 내가 캐나다나 미국에서 30년 전부터 살았지만 정크 푸드 가게에서 식사를 한 것은 두 번뿐이었다. 그것은 이런 식의 싸고 간편한 레스토랑의 본질이 자본주의 사회에서 일종의 구호 급식이라고 생각했기 때문이다.

'구호 급식'은 새삼 설명할 것도 없이, 재해 지역 등의 주민에게 식료를 배급하는 것이다. 요즘 식으로 말하면 자원봉사 활동의 일종으로 비상사태나 긴급 시의 자선활동인데 원래 자본주의와는 아무런 관계가 없다.

만약 정크 푸드 식사가 없다면 미국 사회에서는 폭동이 일어날 것이 확실하며, 그것은 허리케인 '카트리나'에 휩쓸린 뉴올리언즈에서 굶주린 사람들이 약탈에 나선, TV에서 본 장면 그대로다.

미국은 자본주의 본가이므로 돈을 내고 싸게 먹을 수 있으면 하층 계급도 자본주의에 참가하고 있다는 기분이 든다. 더욱이 '구호 급식'이 있다면 폭동은 일어나지 않을 것이므로 패스트푸드가 만들어졌고, 그것이 교묘한 방법을 통해 비즈니스로도 성공했다.

즉, 처음에는 하층민(천민)을 위한 '구호 급식'과 같은 것이었으나 비즈니스로서 각지에서 보급돼 중산 계급 아이들도 먹기 시작했고, 베이비 붐 세대가 성인이 되면서 일반화한 것이다. 그리고 일본에도 정크 푸드 점포가 진출하게 되고, 프랜차이즈점을 화려하게 펼치게 됐다. 그러나 일본에는 과거부터 메밀국수집이나 라면집이 있어서 미국식 '구호 급식' 따위는 필요가 없었다. 그러나 지금 일본의 거리는 패스트푸드 가게가 석권하고 있고, 불황 때문에 가격 파괴까지 철저하게 행해지고 있는 것이다. 그럼, 어째서 이렇게 됐을까를 생각하면 그것은 미국 자본주의 최악의 부분에 속하는 '천민자본주의'가 불황 속에서 진행돼 버렸기 때문이다.

최근 십몇 년 사이에 일본의 중산 계급은 확실히 가난해졌고, 사회의 중심인 40·50대 월급쟁이들의 이야기를 들으면, 주택대출금이나 교육비에 쫓겨서 용돈이 모자라는 바람에 점심 때 메밀국수나 정식을 먹을 여유도 없어졌다는 것이다. 그래서 '구호 급식'과 마찬가지인 패스트푸드 가게로 발길을 옮긴다. 그래서 이런 정크 푸드가 세력을 넓히는 거리에는 가격파괴에 의한 싼 집이 점점 늘어나서 일본 곳곳이 할인점이 된 듯한 느낌이다.

이것은 제대로 된 근대사회의 모습은 아니다. 하층민과 지배 계급이 엄연하게 나뉘어 살고, 하층민이 구호 급식에 기대어 생활한 근대 이전 사회의 재현이다.

| 윤리 없는 천민들이 연출하는 자본주의 |

지금 막스 베버가 살아 있다면 호리에 다카후미堀江貴文[7]처럼 '돈 버는 게 최고'인 자본주의를 '천민자본주의'라고 부르며 경멸했을 것이다.

베버는 『프로테스탄티즘의 윤리와 자본주의 정신』에서 정상적 이윤을 '천직'이라고 부르고 조직적이고 합리적으로 이윤을 추구하는 데 전념하는 마음가짐을 '근대자본주의의 정신'으로 여겼다. 그리고 이 정신은 근면, 노력, 절약을 소중히 여기는 기독교(개신교)에 살아 있으며, 역사적으로 보아 근대 서구사회 이외의 지역인 중국, 인도, 바빌론, 그리스, 로마 등에는 근대자본주의가 성립하지 못했다고 보았다. 왜냐하면 이런 지역에서는 고대로부터 현대에 이르기까지 고리대금업자나 대상인들이 군림했고, 그들은 이윤을 추구했지만 윤리관이 없었기 때문이다.

물론 이것은 서구인 특유의 편견이지만 그 취지는 근대자본주의가 단순히 이윤을 추구하는 것만으로는 성립할 수 없다고 보고, 또 '돈 버는 게 제일'이라는 삶의 방식을 '천민'의 삶이라고 경멸한 것이다. 즉, 베버는 이윤 추구에 대해서는 부정하지 않지만 천민적 윤리관의 결여를 문제로 삼았던 것이다.

이렇게 생각하면 현재의 일본은 수정주의자가 과거에 주장했듯 근대자본주의 형태가 서구자본주의와 다르긴 하지만, 어느 시점부턴가 천민자본주의가 돼 버렸다고 말할 수 있을 듯하다. 언제 어느 때부터인가는 이론이 있겠지만 거품 경제기부터 천민자본주의가 횡행해, 일본은 자기 존엄을 해치는 국가가 돼 버렸다. 그것은 사회

＊ 7)　　일본의 대표적 벤처 기업인 라이브도어의 설립자. 도쿄 대학 중퇴 후 벤처 사업에 투신해 단숨에 거금을 손에 넣었고 연예인과의 교제나 자유로운 복장 등으로 화제가 됐다. 워낙 명성이 자자해 인기 애니메이션의 주인공인 '도라에몬'을 본 딴 '호리에몬'이란 별명으로 불리며 새로운 문화 흐름을 만들 정도였으나 분식회계와 주가 부풀리기 조작 등이 드러나 몰락의 길을 걷고 있다. 고이즈미는 그의 인기를 높이 사서 눈엣가시 같은 존재인 가메이 시즈카 의원의 선거구에 '자객' 후보로 투입했으나 지역 기반이 단단한 가메이를 꺾진 못했다.

전역에 영리와 결부된 욕망이 만연하고, 기생하는 자가 사회를 숙주로 삼기 시작했기 때문이다.

'천민'이라고 하면 일반적으로는 거지, 조폭, 사기꾼 등을 가리킨다. 왜냐하면 그들에게는 윤리관이 없어서 도둑질이나 횡령에 대해 그것을 범죄라고 느끼지 않기 때문이다.

그래서 현재의 일본을 지배하는 정치인, 관료, 정상배가 정말 천민이 아닐까 하고 생각하면, 가령 일부이더라도 이익의 축적에 바쁘고, 담합으로 세금을 빼앗아가고 있다면 문제가 아닐 수 없다. 또 그들을 떠받치고 있는 업계 단체나 농민들도 보조금이나 원조에 몰려 세금에 기생한다면 이 또한 천민자본주의에 중독된 것이라고 할 수 있다.

거품 붕괴 이후에 산더미 같은 부실채권을 쌓아올린 제2 금융권의 실태는 과연 어떤 것이었을까? 대개의 은행이 간판을 바꾸고 거품에 춤추다가, 공적 자금으로 뒤처리를 했을 뿐이지 않는가? 그리고 은행 자신은 경영 실패를 공적 자금으로 메우고, 세금에 기생해서 살아나지 않았는가? 그것이 자기 책임을 지지 않고 기생하는 것이라면, 그런 구조는 '천민자본주의' 외의 다른 것이 될 수 없다.

사회의 중심적 역할을 하는 사람들이 천민 역할에 만족하고 있다면 일반 국민도 천민화할 수밖에 없다. 대도시에서 유행하는 금권 가게나 고리대금 체납자의 증가, 신용카드 사기에서 시작된 이체 사기 등 각종 금융 사기는 이루 다 헤아리기 어렵다. 천민자본주의가 만연해 현재 일본을 붕괴로 이끌고 있고, 그런 흐름을 가속시키고 있는 것이 고이즈미 정권이다.

그럼 이런 천민자본주의를 극복하기 위해 도대체 어떻게 하면 될까? 그러기 위해서는 우선 일본이 다시 윤리와 절도를 회복하고, 근대사회의 근저에 있는 개념을 올바르게 이해할 필요가 있다. 근대 구미 민주주의사회에서 자본주의에 의한 사회 운영이 어떤 형태로 움직여 왔는가를 알고, 그 바탕에 있는 윤리 문제를 다시 포착하는 것이 필요하다.

만약 그런 노력을 계속 태만히 한다면 그들은 일본에 대해 이질적 문화에 의한 이질적 민주주의와 이질적 자본주의의 나라라고 보고, 영원히 단죄하고 공격하기를 멈추지 않을 것이다.

| 일본인이 모르는 '공공선'이라는 개념 |

천민자본주의를 극복하기 위해 우선 거론하고 싶은 것이 '공공선'(또는 공동선)이라는 개념에 대해서다. 공공선은 영어로 'Common Good'인데, 이 말은 지금까지 딱 떨어진 번역어가 없었기 때문에 그 개념에 대해 진지하게 논의한 적도 없었다. 게다가 일본에는 '오오야케'公라는 개념이 있기 때문에 이에 가까운 것이라고 생각하면 어느 정도 이해할 수 있지 않을까 하는 생각이다.

이 책 제2장에서 소개한 홋카이도 대학 대학원 법학연구소의 신카와 도시미쓰 교수는 이 '공공선'을 제대로 이해하는, 흔하지 않은 일본인이다. 신카와 교수는 나와의 대담에서 현재 일본 정치의 현상을 개탄하면서 다음과 같이 말했다.

"현재 일본 정치인의 행동 기준이 이상해지고 있다는 것은 분명할 겁니다. 그러나 더욱 중요한 점을 지적한다면 그것은 유권자의 책임이라는 것입니다. 한때 '경제 1류, 정치 3류'란 말이 있었고, 경제가 제대로 되기만 하면 정치는 어쩔 수 없는 일로 내버려 두어도 된다는 시기가 있었습니다. 그러나 일본 경제가 흔들흔들하게 되면서, 정치는 아무렇게나 돼도 괜찮다고 말할 수는 없게 됐습니다. 즉 유권자는 일본호의 조타를 맡긴 정치 지도자를 제대로 뽑을 책임을 지게 됐다고 새롭게 인식할 필요가 있습니다. … 그러나 아쉽게도 일본에는 '개'個를 기초로 한 시민사회가 성립하지 못했습니다. 구미라면 우선 시민사회가 정치활동의 전제로 존재하고, 그런 가운데 '공익'이나 '공공선'을 요구해 가는 것이 정치의 본질이 됩니다. 어떻든 일본 정치가 위기적 상황에 있는데 자민당 지도자들의 발상은 언제나 총리를 바꾸기만 하면 그만이라는 식이지요. 이것은 그들에게 '공공선'을 이해하는 능력이 없기 때문일 겁니다."

여기서 신카와 교수가 지적하고 있는 것은 시민사회가 기능하기 위한 조건으로서 '공익'이나 '공공선'에 대한 이해가 불가결하다는 것이자, 그것을 추구하는 것이 정치의 본질이라는 점이다. 신카와 교수는 런던 대학에서 학위를 받았는데, 일본 밖에서는 사회 상식의 일부가 돼 있는 '공공선'이라는 기본 용어를 정확한 의미로 사용하고 있는 데 대해 나로서는 신선한 놀라움을 느꼈다.

'공공선'은 구미에서는 정치학의 상식이고, 그것을 기준으로 정치활동과 정치인이 평가된다. 민주적이고 자유로운 사회라고 해서 무엇을 해도 괜찮은 것이 아니라 이런 분명한 기준이 없으면 정치는 곧바로 천민이나 좀비들의 차지가 돼 버린다.

'5인조'의 밀실 담합으로 만들어진 모리 요시로 내각을 비롯, 다나카 마키코의 온갖 변덕 외교 추태, 고이즈미의 '우정 해산'에 의한 '야스쿠니 유신'을 보더라도 일본에 '공공선' 개념이 없다는 것은 명백하다. 그 결과 무참하게도 세금이 누군가에게 먹혀 사라져버렸고, 정치는 파벌 이해나 당파의 구상에 휘둘렸다. 더욱이 '원님 발광'으로 우당탕 소동이 빚어진 가운데 의회까지 해산되고, 모든 것을 유야무야하는 속임수가 이루어졌다. 이래서야 일본은 몇 번이고 같은 실패를 거듭하게 될 것이고, 고이즈미와 같은 총리가 앞으로도 계속 등장할 것임에 틀림없다.

| '폭정'의 반대 개념으로서의 '공공선' |

내가 더 이상 '공공선'에 대해 쓸 것이 아니라, 이 개념을 잘 이해하고 쓴 책이 있기에 거기서 인용하도록 하자. 그것은 영국에서 정치사상사 학위를 따고, 케임브리지 대학에서도 교편을 잡은 쇼기멘 다카시將基面貴巳가 지은, 『반 폭군의 사상사』(헤이본샤신쇼平凡社新書, 2002)라는 제목의 책이다.

쇼기멘 박사는 이 책 앞머리에서 '폭정'을 다루고, 그 반대 개념으로서 '공공선'(이 책에서는 '공동선')에 대해 고찰하고 있다.

현대 일본은 폭정의 길을 걷고 있는 게 아닐까. 그런 상념이 요즘 끊임없이 뇌리를 스친다. 폭정이라니 지나친 과장이 아니냐는 시각도 있을 것이다. 폭정이란 『고지엔廣辭苑』(이와나미쇼텐岩波書店, 제3판)에 따르면 난폭하고 잔학한 정치다.

분명히 현대 일본에서는 정치적 입장이나 종교적 신조, 인종적 차이 등을 이유로 사람들을 조직적으로 강제 수용하거나 학살의 대상으로 삼는 일은 없을 것이다. 그러나 원래 서양정치사상 용어로서의 '폭정'은 히틀러나 최근의 차우세스쿠, 밀로셰비치와 같은 포악하기 이를 데 없는 독재자에 의한 정치만을 의미하는 것은 아니다. 폭정이란 공동선에 반하는 정치를 의미한다.

공동선은 영어로 'Common Good'인데, 그 일본어 번역은 일상어로서 익숙하지 않기 때문에, 정치학에 접한 일이 없는 사람들에게는 아마도 귀에 선 말일 것이다. 공동선이란 한마디로, 사회나 국가 등 정치 공동체 전체에 있어서의 선善을 가리키며, 어느 특정 개인이나 집단에 의한 선과 명확히 구별된다. 따라서 폭정이란 어느 일부 권력자나 권력이 특별히 돌봐주는 특정 집단이 이익을 향수하는 것을 목적으로 한 정치를 가리킨다.

공동선의 관점에서 보면 과연 현대 일본의 정치는 일본 사회를 구성하는 국민 전체에게 공통의 선을 실현하고 있는 것일까. 의식주라는 국민생활상 필요최소한의 수준에서는 일본 전체가 노숙자로 넘치는 것도 아니고, 최근의 디플레 현상으로 오히려 물가가 떨어지고 있어 물질적으로 풍요롭다는 것은 틀림없다. 그러나 정, 관, 재계의 유착에 의한 부정한 뒷거래나 여러 가지 비리 사건이 끊이지 않는 현상은 과연 국민 공통의 선일까. 또 최근 시끄러워진 연금제도의 위기는 국민의 노동의 성과를 부당하게 국가가 수탈한 결과라고 볼 수는 없는 것일까.

반대로 눈에 보이지 않는 선이란 어떨까. 일본 국민은 사법에 의해 그 권리를 행정권력이 침해하지 못하도록 적절하게 지켜지고 있는 것일까. 국민 전원에 보장된 권리가 어떤 재판에서 어느 개인에 대해 부정된다면, 그것이 판례가 됨으로써 다른 모든 국민에 대해서도 그 권리를 침해하는 결과가 된다. 그런 사태가 과연 지금까지 전후 일본에서 전혀 없었다고 할 수 있을까.

전후 일본의 민주주의는 어떨까. 패전 직후 이상으로서 치켜든 민주주의는 그 기본 이념에 어긋남이 없이 실천되고 잇는 것일까. 또 교육은 어떨까. 국민 각자가 이상으로 여기는 교육을 아이들에게 시킬 자유가 있는 것일까. 일본 근현대사를 어떻게 해석하느냐를 놓고, 국가가 검열한 교과서가 아니고서는 교육현장에서 채택할 수 없는 현상은 권력의 교육에 대한 부당한 개입이라고 할 수 없는 것일까. 이런 몇 가지 의문에 대해서조차 자신 있게 일본의 현상을 용인할 수 있는 국민은 거의 없는 게 아닐까.

그러나 사람은 대개 자신을 둘러싼 환경에 익숙해지기 쉽다. 현상이 대체로 이상적이라고 말하기 어렵더라도 그것을 견디다 보면 어느새 거기에 길들여져 버린다. 그래서 깨닫지 못하는 사이에 현상의 위기적 본질을 과소평가하게 된다.

| 메이지 시대에도 미치지 못하는 '인간의 질 저하' |

그런데, 왜 현대 일본인 대다수는 서구 근대사회를 이해할 수 없게 돼버린 것일까.

겉으로는 민주주의와 자본주의를 표방하면서도 그 뒤쪽은 전혀 다른 '전근대'를 아무렇지 않게 행하고 있는 것일까?

적어도 메이지 초기에 일본이 구미사상을 적극적으로 배웠을 때는 이 나라에 '천민자본주의'는 없었고, 또 '일본적 공공선'이라고 부를 수 있는 사상이나 윤리도 존재했다.

예를 들어 '근대 일본 자본주의의 아버지'라고 해도 될 시부사와 에이이치澁澤榮一(1840~1931)는 니노미야 손토쿠二宮尊德(1787~1856)에서 발단한 '보덕報德사상'을 계승해 메이지 유신 후에 근대산업을 일으켰다. '보덕사상'을 한마디로 말하면 도덕과 경제의 조화와 실천을 역설한 것으로 이에 의해 곤궁에 신음하는 농민들을 구제했다. 또 보덕사상을 형성하는 것은 '근로' '분도'分度 '추양'推讓이라는 세 가지 개념으로 열심히 일하고, 절약해서 형성된 부를 공동체를 위해 쓴다는 것이었다. 따라서 프로테스탄티즘 정신에 이어지는 점이 있고, 공공선의 개념에도 가깝다고 말할 수 있다.

따라서 메이지 시대 사람들은 서양 근대사상을 자신들의 일상에서 미루어 짐작하고, 구체적으로 생각할 수 있었다. 그 증거로 메이지 초기의 일본에서는 나카에 초민中江兆民(1847~1901)이 번역한 『민약론民約論(사회계약론)』이 20만 부나 팔렸다. 또 후쿠자와 유키치의 『서양사정』도 25만 부가 팔리는 베스트셀러가 됐고, 나카에 초민의 『1년반一年有半』도 20만 부가 넘게 팔렸다. 그리고 나카무라 마사나오中村正直(1832~1891)가 번역한 『서국입지편西國立志編』은 100만 부나 팔렸다.

당시 일본의 인구는 약 3300만 명이었으니 현재 일본 인구의 4분의 1에 지나지 않는다. 그렇다면 이 판매부수는 경이적이고, 메이지 시대 일본인이 가졌던 지적 잠재력이 얼마나 높았던가에 눈이 휘둥그레지게 된다. 그리고 지금 시점에서 이 네 권의 책의 내용에 대해 생각해 보면, 메이지 시대 사람들이 늘 가까이 두고 반복해 읽었던 데 비하면, 나 자신은 젊은 시절 서둘러 읽은 데 지나지 않았으니, 자신이 메이지 시대 사람들의 발끝에도 미치지 못함을 통감하게 된다.

이런 인간의 질적 저하가 누적됨으로써 현재 일본의 쇠퇴를 부른 것은 틀림없고, 그 대표적인 것이 정치인이라면 일본인은 정말 구제불능이다.

세계 전체의 움직임에 일본의 현상을 비추어 보면, 일본이 쇠퇴에서 몰락을 향해 급속도로 달려가고 있으며, 근린제국에 시시각각 뒤처지고 있는 게 틀림없다. 과거의 '일본 배싱'Bashing(때리기)이 어느새 '일본 패싱'Passing(지나치기)으로 되어 버렸고, 그것이 고이즈미 정권이 들어선 뒤에는 '패싱'이 '나싱'Nothing으로 바뀌어 버렸다. 일본을 제대로 상대해 주지 않는다는 것은 북한을 둘러싼 6자회담을 보더라도, 유엔 안보리 상임이사국 가입을 겨냥한 유엔 외교를 보더라도 쉽게 알 수 있다.

| 왜 나는 미국 중서부로 갔을까? |

내가 '공공선'의 개념을 알 수 있게 된 것은 미국에서 오랫동안 산 데서 크게 영향을 받았다. 30대 중반부터 40대에 걸친 약 7년간은 미국 공화당의 견고한 지반이던 중서부에서 지냈고, 거기서 '공공선'으로 이어지는 '공화사상'Republicanism을 접하면서, 미지의 영역이던 석유사업에 도전하기도 했다.

중서부 사람들은 '실질 강건'한 기풍을 갖고 있어, 열심히 일하고 정직하다는 것을 자랑하고, 가족을 소중하게 여기는 전형적인 미국인이다. 그들은 전통적인 생활양식에 따라 개인의 자유와 독립, 자존을 최대의 가치라고 여긴다. 바로 이것이 '공화사상'의 원점이며 자율의 정신이 사람들 마음속에 깊이 뿌리내리고 있다.

개인주의와 공화사상에서 파생한 것이 인민당이나 최근 일본에서도 눈길을 끌기 시작한 리버태리언Libertarian이며, 이런 것들이 복잡하게 겹쳐 있는 곳이 중서부다. 그래서 지금부터 내가 중서부에서 체험한 '공화사상'에 대해 얘기하고자 한다.

나는 프랑스 그루노블 대학에서 구조지질학을 전공하면서 프랑스 미쓰이물산 자원컨설턴트로서 유럽과 아프리카 자원개발에 관여하며 20대를 마쳤다. 그리고 학위를 취득한 후 프랑스 수자원개발 싱크탱크에 들어가 사우디아라비아 국토개발계획에 파견됐다. 그 덕분에 석유자원의 중요성에 눈을 뜨고, 비즈니스 인생을 물에서 석유로 바꾸었다.

당시는 대륙붕 석유개발이 시작된 무렵으로 나는 북해나 아드리아 해 석유탐사 현장에서 일했다. 그때 알래스카에서 대유전이 발견됐다는 뉴스가 날아들었다. 그래서 다음으로 예상되는 북극해에서의 석유개발을 체험하려는 생각에서 나는 결혼한 지 얼마 되지 않은 아내와 더불어 캐나다로 옮겨 다국적 석유기업에서 일했다. 거기서 9년 동안 유니온 석유(유노칼 캐나다 자회사)나 페트로피나(현재 토털 피나 엘프 석유의 캐나다 자회사) 등에서 국경 지역을 맡아 석유탐사에 종사했다. 그러다가 캐나다 석유산업 국유화라는 폭풍이 몰아치는 가운데 컨설턴트로서 독립했다.

그리고 세계 각지에서 석유개발 일을 하고 있다가 미국인 킹 씨를 알게 돼 그와 함께 '후지킹 석유개발'을 설립하게 돼 본격적인 석유개발사업을 하기 위해 캔자스 주 위치타로 이주했다.

아마 최초로 미국에서 석유개발회사를 만든 탓인지, 함께 일하고 싶다는 이야기가 일본에서 여럿 있었다. 그래서 쇼덴昭電[8] 전에 쇼와덴코昭和電工 사장이었던 모리 사토루森曉 씨와는 석유굴착회사인 '하트랜드 굴착회사'를 설립했고, 사지 게이조佐治敬三 씨와의 관계로 산토리와도 석유개발 공동사업을 추진했다. 이런 것들은 모두 벤처사업이라고 불리는 것인데, 당시 벤처라고 하면 이런 비즈니스를 가리켰지 IT산업 등은 아직 태어나지도 않았을 때였다.

| 미국 정치를 양분한 '공화사상' 이란? |

위치타는 '미국의 배꼽'이라고 불리는 도시로 세계 소형 항공기

---

* 8)　사건 전후 일본 정계를 뒤흔든 뇌물 사건. 산업진흥을 위한 특별금융기관인 부흥금융금고의 쇼와덴코昭和電工 융자와 관련, 거액의 뇌물이 정관계로 흘러들어간 것으로 밝혀져 1948년 9월~12월 관련자 다수가 체포됐다. 아시다 히토시芦田均 내각이 이 사건으로 총사퇴했고, 아시다 전 총리도 체포됐다. 64명이 기소된 재판은 58년까지 계속됐으나 각료급으로 유죄 판결을 받은 사람은 없었다.

의 약 80퍼센트를 생산하고 있다. 세스나, 비치 크래프트, 리어 제트 등의 본사 공장이 있고, 보잉사 전투기 부문도 있어, 이른바 근대 기술을 결집한 '항공기 도시'다. 그리고 1976년 공화당 부통령 후보로 1996년에는 공화당 대통령 후보가 된, 원내총무를 오래 지낸 상원의원 밥 돌의 강력한 지반이어서 도시 전체가 공화당 일색으로 짙게 칠해져 있었다.

그런 연유로 나는 완전히 순수한 공화당원과 친하게 지내며 미국 정치사상사를 되돌아볼 필요도 없이 공화당과 민주당의 원류가 '공화주의자'Republican이며, 공화사상이 미국의 혼임을 이해할 수 있었다. 그리고 '내셔널 공화파'와 '데모크라틱 공화파'의 대립을 축으로 '다수의 복지'와 '개인의 복지'가 미국 정치의 변함없는 쟁점임을 알았다. 즉, '복지'와 '자유'를 키워드로 삼아 분류하면 미국 정치를 그럴듯하게 가를 수 있었다.

한마디로 미국에는 존 로크의 사상을 출발점으로 한 공화주의와 장자크 루소적인 사상을 지닌 공화주의가 있다. 즉, 재산이나 생명의 권리에 가치를 두는 경성硬性 공화주의와 사상과 문화 등 연성軟性적인 것을 중시하는 공화주의다.

그리고 이 두 공화주의가 '다수의 복지'와 '개인의 복지'를 두고 대립, 자유와 평등의 표현 형식의 차이를 낳았던 것이다. 따라서 미국 정치사상의 기반을 떠받치고 있는 것은 '자유주의'Liberalism와 민주주의라는 두 가지 사상으로 그것을 통합한 것이 공화주의인데 중서부에서는 뭐니 뭐니 해도 '자유' 쪽으로의 경도가 뚜렷하다.

공화사상에 대한 이런 나의 이해는 정치학자 고무로 나오키小室 直樹 박사와 대담한 『탈일본형 사고의 권유』(다이아몬드사, 1982)에 자세하게 나와 있으니 그 책을 읽어주었으면 한다. 그건 그렇다 치고 여기서 중요한 것은 공화사상과 포퓰리즘은 서로를 용납하지 않는다는 점이다.

이 책에서는 지금까지 고이즈미 정권을 탄생시킨 이론의 포퓰리즘을 위험시해 왔는데, 그것은 포퓰리즘이 국민을 불행하게 만드는 내셔널리즘과 강하게 결합해 광신으로 흐르기 쉽기 때문이다. 그럼 공화사상이 왜 포퓰리즘을 위험시하는지에 대해 체험적인 관찰과 이해를 밝히겠다.

│ 포퓰리즘은 파시즘이나 전체주의의 사촌 │

위치타 주재 시절을 떠올리면서 포퓰리즘을 생각하다가 정말 알기 쉬운 설명을 한 책과 만났다. 그것은 모리무라 스스무森村進의 『자유는 어디까지 가능할까』(고단샤, 2001)라는 책이다. 여기에는 재미있는 모델이 나오는데, 그것을 통해 생각하면 포퓰리즘에 대해 도식화하기 쉽고, 대단히 편리하다. 그것은 다음과 같은 지적에 바탕해 있다.

정신적 자유와 정치적 자유와 같은 이른바 '개인적 자유'의 존중을 주장하는 한편 경제적 활동의 자유를 중시하지 않고, 경제활동에 대한 개입이나 규제, 재화의 재분배를 옹호하는 것이 '진보파'(리버럴)고, 역으로 개인적 자유에 대한 개입은 인정하지만 경제적 자유는 존중하는 것이 '보수파'다. 그리고 개인적 자유와 경제적 자유 모두를 존중하는 것이 '리버태리언', 역으로 어느 것도 존중하지 않는 것이 '권위주의자'Authoritarian, 또는 '인민주의자'Populist다. 그 극단적 형태를 '전체주의'라고 부를 수 있다. 파시즘이나 공산주의가 여기에 속한다.

이를 좀 더 알기 쉽게 정리하면, 미국 중서부의 공화사상은 국가는 작을수록 좋은 것으로 여긴다. 즉, '작은 정부'에 의한 통치가 최우선이라고 생각하며, 이 작은 정부는 외교, 국방, 치안을 무리 없이 해내면 그것으로 충분하고, 오히려 지나친 것은 좋지 않다.

군비나 세금, 교육에 대한 정부 관여를 최대한 작게 하는 것이 좋은데, 그것은 자기 자신들이 개인의 책임으로 하는 것이기 때문이다. 그것이 더욱 심해지면 리버태리언의 사고방식이 된다. 따라서 통치를 카리스마가 있는 사람에게 맡기고, 그 권위에 추종하는 포퓰리즘은 그들의 사상과는 양립할 수 없다.

공화사상은 실학에 근거해 있고, 실업가나 부유한 독립 농민을 배경으로 삼고 있어서 근본적으로 엘리트주의적 성격을 띠며, 독립 자존의 정신을 수호신으로 삼고 있다. 그와 달리 포퓰리즘은 정서적 충동에 좌우되고, 반 엘리트주의며, 하층 계급이 갖기 쉬운 분노가 바닥에 깔려 있기 때문에 파시즘이나 전체주의와 사촌형제다.

일본에서는 포퓰리즘이 꽤 오해돼 있어 지식인 가운데서도 "인기를 배경으로 한 정치운동" 정도로만 생각하는 사람이 있다. 또 고이즈미 정권 탄생 후 수시로 사용됐는데도 본래의 의미가 정착하지 못한 것이 원인이 되어 쓰는 사람에 따라 개념이 흩어져 있다. 따라서 일반 국민도 그저 '대중적 인기' 정도로밖에 생각하지 않는데,

이는 너무도 위험한 생각이다.

일본에서 오해되고 있는 포퓰리스트와 리버태리언

포퓰리즘은 '대중적 열광에 영합한 정치'를 가리키지만 그 정치
는 전혀 무책임한 통치의 방법을 의미한다. 그리고 늘 적의 존재를
강조해서 긴장감을 불러일으키고, 자신만이 정의의 편이라고 강
조하므로 포퓰리즘은 정념情念을 정면에 내건 위험한 정치운동이
된다.

일본에서 세기말 현상으로서 일어난 포퓰리즘은 지금까지 도쿄
에서 아오시마 유키오青島幸男[9] 지사를 탄생시켰고, 오사카에서는
요코야마 노크橫山ノック[10] 지사를 탄생시켰다. 또 나가노長野현에서
는 다나카 야스오田中康夫[11] 지사를 탄생시켰고, 다시 도쿄에서 이
시하라 신타로 지사를 탄생시켰듯, 수장을 직접 뽑는 지사 선거에

*9) 1932~. 도쿄 출신의 작가, 탤런트, 정치인. 와세다 대학 재학 시절 만담 대본을 쓰
기 시작했고, TV에서는 심술쟁이 할머니 역할로 인기를 끌었다. 1968년 참의원
선거에서 이시하라 신타로에 이은 전국 2위의 득표로 당선됐다. 1995년 도쿄지사
선거에서 이른바 '무당파 돌풍'을 일으키며 당선됐으나 정치적 성과는 미미해 임
기가 끝난 후 정계를 은퇴했다.

*10) 1932~. 고베 출신의 만담가, 정치인. 초등학교 졸업 후 미군부대 등에서 일하다
가 만담을 익혀 오사카를 중심으로 한 간사이 지역에서 만담가로서 이름을 날렸
다. 1968년 참의원 선거에서 당선된 이래 내리 4선을 기록했고, 1995년에는 오사
카 지사에 당선됐다. 도쿄와 오사카에 나란히 연예인 출신의 지사가 탄생해 화제
가 됐다. 1999년 재선에 성공했으나 여성 자원봉사 선거운동원에 대한 성추행 사
건이 터져 사임했다. 3년을 칩거하다가 2002년 무대에 복귀, 만담가로 활동하고
있다.

*11) 1956년~. 도쿄 출신의 소설가, 정치인. 히토쓰바시一橋 대학 재학 중에 쓴 소설
「어쩐지 크리스탈」로 분게이쇼文藝賞를 수상했으나 특별히 눈길을 끌진 못했다.
석유회사에 잠시 다니다가 퇴사한 후 소설 쓰기에 매달렸지만 정통소설보다는 내

서 두드러졌는데, 그 결정판이 중앙 정치 무대에서의 고이즈미 총리 탄생이었다.

이 정도로 포퓰리즘이 커다란 용틀임을 계속한다면 일본의 논단도 특집을 엮지 않을 수 없는 상황인데, 바로 거기서 산만한 해석의 문제가 나타났다. 우선 포퓰리즘은 '대중'과 '주의'의 조합으로 보고, 정치세력의 부패에 대항하는 민중운동이라고 파악돼 '대중영합주의'라고 번역되는 경우가 많았다. 다만 그 후 해석에 따라 강조점이 달라져서, 예를 들면 아래와 같은 지적이 나오곤 했다.

- 듣기 좋은 안이한 정책을 밝혀, 대중의 관심을 끌어 모아 열광적 인기를 쌓아 올리지만 효율적인 정책을 실행하지는 못함으로써 최후에는 국력을 피폐시키고 마는 정치.
- 정치를 이해 대립의 조정의 장이 아니라 선악 대립 관점의 드라마로 다룬다. 선전에 의존하는 우민정치의 일종.
- 19세기 말에 미국 중서부를 중심으로 정치권력에 대한 반감으로 결성된 인민당에 의한 풀뿌리 운동.

더욱이 이런 포퓰리즘에 대한 다양한 이해는 그것과는 양립할 수 없는 리버태리언에 대한 오해로까지 발전했다. 즉, 이런 해석은 어느 것이나 내가 미국 중서부에서 본 것의 한 측면이다. 따라서 내

중소설을 주로 썼다. 2000년 나가노長野현 지사에 당선돼 화제가 됐고, 댐건설 계획 중단 등으로 현의회와 대립하다가 2002년 불신임결의로 사직한 후 선거에서 압도적 지지로 재당선됐다. 독신이어서 늘 여자 문제가 시끄럽지만 "그래도 나는 불륜은 아니다"라고 외치고, 가죽 점퍼 차림으로 오토바이를 즐겨 타는 등 괴짜 지사로 통한다.

가 중서부에서 보고 들은 것을 소개함으로써 공화주의에서 파생한 리버태리언의 실태와 대중운동으로서의 포퓰리즘에 대한 참고가 되도록 하고 싶다.

| 스스로 리버태리언이라고 하는 사람은 없다 |

전세계에는 석유회사 사장이 2만 명 가까이 있고, 그 80퍼센트가 미국 중서부에서 텍사스, 루이지애나에 분포해 있다. 그러나 이런 중소 석유회사를 경영하는 사장들은 자산을 가진 독립·독보의 개인주의자로서 공적인 장에서는 공화당을 지지해도, 거의가 심정적으로는 리버태리언이다. 그런데 그들은 스스로 리버태리언이라고 말하지 않을 뿐 아니라 그렇게 자칭하는 사람을 경멸하는 일이 많다.

그것은 일본에서 공명당 당원이라고 말하는 사람이 적은 것과 닮았다. 공명당 당원임을 드러내지 못하는 이유는 배후에 소카갓카이가 있기 때문일 것이다. 좀더 사회학적 고찰을 덧붙여 말하면 이런 집단에 속하는 많은 사람이 일본에서는 사회 최하층을 구성하고 있어 그것이 차별의식을 유발할 수 있다는 점을 우려하기 때문이다.

리버태리언은 공명당원과는 놓여진 사회 계층이 다르다고는 하지만 자칭함으로써 차별을 받을 가능성을 꺼리는 점은 같다. 또 리버태리언이라는 말은 그들 자신의 것이 아니라 민주당이나 공화당 측의 멸시하는 호칭이다. 최근 일본에서는 미국풍을 좋아해서인지

자신이 리버태리언이라고 허풍을 떠는 사람이 있는 모양이지만 그것은 말을 껍데기만으로 이해한 의욕 과잉이자, 의미론에 정통하지 못해서 일어나는 혼란이다. 유교가 봉건체제를 떠받친 것은 역사적 사실이고, 『논어』를 비롯한 공맹의 가르침을 경애한다고 해서 지금 사회에서 "나는 봉건주의자"라고 밝히면 오해를 받는 것이 세상의 이치다.

거듭 강조하지만, 미국 중서부에 뿌리를 둔 공화사상은 자립정신이 떠받치고 있고, 책임감을 수반하는 개인의 내면의 자유와 결합돼 있다. 그것은 자제력으로 뒷받침된 엘리트적 자유다. 따라서 리버태리언은 자신이 엘리트적 자유를 지니고 있음을 가린다는 점에서 포퓰리즘이나 텍사스 식의 조악한 방종과는 다르다.

그러나 지금 미국은 포퓰리즘을 일깨우는 네오콘(신보수주의자)이나 복음파가, 신중한 공화사상을 탈취했기 때문에 공화당의 이 '뒤틀림 현상'을 이해하기 어렵게 돼 있다.

미국 건국의 아버지Founding Fathers의 한 사람인 벤자민 프랭클린은 자조 정신을 주창하며, "신은 스스로 돕는 자를 돕는다"고 말하고, 노력과 자유 의지의 가치와 중요성을 강조했다. 또 프랑스의 문호 발자크는 "인내는 일을 떠받치는 자본이다"라고 말했다. 돈 이외의 가치를 인정하는 근대 자본주의 이념이 있고, 거기에는 공화사상과 통하는 발상이 약동하고 있다.

현재의 일본인에게 그리 친숙하지 않겠지만 펜실베이니아에 발판을 구축한 퀘이커 교도를 비롯, 중서부에서 안주할 땅을 찾은 메노나이트Mennonites와 애미시Amish[12] 등의 사상과 뒤섞인, 중서부의 공화사상이 공화당을 떠받치고 있다. 그런 의미에서 공화당 지지자에는 자영업자가 많고, 자유농민이나 자유기업가를 배출하고 있다. 그래서 시카고를 정점으로 산업 영역이 넓어지고 있고, 시카고 대학이 보수사상의 아성을 이루고 있는 것이다.

반면 고용된 노동자들의 경우에는 그들이 자립보다 평등을 요구하면 민주당에 접근해 가고, 카리스마를 지향하면 포퓰리즘에 동조하게 되고, 권위를 전면 부정하면 리버태리언에 가까워진다. 어쨌거나 포퓰리즘의 근저에는 정념의 약동이 있고, 그것은 변덕과 거짓말과 도취를 부름으로써, ‘공공선’이라는 정치적 이성 따위는 존재하지 않게 된다.

미국 또한 천민자본주의의 나라지만 공화사상이 건국사상과 결부돼 유지되고 있어서 ‘공공선’에 바탕한 정치이념은 아직 붕괴하지 않았다. 그러나 현대의 일본은 정치에서 이념이 사라졌기 때문에 천민자본주의가 만연해버렸다. 그 때문에 사회는 중세로 역행하려 하고 있고, 좀비들이 암약하는 ‘발푸르기스의 밤’이 여기저기서 나타나 크게 번지고 있는 것이다.

* 12) 16세기 종교개혁 물결 속에서 태어난 개신교의 재침례파 교도. 성서가 전하는 기독교인 세례의 참뜻은 유아 세례가 아니라 성인 세례라고 보고, 이성적 판단이 가능한 연령에 자신의 믿음을 공표하고, 서로에게 세례를 주는 의식을 치른다. 네덜란드의 메노 사이먼Menno Simon의 두드러진 활동에 따라 메노나이트란 이름이 붙었고, 구교의 박해를 피해 이동했으며, 지금은 주로 미국에 많이 모여 살고 있다. 영적 신앙 체험과 전통적 생활을 중시해 스위스와 독일 순교자들이 썼던 독일 방언을 지금도 쓴다. 문명의 이기를 극단적으로 거부하는 애미시는 1600년경 이들로부터 갈라져 나왔다

고이즈미 개혁이 겹겹이 사기로 둘러싸여 있다는 것은 고이즈미 내각이 공명당에 의해 지탱되고 있다는

데서도 기인한다. 공명당의 뒤편(지지 모체)에 소카갓카이가 있다는 것은 주지의 사실이므로 개혁은

소카갓카이에 조종되고 마는 것이 된다.

CHAPTER 06

성역투성이 개혁

KOIZUMI'S ZOMBIE POLITICS

| 고이즈미 준이치로는 정말 개혁자일까? |

역사를 되돌아보며 세계를 바라 볼 때 "나는 개혁자"라고 계속 외쳐대는 인물의 등장은 어떤 의미에서는 혼미와 격동의 시대를 상징한다. 왜냐하면 실정으로 통치체계가 기능하지 않은 나라를 비롯해 사회 부패가 극단적으로 이뤄진 나라에서 '개혁'의 필요성이 크기 때문이다. 과격한 말투로 개혁을 외치지 않으면 안 될 상황은 응급조치가 필요한 병리와 결합돼 있으며, 고이즈미 준이치로의 '개혁지상주의'도 그런 경우여서 즉각적 수술을 호소하는 것은 병이 고황膏肓에 든 증거다.

이제 '개혁'이라는 말은 세계 정치 무대에서는 거의 등장하지 않는다. 그것은 세계화가 진행되는 가운데 어떤 나라에서도 과거의 틀을 변경해서 대응해 나가는 것이 일상화 되었기 때문이다. 또 개혁이라고 일부러 큰 소리로 외칠 것까지도 없이, 정치인들은 필사적으로 현실에 대응하려고 애쓰고 있다. 그리고 고이즈미가 말하는 민영화처럼 한 가지에만 매달리는 '개혁'은 이미 끝났다. 특히 민영화에 대해서는 로널드 레이건 시대의 미국이나 마거릿 대처 시대의 영국에서 추진된 바 있어 다양한 형태로 과거의 실험 성과가 드러나 있다. 그런데 왜 지금 일본이 이런 망령에 사로잡혀 있는지, 정말 이해할 수 없는 일이다.

더욱이 민영화는 'Privatization'의 번역인데, 자본주의 원리에서 보자면 '사영화'가 맞고, 의미론을 흐리는 수법에 따르면 민영이 사영화해서 해체되는 것이 된다. 또 우편저축 개혁에 이르러서는 국영 금융과 우편사업의 민영화가 무엇을 가져올지는 독일이나 뉴질랜드의 실패 사례가 있다. 민영화 대국인 미국에서조차 우편사업은 지금도 국영 우정공사United States Postal Service(USPS)가 맡고 있다.

그러나 2005년 8월 중의원을 해산한 고이즈미 준이치로는 자신을 갈릴레이 갈릴레오에 비유하며, "그래도 지구는 돈다"고 말했다. 즉, 우정민영화는 지동설이고, 그 세상의 진리라는 것이다.

이 중의원 해산 후 『아사히朝日신문』 논설위원인 호시 히로시星浩는 「고이즈미 총선거, 무엇을 뽑는 것일까」(2005년 8월 11일자)에서 다음과 같이 썼다.

우선 따져야 할 것은 열광의 탄생극으로부터 4년 4개월이 지난 고이즈미 정치다. '벡터 정권'. 어느 경제관청 간부는 이렇게 부른다. 커다란 방향 감각은 틀리지 않았다고. (중략) 다만 집권 5년째에 들어선 지금 평가 대상은 '벡터'가 아니라 구체적인 업적이다. 부실채권 처리는 크게 진전했다. 우정민영화도 참의원에서 부결됐지만 중의원에서는 80퍼센트, 참의원에서는 4분의 3

의 자민당 의원이 찬성하기에 이르렀다. 정권 발족 당시 "10명을 넘지 않았다"(총리)는 점을 생각하면 이 또한 진전이라고 할 만하다. 고이즈미 정치의 문제점은 실은 거기에 있는 게 아니라 그 벌레 먹은 상태에 있다.

여기서 말하는 '벡터'는 '개혁한다'는 벡터의 방향을 말한다. 그것은 호시가 밝혔듯 올바르다. 그러나 아무리 그 방향이 옳더라도 벡터의 귀착점이 틀렸다면 어떻게 될까? 또는 개혁자가 사기꾼이어서 단지 개혁을 말로만 떠드는 인물이라면 일본의 행선지는 어디일까?

호시가 적절하게 밝혔듯, 고이즈미 개혁은 '벌레 먹은 상태'이고, 그것도 지엽 말단에 집착해서 개혁이라고 연출해 보여주기만 했던 것은 아닐까? '성역 없는 개혁'이라고 말하지만, 그 실상은 '성역투성이 개혁'이지 않았을까?

제3장의 '고이즈미 마키코 내각'에서 이미 밝혔지만 고이즈미는 현재의 일본에 진정으로 필요한 개혁자가 아니다. 왜냐하면 다나카 마키코는 여성 특유의 예리한 감각으로 그를 '구태 정치인의 한 사람'이라고 간파했기 때문이다. 더욱이 '괴짜'라고 불렀다. '괴짜'에게 가능한 것은 개혁이 아니라 '파괴'뿐임을 보여주는 많은 사례가 역사에는 있다.

| 고이즈미도 우정 반대파도 원래는 같은 굴의 오소리 |

'우정 해산' 쿠데타 뒤에 고이즈미는 "반대파 37명 전원에 대항마를 세우라"고 호령했고, 각 선거구에 '자객'을 보내는 데 집념을 불태웠다. 그래서 반대파는 "파쇼 정치다" "안세이安政의 대옥사大獄事[1] 같다"고 치를 떨었다.

이런 반대파에 대한 동정은 금물이지만, 그래도 그들이 왜 이렇게까지 반대한 것인가, 그 심정을 더듬어 보면 일본이 안고 있는 '좀비 정치'의 본질을 엿볼 수 있다.

반대파가 저항한 것은 "우정민영화법안"에 반대여서, 선거가 무서워서, 해산되면 집권당의 이득이 사라지기 때문에 등 여러 가지 이유가 있겠지만 마음 깊은 곳에 오직 하나, 고이즈미를 용서할 수 없어서라는 이유가 있다.

즉, "왜 같은 굴의 오소리에게 '십자가 밟기'를 강요하는가" "왜 고이즈미만이 개혁이라는 간판을 독점하는가" "고이즈미 또한 총리가 되기 전에는 자민당 파벌정치의 적자였지 않은가" "고이즈미와 우리는 무엇이 다른가"라는 원망을 안고 있었던 것이다.

생각해 보면 1990년대부터 일본 정치인은 모두 개혁을 외쳐 왔다. 아무리 낡은 체질이라고 해도 그런 것은 조금도 내색하지 않고,

---

* 1) 1858년(안세이 5년)에서 이듬해에 걸쳐 에도江戶 막부가 존왕양이尊王攘夷 운동에 대해 행한 혹독한 탄압. 미일 수호통상조약의 조인과 막부 최고통치자인 쇼군 후계자 옹립에 대한 이견이 직접적인 동기였으나 존왕양이 운동이 나중에 메이지 유신, 즉 막부를 타도하고 명목만 남은 천황을 권력 중심에 옹립하려는 운동으로 이어지는 것이었기에 이를 탄압하기 위한 것이었다. 조정의 대신과 다이묘大名(지방영주), 개혁파 지사 등 100여 명이 처벌을 받았다.

"나야말로 개혁자"라는 표정을 지어왔다. 여기나 저기나 모두 선거에 당선돼 이권을 나눠 먹으려는 생각이었던 '천민'뿐이었다. 고이즈미 준이치로만이 그렇지 않았다는 증거는 어디에도 없다.

그래서 새삼스럽게 '개혁자 시늉'을 하는 고이즈미의 말 따위는 반대파가 들을 이유가 없다. 다만 그때까지 잠자코 그런 말을 듣고 있었던 것은 모리 내각이 너무나 한심해서, 자민당이 해당 위기에 내몰린 궁여지책으로서 고이즈미라는 '연명 장치'에 손을 대버렸기 때문이다. 그러나 그 '연명 장치'가 이번에는 자신들을 정말로 말살하려고 하니까, 그들은 질려서 격앙된 것에 지나지 않는다. 그러나 아무리 그렇게 말해도 모든 것은 자업자득이다.

어쨌든 '우정 해산'은 양식 있는 국민에게 있어서는 좀비가 좀비와 싸우는 것으로밖에는 비치지 않았고, 멍청한 정치쇼와 다름없었다. 그런 의미에서 확실히 고이즈미 정치는 파쇼적이고, 고이즈미 자신은 '독재자 히틀러'의 축소판이라고 할 수 있다. 히틀러도 고독하고 편협했지만 고이즈미는 다나카 마키코에 지지 않는 집념 강한 성격이다. 다나카파의 흐름을 이은 하시모토의 헤시세이켄平成研2)을 쥐어짜고, 히라누마 다케오平沼赳夫3)의 지지 기반을 고사시키기 위해 요사노 가오루與謝野馨4)를 정조회장으로 세우고, 무엇이든 시키는 대로 하는 다케베 쓰토무武部勤를 간사장으로 삼은 인

---

* 2)   헤이세이켄큐카이平成研究會의 약칭. 다나카파 → 다케시타파로 이어진 자민당 내
       주류파를 이은 하시모토파 의원들의 모임으로 하시모토파의 별칭이다.
* 3)   1939년~. 도쿄 출신의 정치인으로 현재 9선 의원. 자민당 가메이파에 속해 고이
       즈미 집권 후 한때 유력한 포스트 고이즈미 지도자로 눈길을 끌었으나 2005년 우
       정민영화법안에 반대표를 던지는 바람에 9·11 총선에서 공천을 받지 못해 무소
       속으로 자민당의 '자객'을 꺾고 당선됐다. 운수·통산·경제산업장관을 지냈다.
* 4)   1938년~. 도쿄 출신의 정치인으로 현재 9선 의원. 문부·통산장관 등을 거치며 일

사야말로 그것을 명백히 말해 주고 있다.

현재의 일본은 근대사회와 동떨어진 상태로 이런 정치에 원한이나 피해망상이 섞여 들어가 있어서 그것이 시기나 적개심의 확대 재생산을 낳아 좌절감에 지배된 시대정신을 이루고 있다.

그 행선지가 대숙청이라는 것은 역사의 교훈이다. 폭압과 학정이 극에 달한 스탈린의 대숙청은 1936~1938년 2년 동안 행해져 소련의 적군에 대 타격을 주었다. 원수 5명 가운데 3명, 군사령관 15명 가운데 13명, 또 군단장 82명 가운데 60명이 스파이 혐의를 뒤집어썼고, 사단장 195명 가운데 110명이 처형됐다.

이에 비해 아직 일본의 경우는 규모는 작지만, 고이즈미의 우정 반대파 괴롭히기는 정적 숙청의 일본판으로 현대판 이단 심문이라는 점은 틀림없을 것이다.

| 스캔들로 뒤범벅된 고이즈미 일가 |

고이즈미 준이치로가 가짜 개혁자이고, 자민당 수구파를 대표한 이권 정치가였음은 지금까지 여러 차례 드러났다. 또 고이즈미를 에워싼 사람들도 같은 체질을 지닌 인간들이라는 점은 나가타초에서는 누구나 아는 상식이다.

2005년 4월부터 '개인정보보호법'이라는 언론 탄압을 위한 법률

일찍이 자민당 차세대 지도자의 한 사람으로 떠올랐으나 2000년 총선에서 민주당 약진 바람에 밀려 낙선하면서 정치 위기를 맞았다. 그러나 2003년 총선에서 지역구에서는 또 다시 낙선의 고배를 미셨으나 비례 후보로 당선되면서 새기했다.

이 시행됐고, 또 '공모죄'라는 전전의 '치안유지법'(1925년 제정)을 능가하는 악법이 준비됐다. 그 때문에 언론은 정치인의 스캔들에 대해 엉거주춤한 자세를 갖게 됐다. 그럼에도 불구하고 지금까지 고이즈미의 스캔들은 여러 차례 보도됐다.

우선은 '고이즈미 상점'이라고 해야 할 수상한 패밀리 비즈니스가 있다. 이것은 고이즈미의 누나 노부코와 동생 마사야를 중심으로 고이즈미 집안이 행한 비즈니스다. 그것은 당연히 의혹으로 떠오르게 마련이다. 그 가운데 가장 유명한 것이 동생이자 개인 비서인 고이즈미 마사야가 설립한 'Constellation'(성좌)이라는 이권 회사다. 이 회사는 고이즈미의 알선에 의해 요코스카시의 공공사업을 이용해 정치자금을 만들었다는 회사다. 고이즈미 마사야가 대표이사를 맡은 것은 물론 공식 제1비서인 우즈쿠라 마사키渦倉正樹가 이사, 총리 비서관인 이지마 이사오飯島勳가 감사역으로 취임했기 때문에 의혹의 눈길이 쏠리는 것은 당연했다.

그리고 국회에서 이 의혹을 추궁받자 고이즈미는 "동생은 개인 비서로서 나를 도와주고 있지만 그와 동시에 사회인이다"라고 말했고, 영수증이 제시됐는데도 "그런 일 없다, 그런 일 없다"는 종잡을 수 없는 횡설수설만 늘어놓았다.

또 노부코가 쓰고 있는 고급차가 후원자가 경영하는 택시회사에서 제공된 것도 문제가 됐다. 이 일에 대해서도 정치자금 수지보고서에 올라 있지 않았기 때문에 정치자금법 위반이 중의원 예산위원회에서 지적됐다. 그러나 고이즈미는 "정치활동용이 아니라 아무런 문제가 없다"고 답변했다. 그러나 그 후 노부코는 이 택시회사 임원이며, 그 기간이 1964년 이후 40년 이상이라는 점이 밝혀졌다.

이지마 이사오 비서관의 장남이 관여하고 있는 회사에 1억 엔의 보조금이 교부됐다는 의혹도 떠올랐다. 이 문제는 중의원 경제산업위원회가 다루어 알선수뢰 혐의로 민주당이 이지마에게 참고인으로서 출석을 요구했다. 그러나 "전례가 없다"는 이유로 거부돼 흐지부지돼 버렸다.

이처럼 고이즈미 집안은 실로 의혹투성으로 가족 전원이 비서관으로서 국가에 기생해 세금으로 생활하고 있다. 게다가 선거에서 뽑히지 않은 이지마 이사오나 고이즈미 노부코 등이 외교에까지 간섭하면서 정치를 떡 주무르듯 하고 있다.

플라톤은 『국가론』에서 정치의 요체로서 "정치가는 자신의 이해가 아니라 국민의 이익을 위해 일당일파가 아닌 국가 전체의 복지를 생각해야 한다"고 말했다. 그러나 세습정치인인 고이즈미가 하고 있는 것은 어떻게 보더라도 집안의 이익을 우선으로 하고 있어, 결코 개혁이 아니다. 여러 가지 의미에서 고이즈미 또한 다른 자민당 이권 정치인과 마찬가지로 돈 긁어모으기에 분주하다.

| 정치헌금 의혹에서 보는 개혁 속임수 |

1997년 하시모토 내각의 후생장관이던 고이즈미는 당시 큰 소동을 빚은 '후생성 스캔들'의 당사자였다. 이 스캔들은 '복지그룹 아야彩'라는 복지시설 등에 의료보험환자용 이외의 침상용 침구 등을 납품하던 업자의 뇌물증여 사건에서 발단했다. 많은 자민당 의원이 일본병원침구협회(복지그룹 아야의 대주주)나 일본의료급식정치연맹으로부터 4억 2000만 엔이나 되는 헌금을 받았다고 문제가 됐다.

최종적으로 후생성 관료인 오카미쓰 요시하루岡光序治가 6000만 엔의 뇌물을 받은 혐의로 체포됐지만 고이즈미는 계속 그를 감쌌다. 그리고 "오카미쓰가 퇴직금을 받는 것은 관료의 직무로 보아 당연하다"고 후생장관으로서 답변했다.

왜 고이즈미는 오카미쓰를 감싼 것일까? 그것은 고이즈미가 일본병원침구협회 회장을 맡고 있었으며 그 산하의 정치단체로부터 하시모토 류타로 등과 어깨를 나란히 하는, 거액의 정치헌금을 받았기 때문이다. 그러나 고이즈미는 그것을 추궁받자 "명예회장은 맡고 있었지만 실제 운영 업무는 어떤 것이었는지 제대로 알지 못한다"고 국회에서 답변했다. 그러나 그 후 명예직이라고는 말하기 어려운 책임과 실권을 쥐고 있었음이 판명됐다.

일본병원침구협회와 같은 사단법인은 지금도 여럿 존재한다. 고이즈미 개혁이란 "정부계의 특수법인은 모두 민영화하거나 해산하는 것"이어야 했다. 그러나 실제로는 '독립행정법인'으로 간판을 바꾸어 달고, 거의 모두가 살아 남았다. 더욱이 이 일본병원침구협회의 이권은 노인봉양보험 실시로 살아 남았고, '소비물 수량은 따지지 않는다'는 보험제도의 전제를 뒤집어 노인용 종이기저귀는 예외적으로 수량을 따지고 있다. 이것은 '성역 없는 개혁'이 아니라 '성역투성이 개혁'이다. 더욱이 그 성역은 고이즈미 자신의 이권과 강하게 결합해 있다.

고이즈미는 당시 "장관 재임중에는 후생성 관련 단체로부터는 정치헌금 수령을 자숙하겠다"고 단언했다. 그러나 그것은 새빨간 거짓말이었고 그의 이런 헛소리 습관은 지금도 계속되고 있다.

국회 속기록을 보면 1996년 12월 9일 중의원 예산위원회에서 고이즈미가 일본병원침구협회 회장이었음을 추궁받고는 "의사 결정에 관여한 적이 없다" "명예회장을 맡았던 것으로 느끼고 있다"고 모른 척하면서 어디까지나 명예직이었다고 되뇌는 서투른 연기를 했다. 그러나 심하게 추궁을 받게 되자 "그건 인정한다"고 마지못해 인정하고, 나아가 "명예회장이 아니었지요?"라고 확인을 요구받고는 고개를 끄덕일 뿐 소리를 내어 대답하지는 않았다.

| 선거대책을 폭력단에 맡겨서 이룬 첫 당선 |

자민당의 많은 정치인이 지금도 폭력단(조폭)이나 우익과 줄을 대고 있고, 그 줄을 통해 정치활동을 하고 있다는 것은 국민이 주지하는 바다. 물론 고이즈미 준이치로도 마찬가지다.

그것을 상징하는 것이 이나가와카이稻川會 간부가 선거대책본부장을 맡았던 일이다. 1969년 아버지의 급서로 중의원 선거에 처음 출마한 고이즈미는 맥없이 낙선하고 말았다. 그리고 그 낙선 이유라는 것이 나쁜 소행이 폭로됐기 때문이라고 한다. 그래서 그 이후 선거대책을 이나가와카이 폭력단원 출신인 다케우치 기요시竹內淸 가나가와현 의원에게 의뢰해 1972년 선거에서 가까스로 당선됐다.

사진 주간지 『FRIDAY』(2004년 6월 25일자)는 「고이즈미 총리의 선거 경력—선거대책본부장이 폭력단 출신」이라는 특종을 게재해 다케우치 기요시의 증언을 끌어냈다. 그 내용을 요약하면 다음과 같다.

고이즈미 총리는 1969년 중의원 선거에서 낙선하고, 1972년 선거를 겨냥하는 과정에서 어머니와 함께 고향 정재계 주요 인사를 방문했다. 그리고 다케우치 기요시에게 선거대책본부장 취임을 간청했다. 지역의 주먹 출신으로 나중에 요코스카시 의원을 거쳐, 가나가와현 의원과 의장을 거친 '겉모습'을 지닌 다케우치 기요시는 지정 광역폭력단 이나가와카이의 이시이 스스무石井進 회장과 맹세의 술잔을 나눈, 어둠의 세계와 이어진 '참 모습'을 함께 지닌 인물이다.

다케우치의 힘으로 1969년 당시 선거 때 눈길을 끈 "고이즈미는 여고생을 홀리고 있다" "이게 바로 고이즈미의 자식!"이라며 어린 아이를 안은 여자가 가두연설장에 나타나고, 공중변소의 "내 아이를 돌려 줘!"라는 낙서로도 공격을 받았던 스캔들을 둘러싼 비난이 뚝 끊겼다. 그것으로 1972년 첫 당선을 이루었다.

다케우치 기요시는 그 후 열 차례에 걸쳐 선거대책본부장을 지내고, 2001년 정치활동에서 은퇴했지만 전체 열두 번의 선거 가운데 열 번의 선거를 다케우치 기요시가 맡았으니, 고이즈미 준이치로와 검은 세력과의 깊은 관계는 첫 당선으로부터 30년 이상 장기간에 걸쳐 계속됐다.

이런 이야기는 어느 나라에서나 그렇듯 대언론은 절대 보도하려고 하지 않는다. 따라서 스캔들 전문의 중소 언론이 기사로 삼든가, 아니면 인터넷 세계에서 소문으로서 떠돌게 된다.

그런 폭로 언론을 대표하는 『소문의 진상』은 휴간해버렸지만, 그에 맞추어 『일본의 금기』라는 와이드 특집 별책을 냈는데, 여기서 오카도메 야스노리岡留安則 편집장은 이렇게 썼다.

(휴간 특종의) 하나가 고이즈미와 우익단체와의 관계였다. 고이즈미의 고향 가나가와현 산업폐기물처리장이 관련된 소동에서는 우익단체 간부와 고이즈미가 같이 박수를 치고 있다는 사진이 있었다. 문제의 사진을 입수해야만 해서 지난 몇 달 동안 관계자와 교섭을 해 왔는데 결국 휴간호에 맞추지 못했다.

좀비 정치에서는 이 세계와 지하 세계의 경계가 없다. 고 다케시타 노보루, 고 가네마루 신金丸信[5]이 지하 세계와 이어져 있었듯, 만약 고이즈미도 이어져 있다면 그는 과연 누구를 위해 '개혁'을 하고 있는 것일까.

| 후쿠다와 기시에게 배웠을 고이즈미 식 연금술 |

고이즈미 준이치로를 가리켜 '깨끗한 매파'라고 한 것은 평론가 사타카 마코토佐高信였다. 그러나 일본 정계에 그런 인물이 있는지 어쩐지는 대단히 의심스럽다. 고이즈미는 앞에 밝힌 '후생성 의혹'

---

* 5)　1914~1996년. 야마나시山梨현 출신의 정치인. 도쿄농업 대학 농학부 출신이나 국가주의 정당인 대정익찬회의 청년조직 익찬청년단에 가입할 정도로 정치적 관심이 많았다. 1958년 중의원 의원이 된 이래 내리 12선을 이루며 건설, 국토청, 방위청 장관과 부총리와 자민당 부총재 등의 요직을 거쳤다. 다나카의 총애를 받았지만 친척인 다케시타의 '파벌내 쿠데타'에 가담했고, 그 인연으로 다케시타가 총리가 된 후 자민당 최대 파벌 회장으로서 '킹 메이커' 역할을 맡았다. 1990년 방북단을 이끌고 평양을 방문해 북일 국교정상화 교섭의 물꼬를 텄다. 1992년 택배회사인 사가와규빈佐川急便으로부터 5억 엔의 불법 헌금을 받은 것이 드러나 의원직을 사임하고, 탈세 사건으로 체포되는 등 정치적 몰락의 길을 걷다가 1996년 뇌출혈로 쓰러져 눈을 감았다. 오자와 이치로 민주당 대표의 후원자이자 정치 스승이기도 했다.

이외에도 자민당을 휘감은 많은 의혹 사건에 등장한다.

가령 1996년 11월 석유 도매업자인 이즈이 순이치泉井純一가 도쿄지검 특수부에 탈세 혐의로 체포됐는데 이 '이즈이 의혹'에서는 YKK라고 불린 야마사키 다쿠山崎拓, 가토 고이치加藤紘一, 고이즈미 준이치로 세 사람의 이름이 나왔다. 뒷돈을 건넸다고 이즈이 스스로가 폭로한 것이다. 더욱이 모리 요시로, 다케베 쓰토무 등의 이름도 거론됐다.

그래서 모리가 '후견인', 야마사키가 '맹우', 다케베가 '간사장'으로 있는 것을 생각하면 고이즈미 정권의 정체를 이해할 수 있다. 그런데 고이즈미는 어떻게 해서 평론가의 눈까지 속이는 '깨끗한' 연금술을 익힌 것일까? 그것을 이해하는 열쇠는 그의 경력에서 후쿠다 다케오福田赳夫(1905~1995)에서 기시 노부스케로 이어지는 전후 일본 정치의 어두운 부분에 교묘하게 숨겨져 있다.

그것은 고이즈미의 스승이었던 후쿠다 다케오가 조선 뇌물 사건[6] 당시 수뢰죄로 기소될 뻔하다가 겨우 빠져 나오는 모습을 보았기 때문이다. 따라서 그는 후쿠다로부터 그런 교훈을 뼈저리게 배웠고, 그 후쿠다 또한 심취해 있던 기시 노부스케로부터 '그런 교훈'을 배웠던 것이다. 또 고이즈미의 아버지 준야는 기시 노부스케의 으뜸가는 부하였다.

---

* 6)　　1954년 1월에 터진 대형 뇌물 사건. 한국전쟁이 끝나면서 불황에 빠져든 조선·해운 업계에 거액을 융자해 주고 이자를 정부가 갚아 주는 등 특혜를 제공하는 과정에서 조선·해운 업계가 50억 엔의 리베이트를 정계로 흘려 넣었다는 의혹이 제기됐다. 업계와 운수성 관료, 자민당의 전신인 자유당과 민정당 관계자 등 71명이 구속됐다. 당시 사토 에이사쿠 자유당 간사장에 대한 체포동의안이 국회에 제출됐으나 법무장관이 검찰에 대한 지휘권을 발동, 사토 간사장의 구속을 저지하는 일본 사상 전무후무한 지휘권 발동 사태를 낳기도 했다.

　기시는 '거괴'巨魁나 '요괴'妖怪 등으로 불리듯, 이권 만들기에 관해서는 천하무적의 명인으로 비리가 적발되는 바보짓은 결코 하지 않았다. 기시 이권의 전형적 사례로 여겨지는 것이 인도네시아 배상과 관련된 석유 이권이다. 기시는 일본이 석유를 사면 자동적으로 택스 헤이븐에 거액의 커미션이 흘러 들어가는 체계를 만들었다. 리베이트는 은밀히 기시의 특별 계좌에 이체되므로 기시 자신은 일절 관여하지 않는 형태였다. 그 때문에 범행이 발각되지 않았으니, 기시는 법이 미칠 수 없을 정도로 이권 만들기의 명인이었던 것이다.

　화이트컬러 범죄로서는 촌스러운 다나카 가쿠에이와는 격이 달랐던 것은 야마가타 아리토모山縣有朋(1838~1922)[7]나 이노우에 가오루井上馨(1836~1915)[8]를 배출한 초슈長州 사람들의 기대를 받은 인물이었기 때문이다. 더욱이 기시는 반공을 이용해 사사카와 료이치笹川良一(1899~1995)나 문선명까지 끌어넣어 세계를 무대로 이권 사냥을 했다는 점에서는 중의원 의장을 지낸 메이지 시대의 호시 도오루星亨(1850~1901)와 비견될 만큼 두뇌 회전의 빠르기로는 여느 일

＊ 7)　초슈(현 야마구치현)번 출신의 군인, 정치가. 메이지 유신에서 유신군으로 활약했으며 이후의 사족반란이나 농민폭동 진압을 주도했다. 제1군사령관과 육군대신으로 청일전쟁을 지휘했고, 총리 겸 육군 원수로서 초슈 군벌의 거두가 됐다. 조선병합 등을 두고 이견을 빚었던 이토 히로부미가 죽은 후 절대적 권력을 장악해 침략정책을 다듬었다. 정당정치에 대한 혐오로 유명하다.

＊ 8)　초슈번 출신의 정치가. 난학과 영학英學, 포술을 배운 후 메이지 유신에서 활약했고, 유신 정부에서 조세 개정 등을 추진하다가 재정 위기를 비판하며 사임했으나 이토 히로부미 내각의 외무대신으로 정계에 복귀했다. 외국인 재판관을 채용하는 등의 극단적 유럽화 정책을 취하다가 비판을 받고 다시 사임했으나 나중에 농무, 내무, 대장대신을 거쳤다. 미쓰이三井 재벌의 고문 역할을 하는 등 재계에 대한 발언권이 특히 강했다.

본인과 달랐다.

기시 노부스케는 도쿄 대학 재학 시절 요시노 사쿠조吉野作造 (1876~1933)[9]와 대치한 우에스키 신키치上杉愼吉(1878~1929)를 사사했다. 그리고 국수주의에 경도돼 모쿠요카이木曜會에 들어갔다. 그후 관료가 되자 제국주의적 국가사회주의를 신봉하고, 나치스 식의 산업통제화 운동을 추진했다. 그 후 만주에서는 '만주의 어둠의 제왕'으로 불린 아마카스 마사히코甘粕正彦(1891~1945)와 손을 잡고, 아편이 얽힌 특수 권익에 관여했다고 한다. 그러나 꼬리를 밟히는 서툰 방법은 쓰지 않고, 교묘하게 표면적 일인 산업육성 업무를 해냈다. 그 후 일본으로 돌아온 기시는 만주에서의 성적에 따라 도조 내각의 상공대신이 됐다. 더욱이 태평양전쟁의 시작과 함께 군수대신에 취임했는데, 도조와 대립해 사직했다. 익찬정치인으로서 중의원의원이 되어, 혁신적 입장에서 민족주의 운동을 전개했기 때문에 패전 후에는 전범 혐의로 체포됐다.

기시는 A급 전범 용의자로서 스가모巢鴨 교도소에 수감됐으나 일본의 독립과 함께 정치 무대에 복귀했다. 그는 석방 후 곧 일본재건동맹을 발족시켰고, 1952년 선거에서는 16명의 후보를 내세웠다. 그러나 이 16명 가운데 당선된 것은 고이즈미 준야 단 한 사람뿐이었다. 그럼에도 불구하고 기시는 3년 후의 보수대연합을 거쳐 두각을 나타냈고, 1957년에 자민당 총재로서 총리에 취임해, 역사

----

* 9) 미야기宮城현 출신의 정치학자, 사상가. 보통선거론, 군부개혁론 등을 통해 이른바 '다이쇼 데모크라시'의 이론적 기반을 제공한 것으로 유명하다. 도쿄 대학 교수를 지내다가 『아사히신문』에 들어가 정치평론을 쓰기도 했으나 필화사건으로 사직했다. 사회민중당 결성 등 현실 정치 개혁 운동에도 관여했다.

에 남는 '미일안보 조약'의 개정(1960)을 실현시켰다.

고이즈미 준야는 기시 노부스케의 으뜸가는 충실한 부하였다. 실권 없는 장관인 방위청 장관이었다고는 하지만 방위 이권에서 '축재 수완'을 크게 발휘했다. 고이즈미 준야의 축재는 『사물私物 국가』(고분샤光文社, 1997)에서 히로세 다카시廣瀨隆가 "60년대에는 고액 소득자로서 이름이 거론됐다"고 쓰고 있듯, 기시로부터 배운 수법을 충분히 활용했음에 틀림없다.

이렇게 보면 고이즈미 준이치로의 연금술이 기시 노부스케와 아버지 준야로부터 직접 전수받은 것임을 쉽사리 짐작할 수 있다. 그 돈세탁 수법은 발군이어서 보통 신문기자나 평론가 수준에서는 알 턱이 없다.

│ 다케나카 헤이조가 보인 기묘한 '행동생태학' │

정치와 돈의 이야기가 나왔으니 여기서 고이즈미가 심혈을 기울여 기용한 다케나카 헤이조竹中平藏에 대해 언급하고 싶다. 그는 고이즈미 개혁의 '비장의 카드'로서 등장해 우정 개혁까지 담당하게 됐다. 그 때문인지 그는 대표적 '외자 앞잡이'라고도 불린다.

그러나 여기서 생각해 볼 필요가 있는 것은 그에게 '외자 앞잡이'를 할 만한 정도의 지식이나 능력이 있느냐의 여부다. 그가 의식적으로 일본을 외자에 팔아넘기려고 하면 거기에는 거대한 이권이 파생될 터다. 그러나 다케나카의 이야기는 언제나 탁상공론에 머물고, 그의 발언은 너무 치졸하다. 그런 의미에서 기시 노부스케에 비한다면 그 스케일은 100분의 1도 되지 않는다. 만약 그가 정말로 '외자 앞잡이'라면 더욱 더 능숙하게 거짓말을 하고, 결코 온갖 문제에 대해 아는 체하지 않을 것이다.

그런데 다케나카는 부시를 에워싼 전쟁꾼들과 같은 말투로 전쟁 특수를 기대하는 듯한 속마음을 드러냈고, IT 전략이 전쟁 목적이었다는 것까지 발설했다는 점에서 단순히 '미국에 심취한 자'에 불과해 보인다.

따라서 국제금융의 프로인 미즈노 다카노리水野隆德의 『다케나카 선생, 당신의 경제학은 크게 틀렸다!』(아스키, 2001)는 등의 책까지 나오게 됐다. 더욱이 동료인 게이오 대학 경제학부 가네코 마사루金子勝 교수로부터도 『월광가면[10]의 경제학』(일본방송출판협회, 2001)에서 아래와 같은 통렬한 비판을 받았다.

부실채권 처리를 태만히 한 업무상 과실치사죄를 저지른 범인은 누구일까. 뻔한 것 아닌가. 야나기사와 하쿠오柳澤伯夫 금융담당 장관과 다케나카 헤이조 경제담당 장관 등 두 사람의 부조종사다. 물론 기장인 고이즈미 준이치로 총리도 한패다. 그들 범인에게 일본 경제라는 비행기가 탈취됐고, 지금 추락하려 하고 있다. 그런데도 승객들은 멋지다, 멋지다고 박수갈채를 보내고 있다. 참으로 한심한 이야기다.

---

* 10)　인기 드라마의 제목이자 주인공. 1958~59년에 처음 TV 드라마로 선보여 인기를 끌었고, 72년에는 TV 애니메이션 드라마로 부활해 폭발적 인기를 끌어 이후 만화와 영화로 만들어지기도 했다. 달밤에만 나타나는 정의의 사자 '월광가면'이 악인들을 혼내는 내용이다. '월광가면'의 팬인 고이즈미가 '헤이세이의 월광가면'을 자칭하고 나섰기 때문에 고이즈미의 별명으로도 통한다.

다케나카 헤이조가 '외자 앞잡이'를 할 정도의 능력도 갖고 있지 않다는 것은 그의 축재술을 보면 분명하다. 그는 지금까지 도쿄재단의 이사를 하고, 일본 맥도널드 사외이사를 하면서 손쉽게 돈을 버는 데 급급했다. 도쿄재단이란 일본선박진흥회가 만든 닛폰재단이 프론트 조직으로 이용하고 있는 곳이다.

그렇다고는 해도 다케나카의 주민표 조작에 의한 세금 탈루라는 축재술에 이르러서는 그 교활함에 어안이 벙벙해진다. 『슈칸포스트』(2001년 8월 11일자) 기사에 따르면 게이오 대학 조교수 시절의 다케나카 헤이조는 "1월 1일 일본에 살지 않으면 주민세는 내지 않아도 된다"는 동료들의 이야기를 들었다. 그래서 하버드 대학 객원교수 지위를 이용해 일본과 미국 사이를 6개월마다 부지런히 오감으로써 세금을 내지 않는, 태평양상의 호적 이전을 실행했던 것이다. 그 이력은 다음과 같다.

- 1989년 7월 미국으로 이전.
- 1990년 4월 도쿄로 이전.
- 1992년 7월 미국으로 이전.
- 1994년 6월 가나가와현 후지사와藤澤시로 이전.
- 1994년 10월 미국으로 이전.
- 1995년 5월 가나가와현 후지사와시로 이전.
- 1995년 11월 미국으로 이전.
- 1996년 3월 가나가와현 후지사와시로 이전.

도대체 이것이 세금을 다루는 감독관청의 최고책임자가 행하는 축재술일까? 이런 유치한 수법이 경제학자가 생각해낸 절세법일까?

이 문제를 국회에서 다룬 민주당 의원이 납세증명서 공표를 요구한 데 대해 다케나카 장관은 "미국에서는 각료의 납세증명서 공표가 의무화돼 있지만 일본에서는 그렇지 않다"는 엉터리 이유를 들어 공표를 거부했다. 정말 질리는 이야기다.

이 정도의 인간을 외자가 정말로 '대리인'으로 삼을 까닭이 없다. 기껏해야 심부름꾼에 지나지 않는 것이 타당할 것이고, 같은 의미에서 고이즈미의 '성역투성이 개혁'에서도 심부름꾼일 것이다.

| 부동산 증권화라는 '하이에나 비즈니스' |

다케나카 헤이조가 외자의 심부름꾼에 지나지 않는다는 것은 부실채권 처리를 보면 일목요연하다. 특히 '부동산 유동화'라는 미명으로 모건 스탠리의 장난감이 된 데서 잘 나타난다.

금융청은 부실채권 처리를 서두른 끝에 2004년 12월 30일 개정 신탁업법을 시행했다. 이에 따라 부동산업자의 신탁업 신규 참여가 가능해졌는데, 이는 부실채권화한 상가건물의 증권화나 부실채권 일괄 매각 등으로 돈을 버는, 미국 전래의 '하이에나 비즈니스'의 일본판이었다. 왜냐하면 조세회피 지역(택스 헤이븐)인 케이먼 군도에 설립된 회사를 통해 증권을 거머쥐고는 룩셈부르크에 상장해, 파운드채와 교환하는 형태가 가능해졌기 때문이다. 이는 형식상으로는 합법이지만, 효과는 평가손 처리를 해야 할 유가증권을 일시적으로 다른 회사에 넘기는 행위와 같다. 왜냐하면 증권은 일부러 룩셈부르크에서 상장하고서도 어찌된 일인지 엔화 거래를 하도록 해서, 외국 기업에게 파는 것이 아니라 일본의 생명보험사 등 기관투자가를 상대로 판매하려는 의도가 뻔했기 때문이다. 이것은 일본의 부실채권을 일본 속에서 돌리며, 일본 돈으로 메워나갈 뿐이어서 실질적으로는 가격이 오를 때까지 기다리는 것일 뿐 부실채권 해소 효과 따위는 있을 리 없다.

더욱이 판매는 '넌리코스 론'Non-Recourse Loan 형식이므로 모건 스탠리가 되살 일이 없다. 넌리코스 론이란 비소급형 융자라고 할 수 있는데, 원리금 지불을 부동산과 같은 담보 가격 범위 내에 한정하는 융자방식이다. 따라서 가령 사업이 한계에 봉착한 경우에도 대상 사업 이외의 자산을 제공하지 않고 끝나기 때문에 최근에는 임대용 건물 건설에 자주 이용된다.

그러나 명의를 외국의 특정 목적 회사로 하고 있기 때문에 금융청에 계획이나 물건을 신고할 필요가 없다. 그 때문에 금융조사를 거치지 않은 부실 물건이 많고, 집세 수입 등으로 만족을 얻을 수 없는 것들이 많다고 한다. 또 건물 정리는 설사 모건 스탠리 계열사가 맡아도, 함께 시행된 용역업법에 따라 채권회수를 변호사 이외의 사람도 할 수 있기 때문에 실제 현장에서는 '기업 사제'舍弟라고 불리는 조폭들이 담당하고 있다. 애초의 용역업법의 조폭 배제 목적에 반하고, 현장에서는 펀치 파마를 한 남자가 '○○ 일가' 등의 이름을 써서 정리에 임하고 있는 것이 실상이다.

미국에서도 일급 상가건물 증권화는 전체 부실채권 처리의 15퍼센트에 지나지 않는다. 그럼에도 불구하고 일본에서는 효율성 높은 투자라고 오해되고 있다.

지금까지 모건 스탠리에 의해 약 10조 엔의 부실채권이 증권화됐다고 하는데, 물론 매수 금액은 1퍼센트 이하여서 1000억 엔도 되지 않는다. 값을 후려쳐서 손에 넣은 물건을 증권화해 자금을 얻으면서, 가격 상승 대기 물건으로 만들어가는 것이어서 경기가 되살아나면 일괄 매각으로 팔려나가게 된다. 액면가 10조 엔의 3분의 1로만 팔린다고 해도, 걸프전 당시 일본이 미국에 지불한 협력비의 세 배나 되는 금액이 하나의 외국기업에 건너가서, 바다를 넘어 외국의 자산이 된다.

부동산 유동화 등의 금융수법이 등장한 것은 1980년대 미국에서였다. 최초로 기본적 주택융자의 증권화가 시도됐고, 나중에 상업건물의 증권화가 실현됐다. 그 85퍼센트는 일괄 매각으로 '가격 후려치기'의 대상이 됐다. 그러나 일본에서는 단숨에 최후의 첨단기법인 상업빌딩의 증권화에서 시작됐다. 이런 금융파생상품의 위험성에 대해서는 모건 스탠리 전 사원인 프랭크 파트노이가 쓴 『대파국Fiasco』(도쿠마쇼텐德間書店, 1998)에 자세히 씌어 있다. '가짜'Shamit, '사기꾼'Scamit이라고 불린 상품까지 등장, 1990년대 전반의 미국은 이 금융파생상품에 의해 풍요의 상징이던 중간 계급이 파멸적 타격을 받았다.

따라서 다케나카는 외자의 대리인일 수는 없으며, 개혁자라기보다 그저 어리숙한 사람이다.

| 외조부 마타지로의 수법을 손자 준이치로가 실현했다 |

다케나카 헤이조는 부실채권 처리 공적을 인정받았고, 유명 은행 행원들이 선거운동을 도와주기까지 해서 정식으로 참의원 의원이 됐다. 그리고 고이즈미가 '개혁 본채'라고 자리매김한 우정민영화의 책임자가 됐다.

그러나 이 우정민영화 또한 미국이 일본에 요구한 '미일구조협의'의 한 항목이다. 원래 우정민영화의 출발점은 1995년으로 거슬러 올라간다. 당시 미국은 쌍둥이 적자에 고심하고 있었다. 그런 미국이 일본의 우편저축 150조 엔을 노리게 됐다. 그리고 당시 미야자와 기이치宮澤喜一[11] 대장성 장관과 빌 클린턴 전 대통령과의 회담에서 그것이 약속됐다. 그때의 우정장관이 고이즈미 준이치로였다.

미일구조협의가 미국의 '선제 공략'이라는 점은 이미 밝혔기 때문에 여기서는 언급하지 않는다. 다만 이것이 일본 경제의 활력을 깎아내리기 위해 발송됐고, 그 파괴력은 굉장한 것이라는 점에 대해 우리는 거듭 인식해 둘 필요가 있지 않을까. 아무리 그래도 그런 것을 최우선으로 사는 고이즈미 개혁이 도대체 무엇일까 하고 생각

---

* 11) 1919년~. 도쿄 출신의 정치인. 도쿄 대학 정치학과 재학 시절 '천재' 소리를 들었으며 졸업 후 대장성에 들어가 출세가도를 걸었다. 이케다 하야토池田勇人가 대장장관 시절 그의 비서관을 하며 정치에 뜻을 두었고, 1953년 본적지인 히로시마廣島에서 참의원 의원에 당선돼 정계에 진출했다. 이후 내리 당선돼 3선 의원이 됐고, 2차 이케다 내각에서 경제기획청 장관을 거쳐 67년에 중의원 의원으로 전신했다. 외무·대장·관방장관 등 요직과 자민당 총무회장과 부총재 등을 거쳐 91년에 총리가 됐으나 93년 내각불신임으로 총사퇴했다. 2001년 새로 만들어진 재무성의 초대 장관을 지냈으나 2003년 자민당 내의 세대 교체 요구를 받아들여 정계를 은퇴했다.

할 때 떠오르는 것이 제1장에서 본 고이즈미 집안의 혈통의 문제다.

고이즈미 준이치로의 할아버지 고이즈미 마타지로가 쇼와 초기의 하마구치 오사치浜口雄幸(1870~1931) 내각에서 체신대신을 한 것을 환기하기 바란다. 놀랍게도 이때 마타지로는 '전신전화사업 민영화'에 매달렸다. 즉, 민영화 정책은 고이즈미 3대에 걸친 비원인 것이다.

그럼, 고이즈미 마타지로가 매달린 '전신전화사업 민영화'의 경위를 잠깐 살펴보자.

대공황 직후인 1929년에 들어선 하무구치 내각은 일본 국내에서 솟구친 국가사회주의 열기에 골치를 앓았다. 당시 세계를 살펴보면 독일에서는 나치스의 대두가 현저했고, 소련에서는 5개년 계획이 성공했다. 그 때문에 일본에서도 당연히 국가 경영의 기운이 높아졌다. 그리고 군인을 중심으로 파시스트 국가를 완성시키고 싶다는 바람에서 익찬정치에 의지를 불태우는 분위기가 달아올랐다. 구체적으로는 만주를 지배함으로써, 산업을 국유화하고 통제 경제를 실현해, 아시아에 세력권을 확대하자는 것이었다.

그 중심이 된 것이 광신적 니치렌日蓮 주의자이고, 여기에 다나카 지가쿠田中智學(1861~1939)의 고쿠추카이國柱會나 미토水戶 학파의 흐름을 이은 국가주의자들로 규슈의 고쿠류카이黑龍會나 우익그룹도 참가했다. 그리고 이런 면면들 가운데 사사카와 료이치나 나카노 세이고中野正剛(1886~1943)도 들어 있었다. 나카노는 겐요샤玄洋社[12]에 속한 민족주의적 정치인이었고, 다나카 기이치田中義一(1864~1929) 내각을 철저하게 비판한 실력자였기 때문에 하마구치 총리에게는 내버려 둘 수 없는 존재였다. 또 미쓰비시 재벌과 관계가 깊은 시데하라 기주로幣原喜重郎(1872~1951) 외무대신을 지키기 위해서도 하마구치는 나카노를 다루는 데 신중할 수밖에 없었다.

그래서 하마구치는 나카노의 공격의 눈길이 시데하라 외무대신에게 향하지 않도록 무언가 열중할 수 있는 것을 주려고 했다. 그래서 하마구치는 나카노를 우선 체신차관에 임명하고, 그 위에 사람 다루는 것이 능한 고이즈미 마타지로를 앉혔다. 그리고 대신의 입으로 나카노 차관에게 명한 것이 '체신전화사업 민영화' 계획이었다.

당시 일본은 쇼와 공황에 휩싸여 산업합리화 외침이 무성했고, 기업합동이나 카르텔화가 진행됐다. 나카노는 하마구치의 예상대로 민영화를 연구해 정부안을 다듬어냈다. 그러나 그 공로는 고이즈미 마타지로가 빼앗아버렸다. 결국 대장성 등의 반대로 이 방안은 실현되지 못했지만, 그 공로는 전설처럼 고이즈미 집안에 전해져 내려와 손자 준이치로의 잠재의식에 아로새겨졌던 것이다. 따라서 고이즈미는 우정민영화를 비원이라고 형용하고, 거기에 국민이 짝짜꿍 하고 있다고 생각하면, 정말이지 유전자가 움직이는 시대착오라고 할 수밖에 없다.

* 12)   1881년에 세워진 초국가주의 단체로 일본 우익단체의 원형이다. 정한파의 결사체였던 '고요샤'向陽社가 민권운동과 결별하고 개칭한 조직으로 대륙 진출을 강령으로 내걸고 대외강경노선으로 치달았다. 군부와도 밀접한 관련을 가졌고, 만주와 조선에 대량의 낭인무사를 내보냈다. 정계에도 커다란 영향을 미쳤으나 1946년 맥아더 사령부에 의해 해산됐다.

| '청과물 시장 말투'에 반론하기는 곤란 |

고이즈미의 '성역뿐인 개혁'에 국민이 속아버린 것은 그의 화술에 의한 것이고, 결국 이것이 '야스쿠니 유신'을 가져온 것이라고 생각하면 고이즈미 3대의 혈통은 정말 끈질긴 면이 있다. 고이즈미 정치는 '한 마디 정치'라고 불리기도 하는데, 그 뿌리는 '청과물 시장 말'에 있다. 즉, 요코하마에서 요코스카에 걸친 지역에서 예로부터 전해 내려온, 대강 내던지듯 말하는 화법을 그는 확실하게 이어받았다.

작가인 다카무라 가오루高村薫는 『분게이슌주』(2001년 8월호)에 실은 「재상 고이즈미의 공허한 어법」이라는 평론에서 "흔히 알기 쉽다는 평가를 받는 고이즈미 어법의 특징은 '간결' '단정'斷定 '바꿔 말하기' '반복'의 네 가지다"라고 지적하고 있다. 그리고 "문장이 짧고, 간결한 말은 논지를 단순화한다. 단순은 '단정'을 낳기 쉽고, 간결할 수 없는 복잡하고 미묘한 일에 대해서는 '반복'이나 '바꿔 말하기'가 일어나 최후에는 애매한 채로 내던져 진다"며 "국회 논의가 고이즈미 어법에 의해 왜곡됐다"고 탄식했다. 나는 이 지적에 크게 감명을 받아 이것이 심리학에서 말하는 '감정상실증' Alexithymia이자 일종의 의사소통 장애가 아닐까 하고 생각했다.

"나를 믿고 지지하면 행복하게 될 것이고 관료 왕국 해체를 방해하는 자민당을 무너뜨리면 미래의 일본은 지상천국이 된다"고 유혹하는 목소리에 저항하기는 곤란할 것이다. 또 고이즈미는 "가정假定에 대답할 필요는 없다"든가, "신학논쟁은 안 한다"고 말하는데, 이런 말을 들으면 어쩐지 반론하기가 마땅찮아진다. 왜냐하면 그것은 조폭의 트집과 마찬가지로 논리가 통하지 않아 오고 가는 말이 점점 커지면 침묵하는 것이 대답이 되어버리기 때문이다.

이렇게 도로공단 개혁도 민영화라고 부를 대상이 될 수 없게 됐고, 고속도로는 다시 만들어지게 됐다. 특수 법인도 간판만 바꿔다는 것만으로 온존할 수 있었다. 아무리 그래도 국민은 좀더 나은 생활을 위해 열심히 일해 세금을 내고 있으므로 도로와 같은 사회 기반설비를 이권화해서 관료나 정치인이 먹어 치워서는 안 된다. 로마제국의 역사가 말해주듯, 로마인은 인간답게 살기 위해 도로나 상하수도 등 사회 간접자본의 건설과 유지를 공공의 것으로 삼았다. 세금을 거두는 것은 공공사업 때문이고, 그것이 로마제국의 존재 이유였는데, 지금의 일본은 2000년 전보다도 심하다.

| 공명당-소카갓카이라는 '극약'을 삼킨 고이즈미 |

고이즈미 개혁이 겹겹이 사기로 둘러싸여 있다는 것은 고이즈미 내각이 공명당에 의해 지탱되고 있다는 데서도 기인한다. 공명당의 뒤편(지지모체)에 소카갓카이가 있다는 것은 주지의 사실이므로 개혁은 소카갓카이에 조종되고 마는 것이 된다.

소카갓카이는 프랑스 등지에서는 컬트교단으로 지정돼 있다. '종교의 가면을 쓴 전체주의'로서, 사회에 유해한 조직이라고 여겨지고 있는 것이다. 1996년 말 파리 행정법원이 내린 판결은 "소카갓카이는 잡지, 책, 액세서리, 집회 등의 영리활동을 이용해 수입의 대부분을 수익률 50퍼센트의 비즈니스를 통해 얻고 있으며, 그 활동은 공권력으로의 침투를 목표로 하고 있다”는 것이었다.

더욱이 본래의 불교 계율은 경제행위를 엄금하고 있기 때문에 불제자의 생활은 탁발에 의해야 하고, 필요 이상의 재물을 얻어서는 안 된다. 그러나 일본의 불교는 쇄국정책의 영향도 있었기 때문에 일본 독자의 세속적 발전을 이루었고, 그런 세속성이 그대로 소카갓카이에까지 이어져 내려가 버렸다. 세계 어디에 영리사업을 행하는 불교가 있을까?

종교는 인간의 내명과 성스러운 영역을 다루는 활동인데 컬트는 세속권력과 결합한, 정치성이 강한 배타적 교단이다. 더욱이 맹신적 충성을 요구하고 비판정신을 박탈해, 사회 가치관에 적대하는 예가 많기 때문에 프랑스에서는 고생 끝에 정교분리를 실현한 역사가 있다.

그럼 프랑스에서는 어떤 기준으로 어느 조직이 컬트인지를 심사하는 것일까? 그것은 아래 세 가지다.

① 반사회적 교의와 행동
② 공공질서의 교란과 파괴
③ 많은 재판을 부르는 체질

문명의 역사를 종교와의 관련에서 되돌아볼 때 근대사회를 특징 짓는 것은 ‘정교분리’의 원칙이다. 즉, 성聖과 속俗의 분리를 확립함으로써 비로서 ‘신앙과 종교의 자유’가 보장되는 것이다.

따라서 일본 헌법 제20조는 정교분리와 관련, “신교信敎의 자유는 누구에게든 이를 보장한다. 어떤 종교단체도 국가로부터 특권을 부여받거나, 정치상의 권력을 행사해서는 안 된다"고 규정하고 있다. 또 제89조에서 "공금 기타 공적 재산은 종교상의 조직 또는 단체의 사용, 편익 또는 유지를 위해, 또한 공적 지배에 속하지 않는 자선, 교육 또는 박애 사업에 대해 이를 지출하거나 그 이용에 제공해서는 안 된다"고 규정하고 있다.

그럼에도 불구하고 일본에서는 헌법 규정이 업신여김을 받아 종교단체는 종교법인으로서의 비과세 특권을 활용해 축재에 힘쓰고 있는 것이 현실이다. 또 1995년 가을 국회의 질의응답에 따르면 소카갓카이는 10조 엔이라는 거대한 자산을 갖고 있고, 부동산 자산 평가액은 9조 엔에 이른다고 한다. 스위스 은행 계좌에는 거액의 예금도 잠자고 있는 듯하다.

이렇게 보자면 고이즈미 준이치로와 이케다 다이사쿠池田大作[13]의 조합이 일본을 독재와 전체주의로 이끌 위험성은 엄연하다. 그런데도 자민당은 연명을 위해 이 '극약'을 삼켜버렸다. 극약은 처음에는 효과가 있다. 그러나 언젠가는 본체를 갉아먹고, 빼앗아가 버릴 것이다. 소카갓카이가 추진하는 '총체 혁명'의 용틀임이 '개혁'과 교대함으로써 일본이 천민자본주의에서 빠져나올 수 없게 될 가능성이 크다.

---

* 13)　1928년~. 도쿄 출신의 종교지도자. 현재 소카갓카이 명예회장과 '소카갓카이 인터내셔널'SGI 회장을 맡고 있다. 후지富士 단기대학 경제학과 졸업. 1960년 소카갓카이 회장이 된 이래 학교재단과 공명당을 창당하는 등 소카갓카이를 세계적 조직으로 키웠다.

| '총체 혁명'의 위력과 다가오는 전체주의 |

소카갓카이가 공명당을 만들어 정계에 진출했을 때 오야 소이치大宅壯一(1900~1970)[14]는 "파시즘 체질이 있다"고 지적했다. 또 다나카 가쿠에이는 당시 이케다 다이사쿠를 가리켜 "법화경을 읊는 히틀러"라고 단언, 공명당을 조종하는 소카갓카이의 체질을 갈파했다. 실제로 이케다 다이사쿠는 1972년 사장 모임 자리에서 "지금의 세계는 개인주의와 자유주의가 판치고 있지만 원래는 전체주의가 가장 이상적인 형태다"라고 발언했다. 그리고 그 무렵부터 '천하 빼앗기'를 겨냥한 소카갓카이의 활동이 시작됐다.

이렇게 이케다 다이사쿠의 야망과 독선에 따라 소카갓카이는 신앙을 일탈한 컬트 성격을 강화했고, 지금은 일련정종으로부터도 파문(1990)돼 이케다교로 명명했다. 그리고 '천하 빼앗기'라는 망집에 사로잡혀 '총체 혁명'의 길에 나서고 만 것이다. '총체 혁명'은 천하 빼앗기를 위한 포석이다. 지금 소카갓카이는 관청이나 유력 조직 내부에 침투해 거점을 만들고, 간부회원을 그물화해서 결정적 시기에 대비하고 있다고 한다.

'총체 혁명'의 최우선 목표는 법무성과 외무성이어서, 검사가 된

---

* 14) 전후 일본의 대표적 언론인, 독설의 평론가로 통한다. 태평양전쟁 중에는 해군 선전반으로 활동했다. 그는 "전쟁이란 것은 실로 멋진 문화적 계몽자"라고 밝히는가 하면 무사상인 선언을 하는 등의 거침없는 언행으로 유명했다. 뚜렷한 지조보다는 온갖 일에 달려들어 시비를 가리는 모습이 두드러졌다. 또 뛰어난 조어력을 발휘해 '구치코미(口コミ = 입+Masscom= 입소문)', '태양족' '남자의 얼굴은 이력서다' 등의 말은 지금도 쓰인다. 한편으로 그의 장서를 바탕으로 만들어진 '오야 소이치 문고'는 잡지도서관으로 유명하다. 1970년에는 그이 이름을 딴 '오야 소이치 넌픽선상'이 만들어져 일본의 대표적 언론상이 되고 있다.

회원이 이미 100명이나 된다. 재외공관 직원의 4분의 1이 회원이고, 자민당 당원의 3분의 1도 생명줄이 장악됐다. 그 아래로 사회하층을 구성하는 전통집단이 위치해 있고 연예계나 자위대에도 숨은 회원이 대규모로 있어 조직력은 다양한 분야로 펼쳐지고 있다. 그 대표적 집단은 다음과 같다.

- '다이호카이'大鳳會 외교관 회원 그룹
- '아사히旭日 그룹' 변호사와 검사 회원 그룹
- '쿠사미네草峰 그룹' 이용사 회원 그룹
- '시라카바白樺 그룹' 간호사 회원 그룹
- '시로쿠모카이'白雲會 조리사 회원 그룹
- '긴조카이'金城會 보디가드 회원 그룹
- '데쓰진카이'鐵人會 건설, 목공 관계 회원 그룹
- '가조카이'牙城會 경비 관련 회원 그룹
- '브론즈카이' 국가시험 합격자 회원 그룹

이런 조직력과 기동력의 강력함은 지금 자민당을 압도하는 데 이르고 있고 절대복종의 견고한 통일기구를 자랑하는 상태여서 '천하 빼앗기' 명령이 떨어지기만을 기다리고 있다.

평론가인 후지와라 히로타쓰藤原弘達(1921~1999)가 쓴 『소카갓카이를 베다』(닛신호도日新報道, 1969)에는 다음과 같은 기술이 있다.

공명당이 사회당과 연립정권을 이룬다거나 야당연합 가운데 들어가거나 하는 일은 우선 없을 것이라고 나는 생각한다. 그런 의미에서 자민당과 연립정권을 이루었을 때 정확히 나치스와 히틀러가 나타났을 때와 대단히 닮은 형태여서 자민당이라는 정당 속에 있는 우익 파시즘적 요소, 공명당 속에 있는 종교적 열광의 요소, 그 양자 사이의 미묘한 유착 관계가 이뤄져 보수독재체제를 안정화하는 기능을 하면서, 동시에 이를 파쇼적 경향으로 끌고 가는 기폭제로 작용할 가능성이 대단히 크다. 그렇게 될 때 일본의 의회정치, 민주정치는 정말로 끝나버린다. 그렇게 되고 나면 늦는다는 점을 나는 현재의 단계에서 미리 말해 둔다.

이 후지와라의 예언은 거의 적중했다고 하지 않을 수 없다. 역사를 거울로 삼아 현재의 상황을 보면 종래는 '돌격대'를 중심으로 움직인 대중운동이 엘리트에 의한 '친위대'를 주역으로 한 것으로 바뀌고 있다. 소카갓카이의 엘리트는 주로 법무성과 외무성을 중심으로 구성되고 있으며, 특히 두드러진 것이 법무관료 침투로서 고검 검사 가운데 15명이 회원이라고 한다. 따라서 검찰이 비리 의원을 감시하는 '위력' 앞에서 이권에 때묻은 자민당 족의원들이 두려워 떨고 있다고 한다. 그리고 그것이 자민당이 공명당을 감싸고 도는 이유라고 한다.

검찰이 국가권력을 사용해 저지른 폭학暴虐에 대해서는 '무네오 사건'15)으로 체포된 사토 마사루佐藤佑 전 외무성 러시아정보 분석관이 저서 『국가의 덫』(신초샤, 2005)에서 폭로하고 있다. 여기서 검

찰관은 사토에게 이렇게 말했다.

"이것은 국책 수사다. 당신이 체포된 이유는 간단하다. 당신과 스즈키 무네오鈴木宗男를 연결할 사건을 만들기 위해, 또 시대를 매듭 짓기 위해 국책 수사는 필요하다. 시대를 전환하기 위해 무언가 상징적인 사건을 만들어 내고, 그것을 단죄한다."

그렇다면 만약 소카갓카이가 검찰권력을 장악했을 때 무슨 일이 일어날지는 두말할 나위도 없다.

| 틀림없이 일본의 민주주의는 붕괴한다 |

고이즈미 개혁의 정치수법은 단순명쾌하다. 모든 것을 흑백으로 나누는 '이분법'이다. 거기에는 지지파나 반대파밖에 존재하지 않는다. 즉, 적이거나 같은 편만 있다.

이것은 이케다 다이사쿠의 사고방식과 완전히 똑같다. 측근으로서 오랫동안 이케다를 모셔온 하라시마 다카시原島嵩 소카갓카이 전 교학부장은 "소카갓카이는 언제나 적을 만들지 않고서는 결속을 유지할 수 없는 조직이다"는 지적을 하고 있다. 즉 고이즈미든, 이케다든 '마녀 사냥'으로 권력을 유지하고 있는 것이다.

더욱이 이와 같은 현대판 '마녀 사냥'은 IT 기술이 발달한 정보화 시대에 와서 한결 복잡기괴한 양상을 띠고 있다. 즉, 개인적 안보가 국제적 이권이 되고, 중복 채무로 행방불명이 된 사람의 호적

이 고리대금업자를 통해 시장에 나돌고, 일본인의 국적이 해외에서 매매된다. 그에 의해 일본인이 된 인물이 지방의원 가운데도 여럿 있다는 얘기가 있다.

또 야후BB의 450만 명 개인 정보 유출 사건은 미야모토 겐지宮本顯治 공산당 위원장 전화도청 사건의 주범으로 소카갓카이 전국 부남자부장이던 다케오카 세이지竹岡誠治가 관여했다.

『겟칸 겐다이月刊現代』(2005년 7월호)에서 「종교에 권력이 굴복할 때」라는 제목으로 저널리스트 우오즈미 아키라魚住明와 전 참의원 의원 히라노 사다오平野貞夫가 대담을 했다. 그 가운데 히라노는 다음과 같은 무서운 지적을 하고 있다.

히라노 지금 자민당과 공명당 연립정권의 구조는 자민당 내의 유연한 보수층을 정권 중심에서 몰아낸 고이즈미 총리와 여차하면 단숨에 파시즘으로 기울 수 있는 공명당과의 결합체가 돼 있습니다. 이것이 의회를 기능하지 못하도록 작용하고 있습니다. 자민·공명이 합의해 버리면 다수를 장악하고 있어서 더 이상 민주당에게 논의할 기회를 주지 않는다. 그럼 원래 국민의 요청을 받아 국회의원이 다해야 하는 견제 기능이 작동하지 않지요. 그리고 일본치과의사연맹에서 하시모토파에 건네진 우회헌금 문제에 대해 원래대로라면 공명당이 가장 앞장서서 정치윤리 확립을 외쳐야 했겠지요. 그런데도 하시모토 전 총리의 증인 소환은 하려고도 하지 않아요. 일단락되고 나면 일절 논의하지 않으려 합니다.

우오즈미 결국 자공정권에서 기능하지 못하게 됐군요.

히라노 정말이지 그야말로 문제입니다. 제가 가장 걱정하는 것은 공명당이 지금까지의 움직임을 반성하지 않고, 이 노선으로 치달아 가까운 장래와 그들과 아베 신조가 손을 잡는 정권이 태어나는 것입니다. 공명당은 다나카 가쿠에이 이래 다케시타파, 오부치파, 하시모토파라는 흐름과의 관계가 깊다고 널리 알려져 있습니다. 그러나 실은 소카갓카이는 도다 조세이戶田城聖 회장 시절부터 기시 노부스케와 관계가 깊었습니다. 기시가 죽었을 때 『세이쿄聖敎신문』이 1면 머릿기사로 크게 보도하고 추도기사를 실었을 정도였지요.

기시의 정치적 DNA를 물려받은 아베 씨와 어떤 의미에서 도다 조세이의 유언을 충실하게 지키고 있는 이케다 다이사쿠 체제하의 소카갓카이가 다시 한 번 결합할 가능성은 결코 낮지 않습니다. 저는 그것을 우려하고 있습니다. 아베에게는 지금 국내 일부 세력이 들러붙으려 하고 있습니다. 거기에 소카갓카이까지 올라타면 틀림없이 일본의 민주주의는 무너집니다.

고이즈미 개혁은 도대체 어디가 '성역 없는 개혁'인가? 그것은 '성역뿐인 개혁'일 뿐 아니라 파시즘 혁명의 위험성까지 잉태하고 있다.

고이즈미 스스로에게 애국하려는 마음이 없다는 것은 미국의 이익에 봉사하는 것을 우선으로 삼아 일본을 헐값에 팔아치우고 있는 행위가 증명한다. 조국이 아니라 자신의 행위에 도취해서 포퓰리즘의 열광을 불러일으키고, 그것에 만족하는 자기애만을 갖고 있기 때문이다.

CHAPTER 07

자아도취 외교

KOIZUMI'S ZOMBIE POLITICS

| 술주정뱅이가 외교를 하는 듯한 무책임 |

1945년 8월 15일은 일본 역사에서 최대의 전환점이었다. 태평양 전쟁에서 완패한 대일본제국이 일본국이 되고, 전체주의가 끝나고, 내생적인 것은 아니었지만 민주주의라는 정치 시스템이 도입됐기 때문이다.

그럼, 이를 세계사의 전체 틀에서 파악해 보면 어떤 모습일까? 인류가 20세기에 체험한 두 차례의 세계대전이 끝나고 '정치의 연장으로서의 전쟁'이 본래의 정치에게 국제관계의 주역을 인도하고 '정념'Pathos 대신 '이성'Reason이 주역이 된 순간인 것은 분명하다.

태평양전쟁을 민족주의자는 '대동아전쟁'이라고 쓰고, 일부 인간은 '15년 전쟁'이라는 표현을 선호하지만 '제2차 세계대전에 있어서 동아시아·태평양 지역의 전쟁'이 문명사적으로 본 태평양전쟁의 모습이 아닐까. 또 이른바 태평양전쟁을 다룬 책은 많지만 이 전쟁의 시작부터 끝까지, 특히 종전 공작에 대해 정리한 책으로서는 『제2차 세계대전 종전사록』(외무성편, 1991)을 능가하는 것은 없다고 나는 생각한다. 따라서 이 책은 내가 늘 곁에 두고 보는 책이기도 하다. 왜냐하면 이 책은 혼란에 빠진 종전 직후 외무성이 태평양전쟁중의 외교와 내정을 중심으로 포괄적이고 계통적으로 기록을 정리한 것이기 때문이다. 그리고 100부만 등사판으로 인쇄한 후에 회수해 소각한 비밀문서의 복각판이기도 하다. 게다가 이 책은 단순한 역사 기록이 아니라 최고 행정집행기관인 정부의 통치활동이 어떻게 지도됐는가에 대해 객관적인 입장에서 사실史實과 사록史錄을 모은 자료로서도 귀중하다. 더욱이 국가 최고행정집행기관을 운영한 사람들이 어떻게 정성과 책임감에 넘치고, 직무에 목숨을 걸었던가를 생생히 보여준다.

그러나 현재의 고이즈미 외교는 어떤가? 정권 탄생 이래 고이즈미 내각의 외교정책은 완전히 그때그때 되는 대로의 혼란을 드러냈고, 국가와 국민에 대한 책임감 결여로 일관했다. 고이즈미 외교를 일러 '자아도취 외교'라고도 하지만 그것은 '술주정뱅이가 외교를 하고 있다'는 것을 의미하기도 한다. 그것도 그가 취한 것은 술이 아니라 자기 자신이어서 경과가 더욱 나쁘다.

당연한 귀결로서 외무성은 완전히 기능을 상실했고, 전략적으로 외교 노선을 구상하는 일조차 하지 않았다. 따라서 모든 일이 그 자리 피하기가 돼 버렸고, 원칙도 질서도 없는 엉터리가 판치게 됐다. 내가 그것을 절감한 것은 전 레바논 대사인 아마키 나오토天木直人가 쓴 『안녕, 외무성』(고단샤, 2003)이라는 책을 손에 넣었을 때였다.

| 천황의 서명이 없는 공식문서도 유효한가? |

나는 우연히 그 책을 진열대에서 손에 넣었는데 표지 뒤에 인쇄된 면직 사령장 사진을 보고 눈을 의심했다. 왜냐하면 그것은 도저히 공문서라고 부를 수 없는 것이었기 때문이다.

아마키 나오토는 자위대의 이라크 파병에 반대하면서 신중한 중동외교를 하도록 고이즈미 총리에게 상신한 이유로 대사를 그만두게 된 인물이다. 그는 고이즈미 내각이 헌법을 유린한 것을 걱정하며, 총리에게 중동외교의 중요성을 호소한 것이며, 중동에 관한 전문가 입장에서 상신할 권리를 갖고 있었다. 그런데 졸지에 대사의 직무를 그만두게 됐으니 혹독한 일이기도 하지만 그보다도 놀라웠던 것은 그를 해직한 문서의 엉성함이었다.

거기에는 천황의 국새가 찍혀 있었지만 내각의 도장이나 천황의 서명이 없었다. 나는 급히 아마키 대사에게 연락을 했다. 오사카로 날아가 그와 만나 단도직입적으로 물어 보았다.

"레바논 대사 해임에 대해서는 각의에서 결정된 것으로 돼 있습니다. 그러나 왜 이 해임장에는 내각의 인감이나 천황의 서명이 없지요? 도장이 없으면 일본에서는 공문서가 될 수 없는데 이 해임장에는 내각이라고 씌어 있을 뿐이고, 그 아래 도장이 찍히지 않았습니다. 저는 지금까지 많은 공문서를 보아 왔지만 공문서인 이상 반드시 내각의 인감이 찍혀 있었습니다."

내 질문에 대해 아마키는 이렇게 대답했다.

"대사가 될 때의 공문서에는 확실히 '아키히토'라는 천황의 서명이 있었습니다. 그러나 해임 때의 문서에는 서명이 없고, 도장만 찍혀 있을 뿐이니까 말하자면 이건 엉성한 서류군요.”

“엉성하지요. 왜 ‘이런 문서는 받아들일 수 없다’고 되돌려 보내지 않았습니까?”

“그런 생각까지는 하지 않았습니다.”

내가 더욱 더 이상하다고 여겼던 이유는 선전포고의 최후통첩이나 항복문서 등에는 반드시 천황의 ‘히로히토’라는 서명이 돼 있었고, 그 아래에 국새가 찍혀있는데, 이 해임장에는 그것이 없었다는 점이었다. 일반적인 예를 보아도 서류에는 서명을 하는 것이 우선이고, 다음에 날인을 함으로써 완전한 문서가 된다. 그런데 아마키의 해임장에는 천황의 서명이 없고, 그저 국새만 찍혀 있다. 그것은 누군가가 천황의 인감을 마음대로 사용했다는 것이고, 누군가가 천황 대신에 무단으로 날인했다는 것이 된다.

만약 이런 나의 추측이 사실이라면 엄청난 배임행위이고, 이는 국새인 천황의 인감관리가 엉터리일 뿐 아니라 형법이 관련될 차원의 중대 문제로서, 천황의 도장을 제3자가 제멋대로 척척 찍었다는 것이 된다. 그렇다면 예로부터 이것은 내각 총사퇴로 이어질 수 있는 커다란 추태다.

더욱이 아마키 해임이 이렇게 엉성하게 다뤄졌다면, 다나카 마키코의 해임도 비슷했을 터였다. 그렇게 생각하고 총리 관저에 드나드는 친구에게 물어 보았다. 아니나 다를까, 고이즈미는 ‘본인의 희망에 따라’라는 문서가 수반돼야 정식 사임 절차가 성립된다는 것을 모르고 사표가 없는 상태로 궁중에 올리고, 스스로 외무장관을 겸임해 버렸다. 또 나중에 총리 관저가 그것을 알고 서둘러 은폐공작에 나섰을 뿐 아니라 다나카 마키코를 찾아내어 억지로 서명을 시켜 사임장을 만들었다고 했다. 그야말로 엉터리의 연속이다.

전쟁을 위해 목숨을 던진 선인들이 있었던 나라도 60년의 세월이 흐르고 나면 이 정도로 지리멸렬해지고, 정치의 룰이 흐트러져버리는 것일까? 국가 내부가 이럴진대, 외교에서 엉터리가 판치는 것이 결코 무리가 아니다.

미국을 맹종한 가와구치 외무장관

일본은 그 지정학적 위치나 산업사회의 경제구조로 보아 외교가 기능하지 않으면 곧바로 위기에 처하고 만다. 그러나 태평양전쟁 후의 일본은 외교를 모두 미국에 맡기고, 경제 성장을 하는 데만 매진해 왔다. 따라서 냉전이 끝나고 미소 적대를 축으로 한 그 구조가 무너져버렸으면 외교의 기본도 새로 짜야만 했다. 지금 우리가 진정으로 의식해야 할 것은 바로 이 냉전 이후 체제에서의 외교 구상이고, 그것이 유엔 안보리 상임이사국이 되기 이전의 근본 문제다.

그러나 고이즈미 외교는 아무리 일본이 경시되고 있다고 하지만, 미국과 껴안고 정사情死라도 하려는 듯한 꼴불견이다. 네오콘이 장악한 미국 정치는 '공화주의'를 버리고, 단순한 전쟁 상인이 되어가고 있다. 그런 상황도 알지 못한 채 추종하고만 있으니, 일본이 독립국답지 못한 것도 당연하다. 그리고 다나카 마키코의 후임 외무장관이 된 가와구치 요리코川口順子는 고이즈미 이상의 미국 맹종으로 워싱턴이 놀랐고, 한국이나 북한도 조소할 지경이었다.

패전을 앞두고 어려운 종전 공작을 맡았던 도고 시게노리東鄕茂德(1882~1950) 외상은 외교 수기 『시대의 일면』(하라쇼보原書房, 1985)에서 "일본인은 동맹국이라면 자기 이익을 희생하더라도 남의 편의를 봐주려고 생각한다"고 탄식하고 있는데, 가와구치 외상의 머릿속이 바로 이 수준이어서 외교 책임을 질 만한 문제 의식도, 역사 감각도 갖추지 못했다.

가와구치 외상의 주체성 없는 미국 추종 외교는 부시가 들고 나온 이라크 침략의 구실에 맞장구를 치며 "대량파괴 무기는 이라크에 입증 책임이 있다"고 주장한 데서 명백하다. 그러나 이라크가 '대량파괴 무기'WMD를 갖지 않았음은 그 후 미군의 이라크 점령으로 완전히 밝혀졌다. 더욱이 콜린 파월 국무장관조차 부시의 거짓말에 곤혹스러워 하며 "어떤 비축도 발견되지 않았고, 앞으로도 발견될 일은 없다"는 공식 성명을 낼 수밖에 없었다. 그런데도 가와구치는 일부러 공들여 "미국이 가장 전쟁을 바라지 않는다"고 발언해 세계 언론의 빈축을 샀다.

2005년 5월 1일자 『선데이 타임스』는 비밀문서를 공개, 미군의 이라크 침공 8개월 전의 단계에서 이미 부시가 전투 개시 비밀지령을 미군에 내렸고 침략과 점령을 결정했다고 폭로했다. 이것은 '다우닝가 메모'(다우닝가는 영국 총리관저의 별칭)라고 불렸고, 그 내용이 지금은 정설로 돼 있다. 이 메모는 2002년 7월 23일자로 부시 이하 백악관 지도부가 거짓말 날조에 협력을 요청했고, 이를 블레어 영국 총리가 승낙했다는 내용으로, '대량파괴 무기'는 세계를 속이기 위한 도구였음을 증명했다.

영국의 조지 갤러웨이 하원의원은 TV 인터뷰에서 "부시와 블레어, 일본 총리, 베를루스코니 네 사람은 범죄인이다. 이들은 세계의 대량살육을 추진해 온 원흉이다. 따라서 우리는 이들을 재판에 회부해야 한다"고 발언했다.

| 단순 '나가 놀기' 유학을 한 아베 신조의 학력 사칭 |

고이즈미 내각에서 외교는 외상이 책임을 지고 행하는 것이 아니라 총리 이하 각료는 누구든 마음대로 할 수 있는 것으로 돼 있다. 가와구치 외상은 그 후 총리 보좌관이 되었고, '맹우'인 야마사키 다쿠도 같은 보좌관이 되었다. 그리고 특기할 만한 것은 간사장 대리에 발탁된 아베 신조가 연출한, 북한을 겨냥한 감정적 대응이다.

아베 역시 미국에 유학한 경험이 있는 2세 의원인데 그의 유학 경력이 고이즈미 준이치로 이상으로 수상하다는 말이 있어 일본 정치인의 인재 고갈이 구제불능 상태임을 드러내고 있다.

『슈칸 포스트』(2004년 2월 2일자)에 따르면 아베 간사장 대리는 홈페이지에 '남가주 대학USC 정치학과 유학'이라고 공표해 놓았지만 USC에서 학점을 딴 것은 6학점뿐이고 그 가운데 3학점은 외국인을 위한 영어 수업이었다고 한다. 더욱이 USC 홍보 담당자에 따르면 아베 신조가 정치학과에 재적한 일은 없다. 1978년 봄 학기부터 가을 학기까지 재적하긴 했지만 그것은 청강생 같은 존재였다. 즉, 전공 따위는 없었고, 정치학은 학점조차 따지 않았으니 '정치학과 유학'이란 완전히 귀신 씨 나락 까먹는 소리였다.

그런데도 아베 사무소는 2년간의 유학이라고 주장하면서 "USC에 78년 1월부터 79년 3월까지 재적했다. 정치학은 이수했지만 중도에서 포기했기 때문에 기록이 남아 있지 않다. 그러나 유학한 것은 사실이다"라고 대답했다.

나는 과거 LA 근교의 말리브에 있는 페퍼다인 대학 총장의 고문을 했기 때문에 일본인 유학생의 실태에 대해 나름대로의 견해를 갖고 있다. 아베 문제에 대해 사견을 밝히면, 그런 유학은 '나가 놀기'라는 것으로 학점을 따고 성과를 올리려고 노력하는 본래의 유학과는 전혀 다르다.

캘리포니아는 일본인 유학생이 많은 지역인데 그 대부분이 이런 '나가 놀기 학생'이나 '어학 연수생'이다. 여학생 가운데는 수상쩍은 일로 돈벌이를 하는 경우도 있어서, 아시아 인을 겨냥한 마사지나 원조교제로 돈을 벌기 위해 학교에 등록해 학생 비자를 받는 사람도 많다. 그런 사람까지 포함해서 유학생이라고 한다면 밤낮으로 공부에 매진하고 있는 착실한 유학생이 불쌍하다.

그래서 문제가 되는 것이 아베가 왜 이런 미심쩍은 '나가 놀기'를 했는가다. 그리고 그것이 단순한 '나가 놀기'였더라도, 현재의 그에게 어떤 영향을 미쳤을까 하는 점이다.

| 대북 강경 노선 뒤편에 보이는 것은 무엇일까? |

아베 신조가 '나가 놀기'를 한 1970년대 후반 무렵의 캘리포니아는 한마디로 떠돌이나 날품팔이로 북적거렸던 전전의 만주와 비슷하다고 보면 된다. 일본에서 흘러들어온 사람은 수없이 많았고, 아베처럼 '나가 놀기'에 나선 청년도 많았다. 즉, 이 무렵부터 경제대국이 된 일본의 돈이 캘리포니아에 대량으로 흘러들어왔고, 그와 함께 각양각색의 일본인이 유입됐다.

일본계 기업의 주재원 사이에 섞여, 부동산을 긁듯이 사들이는 투기꾼이 어깨로 바람을 가르며 걸었고, 한눈에 일본 야쿠자임을 알 수 있는 남자들이 LA 거리를 활보했다. 사실 도세이카이東聲會의 마치이 히사유키町井久之를 비롯한 야쿠자들이 산타 모니카에 투자사무소를 열었고, 골프장과 라스베이거스의 카지노를 매수하기 위해 일본의 고리대금업자나 스미요시카이住吉會[1] 끄나풀이 암약했다.

나중에 신용조합 부정융자 사건 관련자로 체포돼 기소된 자민당 중의원 의원 야마구치 도시오山口敏夫도 화려하게 돌아다닌 일본인의 한 사람이었다. 그는 비벌리힐즈에 호화주택을 사놓고 눈에 띄게 움직였고, 가네마루 신과 연결된 토건회사도 진출해 골프장을 사려고 돌아다녔기 때문에 현지 일본인 사회에는 수상한 거래 소문이 떠돌았다. 그리고 야마구치 도시오의 아들이 고속도로에서 자동차 사고를 일으켜 기묘한 형태로 숨진 사건이 일어났고, 'LA 의혹'으로 유명한 미우라 가스요시三浦和義의 처가 사살된 사건이 일어나기도 해서 일본인에 대한 평판이 별로 좋지 않았던 것이 거품 경기를 전후한 시기였다. 따라서 그런 환경의 LA에 부잣집 자제가 가

---

* 1)　　도쿄에 본부를 둔 일본 지정폭력단의 하나. 야마구치구미山口組 등에 이어 전국 규모로는 제3의 조직이지만 수도권에서는 야마구치구미와 자웅을 겨루는 조직이다. 정규 조직원은 6400명, 비정규 조직원까지 포함하면 1만 2600명에 이른다.

고, 남가주 대학에 아베 신조가 등록, 일본의 유력 정치인인 기시 노부스케의 친척이라고 알려지면, 코리언게이트로 유명한 박동선 외에도 많은 사람이 접근했을 것임을 상상하기 어렵지 않다.

당시 LA에서는 한국인 이민이 급증했고, 올림픽 거리인 코리아타운은 활황을 띠어 한국 유력 정치인이나 각료 경험자들이 망명해서 정착했다. 그런 탓에 그들을 감시하는 공안관계자나 중앙정보부 KCIA 관계자의 출입도 빈번했고, 일본 신문사보다 일찌감치 인공위성으로 서울의 기사를 전송받아 찍는 한국일보를 LA에서 그날 중에 읽을 수 있었다.

물론 이 가운데는 통일교회 관계자도 많았고, 활발한 포교활동뿐 아니라 비즈니스도 하고 있었다. 생선 취급은 통일교회가 장악해서, 일본 생선초밥집의 생선 조달은 그곳을 통해야 했고, LA와 뉴욕의 생선·청과물을 지배해 재정적으로 대단히 강력했다. 또한 KCIA와의 연줄도 한국인으로부터 여러 차례 들었다. 그들의 노림수는 장래의 포석으로서 젊은 유력자 자제를 반공의 투사로 키우는 것이었고 그 조직력의 강인함은 눈이 휘둥그레질 만했다.

여기서부터는 나의 경험에 바탕한 추측인데 왜 아베 신조는 지금 일본을 대표하는 대북 강경파로서 각광을 받는 존재가 됐을까? 또 왜 고향인 야마구치山口현 시모노세키下關에서는 시장을 둘러싼 방화나 총격 사건과 관련해서 아베의 이름이 오르내리는 것일까. 일련의 사건에는 폭력단이 개입했다는 소문이 돌고, 파칭코 업계의 이권이 얽혔다고 일부에서 보도됐는데 그것이 아베의 LA유학과 관계가 없는 것일까? 이런 의문을 특파원은 현지 취재를 통해 조사했을까?

더욱이 그의 아버지 아베 신타로安倍晋太郎(1924~1991)는 시모노세키의 한국 비즈니스와 밀접한 관련을 갖고 있었고, 박동선은 아베 부자 2대와 친한데, 그것은 정치자금과 관련된 것은 아닐까. 아베 신조의 북한에 대한 감정적 발언을 들을 때면 나는 그가 이성보다는 정념에 지배되고 있다는 걱정을 한다. 그리고 그런 비이성적 감각을 키우고, 정신에 새겨 넣은 환경에 대해 생각할 때 그가 LA에서 공부한 것이 커다란 의문으로 떠오른다.

아베 신조도 고이즈미 외교를 떠받치는 한 사람으로서 북한 문제에 대한 강경 발언으로 눈길을 끌었고, 젊음과 말끔한 외모를 무기로 인기를 모으고 있다. 그리고 고이즈미의 뒤를 이을 지도자라는 말을 듣고 있으니, 일본은 정말 위험한 상황임을 절감하게 된다.

| 고이즈미 정권을 에워싼 사람들의 수상한 고리 |

외교에 관여하기에는 경험이 너무 부족한데도 아베 신조는 간사장 대리로 발탁되자 마자 미국을 방문해 백악관이나 워싱턴의 싱크 탱크를 돌며 인사를 했다. 이때 일종의 감시인으로 아베를 수행한 것이 공명당의 후유시바 데쓰조冬柴徹三였다는 것은 의미심장하다. 이것은 후유시바의 짝이었던 야마사키 다쿠山崎拓가 간사장을 하던 때, 같은 간사장 입장에서 외국 요인을 후유시바에게 소개해 주었던 관계로 보아, 아베의 후견인 역할을 자처하고 나선 것이라는 말이 있다.

그런데 여기서 자민당과 공명당의 관계에 얽혀든 자민당과 통일교회의 고리에 대해 조금 언급하고 싶다. 그것은 연립여당으로서 공명당이 정권에 참여한 덕분에 통일교회의 그늘이 옅어진 듯한 느낌이지만 이전에는 통일교회가 자민당에 커다란 영향력을 지녔기 때문이다.

1990년대 전반 통일교회(한국에서는 '통일교')는 일본 언론에 크게 보도됐는데, 그것은 탤런트 입신자나 합동결혼식 등이 연일 TV 버라이어티 쇼를 통해 화제가 됐기 때문이다. 또 국제승공연합IFVOC 회원이 거의 통일교회 신자라는 것은 현명한 독자라면 잘 알고 있을 터다. 이 국제승공연합에 소속된 회원들은 통일교회의 신자로서 미국에서 교육을 받은 후 자민당 의원 비서로서 나가타초로 보내졌다. 그들은 국제 감각과 어학 실력을 갖추고 있어 보통 비서보다 몇 배나 뛰어났기 때문에 나가타초에서는 한때 그 일솜씨를 높이 평가받았다. 그리고 곧 의원이 되고 싶어 하는, 출세욕 강한 마쓰시타松下 정경숙 출신자보다 존경을 받았고, 한참 뛰어난 존재였다. 또 1980년대에 자민당 싱크 탱크인 종합연구소가 승공연합에 의해 장악됐던 것도 소식통 사이에서는 널리 알려져 있다.

그리고 그 실마리를 더듬어 가면 고이즈미 정권을 에워싼 인간들이 의외일 정도로 승공연합과 이어져 있고, 그 가운데는 정계 밖에서 활약하고 있는 사람도 있다.

예를 들어 고바야시 세쓰小林節 게이오 대학 교수의 경우는 합동결혼식 참가자 명부에 이름이 실린 데다 과거 '통일원리'라는 수업을 해서 문제가 된 적이 있는데 헌법 제9조는 전문의 해석에 의해 무효화할 수 있다고 주장했다. 그리고 걸프전(1991)에서 자위대의 무장 파견도 가능하다는 '해석 개헌'을 제기해 자민당 헌법조사회

를 무시했기 때문에 고토다 마사하루後藤田正晴(1914~2005)[2]에게 질
책을 받았다. 그러나 지금은 개헌 붐에 편승해 총리 관저에 드나들
고 있다고 한다.

또 아랍 문제 전문가인 사사키 요시아키佐佐木良昭 전 다쿠쇼쿠拓
殖 대학 교수는 자위대의 이라크 파병 자문역으로서 총리 관저에
뒷문으로 자주 출입한다고 알려졌다. 내가 관계자로부터 들은 얘기
로는 그는 "자위대를 정식 군대로 바꾸고, 방위청을 국방성으로 승
격시켜야 한다"고 주장하고 있다고 한다. 또 사사키는 고이케 유리
코小池百合子 환경장관과도 친해서 그녀가 이사장인 중앙아시아 연
구소의 전무이사를 맡고 있고 도쿄재단 시니어연구원 직함을 써서
최근에는 투르크메니스탄에 출몰하고 있다. 이 도쿄재단은 닛폰재
단의 프론트 조직으로 과거 타케나카 헤이조가 이사를 한 적도 있
다. 닛폰재단은 경정競艇 수익금으로 사사카와 료이치가 설립한 재
단으로 사상적으로는 기시 노부스케의 의발을 물려받은 사람들의
모임이어서 승공연합과 긴밀한 관련이 있다.

그리고 고이케 유리코라면 정계의 철새로서 '고이즈미 아이들'[3]

---

* 2) 도쿠시마德島현 태생의 경찰관료 출신 정치가. 도쿄 대학 정치학과 재학 중 고등
문관시험에 합격, 졸업과 동시에 내무성에 들어갔다가 이듬해 육군에 징병돼 대
만에 파견됐다. 전후 내무성에 복직돼 요직을 두루 거친 후 1969년 경찰청 장관이
됐다. 1972년 사임 후 다나카 가쿠에이 내각의 관방부장관으로 발탁돼 다나카의
심복이 됐다. 한 차례 낙선을 경험한 후 76년 중의원 의원이 됐으며 관방·총무장
관 등을 거쳐 부총리까지 지내면서 '면도날' '일본의 안드로포프' 등의 별명을 얻
었다. 93년 '호소카와 혁명' 이후 가장 아끼던 고노 요헤이河野洋平가 자민당 총재
가 되자 그 후견인 역할을 했으며, 96년 고령을 이유로 정계를 은퇴했다. 만년에
고이즈미 정권을 강하게 비판해 우파의 반발을 부르자 "우파 정치인인 나까지 좌
파로 모는 걸 보면 일본이 지나치게 우경화한 것"이라고 일침을 가했다.

* 3) Koizumi Children. 2005년 총선에서 당선된 자민당의 정치 신인들. 여성 신인 의
원을 가리키는 '고이즈미 시스터스'라는 말도 있다.

의 마돈나로서 2005년 9월 1일 총선거에서는 가장 먼저 자객을 자처하고 나섰다. 그녀는 학생 시절에는 카이로에 유학했다. 이것은 아버지가 중동 지역의 떠돌이였기 때문으로, 과거 승공연합의 응원을 받아 중의원 선거에 나섰다가 낙선한 후 가족 모두 이집트 카이로로 이주했기 때문이라고 한다. 내가 중동에서 일하고 있을 때의 일인데, 고이케의 아버지가 카이로에서 일본 식당을 경영하면서 석유 이권 중개인 역할을 하고 있다는 이야기를 들었다.

이처럼 고이즈미 정권 내부에는 통일교회 커넥션이 살아 있고, 거기에 공명당이 더해져 일종의 기묘한 '종교 연대' 구도가 돼 있는데, 이래서야 아무리 생각해도 이성에 의한 외교는 펼칠 수 없다.

| 미국에 맹종한 이라크 파병의 어리석음 |

9·11 사건(동시 다발 테러)은 너무나 충격적이어서 21세기를 크게 바꾸어 놓았다. 그러나 세계가 표면적으로 어떻게 움직이든, 당황하지 말고 그 움직임의 바닥에 깔린 것을 냉정히 분석하고, '이성'에 근거한 외교를 해야만 한다.

새삼스럽게 강조할 것도 없이 현재 미국 주도로 펼쳐지고 있는 '대테러 전쟁'은 원래의 목적을 감춘 거대한 연극에 지나지 않으므로 수수께끼에 감싸인 진상을 간파하지 않으면 안 된다. 따라서 미국의 정치 노선에 끌려 들어갈 게 아니라 과연 일본에게 이익이 되는지를 검토하면 대미 맹종 노선은 이미 끝장났다고 봐도 좋다.

'대테러 전쟁'은 부시의 세계 제패 정책으로서 아프간 침공을 계기로 이라크 침략과 점령으로 발전해 지금도 군사행동을 중심으로 계속되고 있다. 그러나 이 작전이 실행에 옮겨지기 전에 미군은 유라시아 대륙 깊은 곳에 차례차례 거점을 구축해 왔다. 구소련의 이슬람 각국에는 비행장을 중심으로 한 군사기지를 설치해 병참선을 확보하는 포석이 이뤄졌다. 이것은 걸프 만에서 이라크를 거쳐 카스피 해 주변에 이르는 풍부한 석유 자원의 지배를 노린 작전이다.

앞에서 언급한 영국의 '다우닝가 메모'가 보여주듯, '대량 파괴 무기의 존재'는 이라크 공격을 위한 단순한 날조였고, 이런 점은 밥 우드워드의 『*Bush's War*』(한국어판은 『부시는 전쟁 중』) 등에 자세히 나와 있다.

그것뿐이 아니라 또 하나의 커다란 거짓말이 발각됐는데, '니제르의 산화우라늄을 이라크가 샀다'는 정보는 이탈리아 총리인 실비오 베를루스코니가 지배하는 언론이 발신원이었다. 이 언론은 일본 후지산케이 그룹과 마찬가지로 머독계 미디어(미국에서는 폭스TV 등 애국 보수 미디어를 지배)와 연결돼 있고, 이스라엘의 모사드와도 연결돼 있다. 또 유대계인 머독은 네오콘의 후원자로서 미국에서는 '애국 미디어'로서 전쟁 정책을 부채질하고 있다.

과거 석유 비즈니스에 몸을 담았던 관계로 나는 세계에 군림하는 미국의 패권주의를 잘 이해하고 있다. 미국은 나와 같은 외국인에게도 생활의 자유와 권리를 주고는 있지만 대외적으로는 다양한 의미에서 '세계 제국'이다.

미국 경제는 전쟁으로 성립되는 시스템이며, 그 때문에 세계 최강의 군사력을 유지하고, 석유 자원을 컨트롤하지 않으면 안 된다. 게다가 세계의 석유 거래를 달러로 결제함으로써 기축통화 달러의 위력으로 패권을 유지하고 있다. 이것이 미국 제국의 참모습이며, 현재 미국은 세계 최대의 부채 대국이므로 늘 전쟁을 일으킬 구실이 필요하다. 즉, 미국은 늘 적이 없으면 살아 갈 수 없는 체질을 갖고 있으며, 그런 의미에서는 로마제국(BC 27~AD 476)과 다름없는 패자다.

정치학자인 차머스 존슨 박사는 저서 『미국 제국주의의 보복 *Blowback : The Costs and Consequences of American Empire*』에서 다음과 같이 미국 제국주의의 생태를 정리했는데 이는 전후 일본의 축소판이 아닐까.

파괴한 구 적국을 재건함으로써 경제적 번영을 유지하는 시스템을 갖고 있고, 속령에 괴뢰정권을 만들어 동맹국으로 삼으며, 거기서 군사원조 보상금을 긁어 들여 민주주의 사회에 군국주의를 만연시킨다.

따라서 고이즈미 외교가 이런 미국의 패권 게임에 맹종해 이라크 파병을 강행한 것은 아무리 생각해도 어리석고, 일본의 운명을 크게 어긋나게 했다고 나는 확신하고 있다. 그러나 이 문제를 국회에서는 진지하게 논의하지 않고, 조금씩 자위대 해외 파병을 기정사실화했다.

더욱이 이라크 전쟁 후에 미국의 단독 패권주의는 동요하기 시작했고, 중국의 대두로 유라시아 정세도 커란 변화를 보이기 시작했다. 중국, 러시아, 인도, 베네수엘라 등의 반미 동료들 가운데서도 장래성이 큰 브릭스BRICs(Brazil, Russia, Indis, China)의 영향이 커지고, 미국의 고립화가 착실하게 진행되고 있다. 어떻든 중국과 러시아가 주도권을 쥠으로써 이슬람 각국과 인도를 포함한 국제기구가 성장하고, 미국과 일본이 고립될 가능성에 대해 심사숙고해야 할 시기가 다가오고 있다.

| 너무나 한심한 외무성의 정보 능력 |

고이즈미에게 '미국 맹종'이 허용되는 원인의 하나가 외무성의 치명적 정보 능력 부재인데, 외무성의 정보력은 메이지 시대에 비해서도 크게 퇴화했다. 따라서 세계 정세의 중요 정보는 거의 대부분을 미국에 의존해 얻고 있으며, 역으로 미국에는 일본의 정보가 마구 흘러들어가고 있다.

가령 정보 수집 초보 단계에서 미 국무부의 일상 활동과 일본 외무성의 그것을 비교하면 양국의 차이가 확연하다. 미국은 비자를 발행하는 단계에서 정보 수집과 정리를 시스템화하고 있다. 상용 등에 필요한 주재원용 비자(E비자, L비자)는 신청서와는 별도로 기업의 등기서류, 재무증명서, 결산서, 납세기록 등의 사본 첨부가 필요한데, 이런 것들은 훌륭한 기업 정보다. 따라서 미국은 이런 것들을 데이터 베이스화해서 국무부의 대일 정책 자료로 삼고 있다. 또 이런 것들과 CIA 등의 정보기관이 모은 정보를 대조하면 대일 정책이 저절로 나오게 되기 때문에 이것들을 늘 업 데이트한다.

또 미국에서는 정보가 '기밀 취급 아님'에서 시작해서 '취급 주의' '외국에 공개 금지'NOFORN '비밀' '극비'라는 식으로 등급이 매겨져 정리·관리된다. 또 이런 정보 수집을 위해 국무부와 재외공관은 늘 연대하고 있는데 일본의 외무성은 아직도 자료를 서류철에 묶을 뿐 정보 검색 시스템조차 갖추지 못했다.

외무성이 정보에 대해 얼마나 무능한지는 내부에서 일했던 외교관의 저서를 읽어보면 쉽게 알 수 있다. 고이케 마사유키小池正行의 『이런 외무성이 필요할까』(아사히신문사, 2002), 아마키 나오토天木直人의 『안녕, 외무성』(고단샤, 2003), 스에마쓰 요시노리末松義規의 『내가 외교관을 버린 이유』(KK베스트셀러즈, 1994), 사토 마사루佐藤優의 『국가의 덫』(신초샤, 2005), 히사이에 요시유키久家義之의 『대사관 따위 필요 없다』(겐토샤幻冬社, 2001) 등을 읽고 나는 몇 번이고 절망감에 사로잡혔다.

이 장의 모두에서 소개한 아마키 나오토 전 주 레바논 대사도 정보에 대해 이렇게 말하며 탄식했다.

"최근 외무성은 정보의 중요성과 활용성에 대해 문제 의식이 전혀 없어졌다. 도쿄의 간부에게는 정보 따위는 전혀 필요 없습니다. 왜냐하면 모든 것을 도쿄에서 정하니까요. 지금은 재외공관의 정보 수집 능력을 논하기 이전의 문제로서, 정보를 다룬다는 의식이 전혀 없어져 버렸습니다.

제가 대사로서 부임했을 때도 정보조사국 인간들은 현지 정보 인용문보다 이스라엘 정보기관인 모사드에서 보내준 정보에 고마워하고, 기꺼이 받아와서 크게 선전했습니다. 그것이 매일같이 도쿄에서 재외공관으로 보내고, 너무나 꼴사납게 유대인의 앞잡이 역할을 하기 때문에 "그런 식으로 중동 외교가 될 리가 없으니 그만두라”는 목소리가 커질 정도였지요.

물론 정보는 많이 모으기만 한다고 좋은 것이 아니라 어떤 정보가 중요한지 판단하는 것이 더욱 더 중요한 의미를 지닌다. 이를 '인텔리전스'라고 하는데 이 점에서 일본의 현상은 완전히 절망적이다. 외무성뿐 아니라 총리 관저 주변에는 공안기관과 연결된 조직이 있지만 제대로 인텔리전스를 맡고 있는 지능집단은 존재하지 않는다. 이렇게, 이성 없는 브레인에 에워싸인 고이즈미의 되는 대로 마구 나가는 '자아도취 외교'(주정뱅이 외교)는 끝없이 계속되고 있다.

그리고 그것이 가장 뚜렷이 드러난 것이 '고이즈미 극장'의 야심작인 북한 외교다.

| 방북은 수순을 무시해서 '서프라이즈'일까? |

2002년 9월 17일의 '북일평양선언'은 분명히 놀라운 일이었다. 그 후 두 번째 북한 방문이 이뤄져 피랍자 가족이 돌아왔는데, 그 성과와 수순을 검증하면 발작적이라고도 할 수 있는 '고이즈미 외교 쇼'가 드러난다.

고이즈미 총리의 방북은 외교 절차에서 멀찌감치 벗어나 장래에 화근을 남긴 것이기도 했다. 그것은 국교가 없는 나라로 총리 스스로 날아가 직접 정상회담에서 교섭한다는 것 자체가 외교 절차에서는 극히 예외적인 일이기 때문이다. 정식으로 국교를 맺은 나라를 상대할 때도 외교 최고책임자는 외무장관이라는 것이 국제관계의 ABC이자 기본이다. 정상회담은 그와 같은 모든 사전 절차가 매듭지어진 후에 이뤄지는 것이 상식이다. "그러니까 깜짝쇼가 아니냐"라고 말하더라도 그것은 억지일 뿐이다.

일에는 순서와 역할이 존재하며, 장기에서도 차나 포가 눈부신 활약을 하지만 왕이 보란 듯이 적진으로 나아갈 수는 없다. 히틀러는 리벤트로프를 대리인으로 파견해 스탈린과 불가침조약을 맺었고, 나서기 좋아하는 고노에 후미마로 총리도 마쓰오카 요스케에게 맡기고 자신은 외교 교섭 전면에 나서지 않았다. 그것도 모두 국교가 있는 나라를 상대로 했을 때의 이야기다.

국교가 없었던 예로는 중국을 상대로 리처드 닉슨 미 대통령이 1970년 1월 바르샤바에서 회담을 시작해, 루마니아와 파키스탄 등에서 외교 경로를 통해 비밀회담을 설정한 후 특사를 골랐다. 그리고 굴욕적인 처지를 겪지 않도록 사전에 헨리 키신저를 밀사로 베이징에 보냈다. 이렇게 마련된 마오쩌둥毛澤東과의 정상회담에서 닉슨은 당시 중국을 소련으로부터 떼어낸다는 역사적 대전환을 성공시켰던 것이다.

그와 달리 외교의 기초도 모르는 고이즈미는 스스로 보란 듯이 평양으로 날아 들어가 김정일과 악수를 해서 언론의 관심을 끌어모았으나 그 성과는 납치피해자 가족의 귀국 이외에는 아무것도 없었다. 더욱이 회담 주선은 외무성 다나카 히토시田中均 외무심의관에게 통째로 맡겼고, 총리 비서관 이지마 이사오飯島勳의 비공식 경로도 얽혔고, '미스터 X'라는 조총련 배후 실력자가 개입해 비밀 거래가 이뤄졌다고 한다.

그리고 두 번째 방북에서는 일본에 아무런 수확이 없었던 반면 고이즈미는 25만 톤의 식량 지원과 1000만 달러의 의료 지원 등 선물만큼은 통 크게 건넸다.

따라서 히라누마 다케오平沼赳夫로부터 놀림을 받아 "대단히 불만족스럽다. 총리가 간 데 비해서는 너무 초라하다. 이런 정도라면 내가 가도 충분했다"라는 말을 들었다. 또 총리관저가 완전히 무시당한 데 격노해, 상식을 가진 사람이자 외교의 기본을 아는 후쿠다 야스오福田康夫 관방장관은 고이즈미를 포기하고 사임했다. 후쿠다에게 있어서 고이즈미는 아버지의 문지기였던 남자인데, 그런 남자에게 무시당했으므로 불쾌하기 짝이 없었던 것은 당연하다.

그런데도 고이즈미는 김정일과 직접 얘기를 나누었다는 것만으로 의기양양한 태도였다니, 이야말로 '자아도취 외교'의 진면목이 아닌가?

북한에서 러시아로 퍼져 간 '외교 쇼'

그러나 고이즈미 정권은 대북 외교가 실패라고는 생각하지 않으며 그 덕분에 지지율이 높아졌다는 이유로 '외교 쇼'로서 대성공이라고 생각했으니 그 자아도취 습벽에는 완전히 질려 버린다. 그 결과로서 고이즈미, 이지마, 다나카 등 지하 외교 트리오는 러시아까지 겨냥해, 이번에는 블라디미르 푸틴 대통령을 상대로 현찰더미를 쌓아 올리고, '북방 영토'와 시베리아 석유를 저울에 올려 다시 한 번 결과를 운에 맡기는 도박 외교를 기도했다.

이것은 중국이 사들이려고 교섭을 진행하던 이야기, 즉 시베리아 석유를 송유관으로 운반하는 계획에 일본이 참여하려고 끼어든 것이었다. 그러나 이것은 석유 프로라면 금세 간파할 수 있는 속임수였다. 나는 이 이야기에 대해 러시아 문제 전문가로 알려진 기무라 히로시木村汎 다쿠쇼쿠 대학 해외사정연구소 교수와 대담했다. 이 대담은 『뉴 리더』(2004년 9월호)에 실렸는데 앙가르스크 유전에서 송유관으로 운반하는 이야기는 다음과 같은 내용이었다.

기무라 시베리아의 이름이 나온 김에 물어보고 싶습니다만 앙가르스크 유전의 석유가 최근 이목을 끌고 있습니다. 동시베리아의 석유를 송유관으로 나홋카까지 운반해 일본에 들여오려는 계획이 러일 외교의 핵심으로 떠올랐습니다. 더욱이 그 성공의 관건은 매장량이라고 얘기되고 있는데 충분한 매장량이 과연 있는 것인지, 석유 문제 전문가로서 후지와라 씨는 어떻게 보고 있습니까.

후지와라 그건 고이즈미 식의 인기몰이 우발 외교입니다. 중국이 앙가르스크 석유를 산다는 이야기를 듣고 산업경제성 관료가 허겁지겁 만든 계획이기 때문에 매장량 등 쓸 데 없는 이야기를 언론이 떠들고 있는 겁니다. 중국이 연간 3000만 톤의 석유를 러시아에서 사고, 송유관으로 다이칭大慶 유전까지 나른다는 이야기에 일본이 옆에서 끼어들어 러시아에 대안을 냈지요. 일본은 연간 5000만 톤을 사겠다고요. 그러기 위해서는 나홋카항을 수출항으로 정비할 필요가 있으니 송유관 건설이나 항만 정비에 필요한 비용을 융자해 주겠다는, 돈다발의 위력을 슬쩍 보여준

엉성한 계획이었습니다. 이는 싸구려 연극으로 세계의 웃음거리입니다.

기무라 밖에서 보면 그런 정도의 이야기였나요. 우리 같은 러시아 전문가로서는 시베리아 자원개발은 대단히 중요하다고 생각하기 때문에 북방 영토에 준하는 외교 문제라고 여깁니다만 세계의 웃음거리가 될 정도의 내용이라고는 꿈에도 생각하지 못했습니다.

후지와라 국제석유정치는 전쟁이나 반란과도 이어집니다. 그런데 자기중심적으로 희망적 관측에 지배돼 깨닫지 못하고, 눈앞의 손해득실만 따지는 고이즈미 총리나 일본 재계 사람들이 제대로 일을 해낼 수가 없습니다. 그런 정도는 푸틴이라면 충분히 마음가짐을 갖추고 있을 겁니다.

여기에 덧붙이자면 이 계획에는 어떤 노림수가 감추어져 있었는데 그것은 북방 영토 가운데 하보마이齒舞와 시코탄色丹 두 섬만 분리해서 우선 반환을 요구한다는 것으로, 스즈키 무네오와 닮은 수단 중심의 발상이었다. 즉 송유관 계획에 일본이 투자하는 대가로 구니시리토國後島를 우선 반환 받아 공로로 삼고, 에토로후토擇捉島에 관해서는 매수하는 교섭에 임하자는 것이었다. 이로써 러일 교섭을 성공시키고, 평화조약을 체결하면 고이즈미는 역사적으로 위대한 총리가 된다는 줄거리였다.

이런 고이즈미 식 사기를 실현하기 위해 다나카 히토시 심의관이 총리 참모로서 중용됐는데 이런 줄거리 어디에 정보 판단이 있다고 할 수 있을까? 물론 이런 기도를 푸틴은 가볍게 뿌리쳤다.

외교를 사물화해서 인기를 끌어 모으기에 여념이 없는 고이즈미 외교의 모습은 대아시아 외교를 대혼란에 빠뜨린 '야스쿠니 문제'를 언급하지 않고서는 다 알 수 없다.

야스쿠니 공식 참배는 외교 정책 전환을 의미한다

일본의 애국주의자나 민족주의자를 상대로, 절대적 지지를 모으는 데 도움이 되는 것은 '애국'과 '순국'을 상징하는 야스쿠니 신사를 써먹는 일이다. 더욱이 고이즈미 준이치로가 야스쿠니 신사 참배에서 기대한 효과는 후쿠다 파의 정통 계승자임을 강조하는 동시에 애국자로서 인기를 모아 정치 쇼를 띄우는 것이었다.

고이즈미 스스로에게 애국하려는 마음이 없다는 것은 미국의 이익에 봉사하는 것을 우선으로 삼아 일본을 헐값에 팔아치우고 있는 행위가 증명한다. 조국이 아니라 자신의 행위에 도취해서 포퓰리즘의 열광을 불러일으키고, 그것에 만족하는 자기애만을 갖고 있기 때문이다.

고이즈미 이전에 총리로서 야스쿠니 신사에 참배해 외교 문제를 일으킨 것은 국가주의자인 나카소네 야스히로였다. 그는 1985년 8월 15일에 공식 참배를 함으로써 중국과 한국으로부터 강력한 항의를 받았다. 그 때문에 당시 고토다 마사하루 관방장관은 공식적으로 "야스쿠니 신사는 A급 전범을 합사하고 있다는 점도 있는 만큼 이웃나라의 국민 감정을 종합적으로 고려해 공식 참배는 삼가기로 했다"고 발표했다. 또 나카소네 자신도 당시 후야오방胡耀邦 총서기에게 보낸 서한에서 "야스쿠니 참배는 중대한 외교 문제다"라고 썼고, 그 이후 총리의 공식 참배는 중단됐다.

따라서 고이즈미 총리나 각료들이 국외를 향해 비판이 내정간섭이라고 주장하는 것은 그들이 얼마나 역사의 무게를 알지 못하는가를 증명하고 있다. 즉, 공식 참배 중지는 외국에 약속한 것이고, 그것을 뒤집고 고이즈미가 참배를 강행한 것은 일본이 외교 정책을 전환했다는 메시지를 보내는 것을 의미한다.

야스쿠니 신사는 원래 사쓰마薩摩·초슈長州[4] 출신이 중심이 된 군인들의 위령을 위해 메이지 시대 초기에 지어진 위령용 신사다. 그리고 전전에는 군국주의와 애국주의의 상징으로서 육군과 해군이 관리한 군인용 신사였다. 그 때문에 무진전쟁과 세이난전쟁에서 관군과 싸우다가 숨진 군인은 제사를 지내지 않았고, 일본군에 속했던 대만인이나 조선인 군속 전사자는 식민지인이라는 이유로 배제됐다. 또 그 이상으로 중요한 야스쿠니 신사의 성격은 전쟁에 휩쓸려 숨져간 일반 시민도 제외됐다는 점이다. 따라서 야스쿠니 신사는 전몰자에 대한 위령시설이라고 할 수 없고, 무명전사라는 보편성도 존재하지 않는다.

야스쿠니 신사는 엔기시키延喜式[5]에 나오는 유서 깊은 우부스나産土신사[6]가 아니라 일종의 군인의 신흥종교라고도 할 수 있는 존

* 4)   각각 현재 가고시마鹿兒島, 야마구치山口현이 돼 있는 사쓰마와 초슈번은 메이지 유신 이래 일본 근대사의 핵심세력으로 치열한 주도권 다툼을 벌여 왔다. 초기에는 사쓰마번 출신이 압도적 우위를 점했으나 점차 일본이 군국주의의 길을 걸으면서 초슈 출신들이 우위를 점했다.
* 5)   927년에 완성된 고대 일본의 율령부칙집. 전체 50권 가운데 앞의 10권은 주로 제의에 관련된 것이며 9, 10권에는 전국 주요 신사 2861개의 일람표가 나와 있다.

재여서, 일본 전통의 신토神道 계보로부터도 일탈해 있다.

| 왜 일본인 스스로 전범을 추궁하지 않을까 |

　야스쿠니 신사는 전후 국가의 보호에서 떨어져 나와 종교법인으로 독립했고, 현재는 위령시설이라기보다 '반평화헌법'의 상징으로서 전후 민주주의에 반발하는 집단에게는 마음의 고향이라고 부를 만한 존재가 됐다.

　그들은 복고주의를 표방하고 야스쿠니 신사 언덕 아래에서 모여 야스쿠니 참배를 실행하고 있다. 따라서 일본판 오데사 파일 ODESSA File을 신봉하고 있는 우익단체나 민족주의자들에게 야스쿠니 신사는 없어서는 안 될 존재다. 운명공동체를 동경하고 있는 그들에게 부족국가에 대한 향수를 환기하는 의식의 장으로서 '국수주의의 총본산'은 어떻게든 필요한 것이다. 이처럼 역사적인 배경과 얽혀 야스쿠니 신사는 극히 정치적인 존재가 돼 있다.

　야스쿠니 신사를 정치적으로 이용한 인물로서는 1978년에 제6대 궁사宮司(절의 주지 격)가 된 마쓰다이라 나가요시松平永芳(1915~2005)가 있다. 그는 마쓰다이라 쓰네오松平恒雄(1877~1949) 전 주영국 대사의 장남으로, 해군기관학교를 나와 해군 장교로 임관됐다가 전후에 자위대를 소령으로 은퇴해 궁사가 되자 A급 전범의 합사를 몰

* 6)　　태어난 땅의 수호신인 우부스나를 섬기는 신사. 원래는 씨족신인 우지가미氏神와는 달랐으나 나중에 혼동을 일으켜 우부스나 신사도 우지가미 신사의 하나로 통합됐다.

래 독단적으로 실행했다. 이 합사 강행을 알고 격노한 히로히토 천황은 그 이후 봄가을 대제 참배를 중지해 황실과 야스쿠니 신사의 관계가 위태롭게 됐다. 사실 천황가는 야스쿠니 신사에 대해 일절 입을 닫고 있다.

마쓰다이라 궁사는 도쿄전범재판을 부정하는 집단의 지도자로, 자위관 시절에는 현재의 천황인 아키히토 황태자의 자위대 시찰을 신청했다. 그러나 그것이 실현되지 않자 이를 유감으로 여겨 황태자가 퀘이커 교도인 베이닝 부인에게 교육을 받아서 황실이 기독교에 관대하다고 원망했다고 전해진다. 따라서 『다카마쓰노미야高松宮 일기』가 발견됐음을 알고 그것을 소각 처분하도록 다마마쓰노미야 기쿠코高松宮喜久子에게 압력을 넣었고, 황태자가 영국에 유학한다는 이야기를 들었을 때는 이에 대해 불만을 토해 화제가 됐다.

어쨌든 이야기를 계속하자면 A급 전범을 합사한 1978년 말은 고이즈미가 사사한 후쿠다 다케오 정권의 말기였다. 따라서 젊은 시절의 고이즈미 준이치로가 어떤 형태로 합사에 관여했던지를 조사해 보는 것은 상황 증거로서 흥미로운 주제이지 않을까. 고이즈미의 아버지 준야는 기시 노부스케로 이어지는 익찬정치가였고, 또 방위장관을 지낸 방위족이다. 더욱이 고이즈미 준이치로는 군인 유족연금을 주요 관할 업무로 하고 있던 후생성의 장관을 여러 차례 지냈다.

고이즈미는 2003년에 아버지 고향인 가고시마를 방문했다. 이때 지란知覽에 있는 특공대 기념관에 들러 특공대원의 심정으로 크게 울었다. 이미 밝혔듯 나쓰메 소세키의 작품에 빈번히 등장한 '닐 아드미라리'Nil Admirari는 지도자는 희로애락의 감정을 억누르고 담담한 태도를 유지하는 것이 기본 소양이라는 의미다. 영국에서는 사람들 앞에서 울거나 고함을 지르는 남자는 신사로서의 몸치장에 걸맞은 마음가짐을 갖추지 못한, 자제력을 결여한 남자로 여겨진다. 그것이 일본에서는 주부층의 인기를 모아 정권을 유지하는 노하우일지도 모른다. 실제로 이런 일도 있었다. 고이즈미가 브라질에서도 크게 운 적이 있는데, 한심한 '울보 남자'라는 이유로 사진까지 곁들여 세계에 보도돼 눈살을 찌푸리게 했다.

특공대는 지금으로 치자면 '자폭테러단'으로 아무리 국가가 조직한 자폭 행위라고 해도 인간의 목숨을 경시한 마구잡이 자살 강요다. 엉성한 전쟁 계획이 한계에 이르자 국가가 젊은이를 몰아세워 행한 '자폭 테러'를 순사라고 찬미하는 것은 광기의 예찬이다. 제대로 조종 훈련도 받지 못한 채 출격했기 때문에 목표에 도달하기도 전에 격추된 예가 많았고, 미군에게는 바보라도 맞추어 떨어뜨릴 수 있다는 뜻의 '칠면조 맞추기'라고 불렸다.

그런 것을 생각하면 이런 엉터리 전쟁을 지도한 데 대해 일본인 스스로가 왜 당시 정치가와 군 간부의 책임을 추궁하지 않았는지 나로서는 이해할 수 없다.

평화 추구 국가로서 재생한 전후사는 어떻게 되나?

"태평양전쟁은 무모했다고 보는데 어떻게 생각하느냐"고 물을 때 무모하지 않았다고 대답하는 인간은 나는 아직 만나보지 못했다.

과달카날에 3만 1000명이 보내져, 2만 6600명(약 86퍼센트)이 전사하거나 전상으로 병사했다. 또 나의 숙부가 그 중의 한 사람이어서가 아니라 뉴기니아에는 14만 명이 파견돼 12만 7600명(약 91퍼센트)이 전사하거나 전상 병사했다. 이것만 보더라도 그 전쟁이 얼마나 엉터리였고, 무모했는지를 알 수 있다. 설사 연합국이 도쿄재판을 하지 않았더라도 일본인 스스로 전쟁 책임을 추궁해야 마땅했다. 커다란 전략을 다듬지도 않은 채 되는 대로 내맡겨 두고, 그런 무계획적인 상태에서 전쟁에 뛰어들어 국토를 황폐화한 데 대해 국민은 자기를 포함해서 책임을 추궁할 필요가 있었다. 전쟁에 뛰어든 군인이나 정치인 누구에게 '공공선'이 있었는지, 전쟁의 설명 책임은 다했는지를 거듭 묻고 싶다.

그런데도 현재 행해지고 있는 것은 무모하고 엉성한 전쟁의 희생자에게 단순한 추도의 위령 행사를 하는 것뿐이다. 이런 퇴행적이고 기만이 가득한 방법으로 전쟁 문제를 정리한다면 엉터리 전쟁에서 숨져간 사람들은 눈을 감지 못할 것이다. 장래에 같은 과오를 반복하지 않기 위해서는 현재 시점에서 반성과 새로운 각오를 다지고, 반전의 맹세를 실행에 옮기는 것이 필요하다.

그러나 최근의 풍조는 반전보다 애국사상이 중시되는 바람에 야스쿠니 신사가 일본 외교를 위태롭게 하고 있다. 이런 애국의 격렬한 정념은 '핏줄과 땅'으로 이어지는데, 그것을 히틀러는 즐겨 '민족국가'라고 부르며 "뛰어난 자가 다스리는 원리"라고 규정했다. 이것은 일본의 전전 사상인 '팔굉일우'八紘一宇와 뿌리가 같고, 지금 미국이 추진하는 초자유주의와도 공통점이 많다.

포츠담 선언을 일본이 받아들여 무조건 항복했고, 국제법에 따

라 도쿄재판을 받아들인 이상 설사 재판이 승자의 횡포라 해도 "A
급 전범은 국내에서는 더 이상 죄인이 아니다"라는 것은 제멋대로
의 주장일 뿐이다.

지금 중국이나 한국뿐 아니라 싱가포르의 리셴룽李顯龍 총리까지
고이즈미의 야스쿠니 신사 참배를 강하게 비난하고 있다. 그런데도
야스쿠니 참배를 강행하는 것은 그것이 정치 쇼이기 때문이고, 이
정도로 간단하게 대중의 인기를 끌어 모을 방법이 없기 때문이다.
그래서 고이즈미뿐 아니라 이시하라 신타로나 아베 신조까지 인기
몰이를 위해 애국주의를 활용하고 있으며, 참배가 '개헌' 의사 표
시의 상징처럼 돼 있다.

이런 '역방향' 행진을 계속하면 존 덜레스가 요구한 재군비에 대
해 요시다 시게루가 거부한 데서 시작된, 부흥의 전후사는 모두 쓸
모없었던 게 된다. 그것은 21세기의 일본에 어울리지 않으며, 두 번
다시 군사 팽창 노선으로 패권을 추구하는 게 아니라 평화를 겨냥
하는 국가로서 재생한 국시의 부정이 된다.

| 신생 이라크 건설과 만주국 건설은 닮은꼴 |

여기서 미국에 의한 패권주의 이야기로 되돌아가면, 이라크 전
쟁의 정당화는 일본의 만주국 정당화와 닮은꼴임을 알 수 있다. 시
대는 다르지만 다같이 타국의 자원을 노린 침략전쟁과 점령이다.
그리고 만주국은 기시 노부스케가, 이라크는 고이즈미 준이치로가
관여했다고 생각하면 두 사람의 모습은 시대를 뛰어넘어 겹쳐져

비치게 된다. 즉, 여기서 말하고자 하는 것은 갑자기 몰려 온 침략군에 의해 가족이 죽임을 당하고, 집이 불타버린 체험을 가진 사람들에게는 일본에서 부활하는 군국주의는 악몽과 같은 것이다. 따라서 다시금 비슷한 상황이 일본을 지배하는 것을 중국인과 한국인은 두려워하고 있는데, 그것은 필리핀 인이나 말레이시아 인도 마찬가지다.

이런 공포심을 심리학에서는 '심리적 외상'Psychological Trauma이라고 하며, 많은 경우에 그것은 평생 지속된다. 그것은 일본인도 갖고 있는 정신의 '욱신거림'과 뿌리가 같고, 원폭 피해의 체험이 그것에 해당한다. 일본인의 '핵 알레르기'는 외국인에게는 이상하게 보여도 일본인에게는 유전자에 새겨진 공포다.

어쨌든 가해자는 피해자의 진정한 고통을 알 수 없는 법이고, 그것을 이해하는 마음을 갖지 못하는 한, 우리는 현상타파가 목적인 포퓰리즘 운동에 휩쓸려 정치적 야망을 가진 자의 손바닥 위에서 춤추는 꼴이 된다. 이것은 일반 민중에게는 완전히 무익한 것이고, 최종적으로는 재산과 목숨을 잃는 것이다.

민족주의는 열광과 결합한 대중운동이어서 일단 불이 붙으면 불꽃을 피워 올리며 퍼져 가는 것이기 때문에 건드리지 않고 가만히 두는 것이 정치의 지혜다. 이런 포퓰리즘의 열광을 정치적으로 이용한 것이 파시즘과 나치즘의 대중운동이며, 그 원류에는 나폴레옹과 조카가 활용한, 쿠데타로 독재자가 된다는 보나파르티즘Bonapartism이 있다. 또 홍위병이 미쳐 날뛴 문화대혁명이 그 중국판이고, 일본인이 체험한 익찬운동도 같은 종류다.

일본은 과거 타국을 싸움터로 삼았을 뿐 아니라 남의 땅에 '지상

낙원'을 건설한다면서 제멋대로 만주국을 키메라로 만들어냈다. 또 규모와 지배 형태는 크게 다르지만 현재의 일본에는 오키나와를 비롯한, 주민을 몰아낸 미군 기지라는 '지상낙원'이 존재하는데 기지의 군인들에게는 낙원일지 모르지만 주민들에게는 생지옥이다. 그리고 미국의 패권주의가 새로 만들어낸 '지상낙원'으로, 현재 이라크에 더욱 큰 것이 탄생하고 있다.

사담 후세인의 독재정치를 타도하고 민중을 해방시킨다는 명목으로 전쟁이 행해진 신생 이라크에서는 매일 수많은 이라크 인이 죽임을 당하고 있다. 이라크 인에게 침략자인 미군은 석유를 약탈하러 온 미국판 '바그다드의 도적'이며, 그 하수인인 자위대는 도적의 앞잡이에 지나지 않는다.

G8 정상회담에서 푸틴의 냉대를 받은 고이즈미

석유 자원은 산업사회의 활력소로 세계의 패권을 쥐는 데 얼마나 중요한가는 국제정치 역사를 보면 한눈에 알 수 있다. 경유로 하늘을, 휘발유로 지상을, 중유로 해상을 지배하는 석유 에너지는 인간의 몸으로 치면 혈액에 해당한다.

전전의 일본이 소련을 가상 적국으로 삼고 있었으면서도 남진했던 것은 인도네시아의 유전을 노린 것이었고, 독일 국방군이 소련을 침략한 바르바로사 작전은 카스피 해 석유를 획득하기 위한 것이었다. 이라크를 침략한 미국은 이라크와 중동의 석유 제압이 목적으로, 그 연장선상에서 카스피 해 주변의 석유는 러시아나 중국에까지 커다란 영향을 미치고 있다.

따라서 2005년 7월 영국 글렌이글스에서의 정상회담 직전에 카자흐스탄 수도 아스타나에서 '상하이협력기구'SCO 정상회담이 열렸다. 여기서 채택된 공동성명에서 푸틴 러시아 대통령과 후진타오胡錦濤 중국 주석 등은 "미국은 중앙아시아 각국에 만들고 있는 군사기지 철수 시한을 밝혀라"고 주장했다.

이 SCO 정상회담에는 몽골 외에 새롭게 인도와 파키스탄, 이란까지 옵서버로서 참가했다. 즉, 대륙 국가들은 미국의 유라시아 전략에 대항하면서, 유럽연합EU에 이은 세력권을 만들고 발전시키려 하고 있다. 이렇게 되면 이라크 파병으로 아랍 세계에 등을 돌린 일본은 유라시아 동쪽 끝에 있는 섬나라로서 고립될 뿐이며 미국의 속령이라는 입장이 될 수밖에 없다.

글렌이글스 정상회담에는 선진 8개국G8 이외에 중국과 인도, 브라질, 남아프리카공화국, 멕시코도 참가했다. 즉, 선진국만의 회담으로는 이제 더 이상 세계를 움직일 수 없게 되는 바람에 앞으로 세계 경제의 견인차가 될 브릭스 각국을 초청해 다양성 속에서 문제에 매달렸던 것이다.

그러나 일본은 고이즈미가 유치한 야스쿠니 참배에 집착하는 바람에 중국에서 일어난 반일 시위 처리조차 제대로 하지 못했다. 야스쿠니 신사와 같은 국지적인 문제에 사로잡혀 유라시아를 포함한 전세계에서 어떻게 움직여 가야 하는가 하는 전략도 없었기 때문에 어느 누구도 고이즈미 총리에게 말을 걸려고 하지 않았다. 급기야 고이즈미는 사진 촬영에서도 맨 뒷줄에 서는 등 '외톨이 까마귀'와 같은 취급을 받았다.

고이즈미에게 더욱 놀라운 일이 일어났다. 그것은 푸틴 대통령이 기자회견에서 앙가르스크 유전으로부터의 송유관은 중국 쪽을 향하게 될 것이라고 발표한 것이다. 이것은 일본을 상대하지 않겠다는 의사 표명이어서, 고이즈미 총리는 푸틴에게 냉대를 받은 것일 뿐 아니라 이런 '고이즈미 극장'의 배우를 총리로 삼은 일본인에게 "세계의 현실을 깨달아라"는 메시지를 보낸 것이다.

| 중국 부총리의 돌연한 고이즈미 면담 취소 사건 |

이처럼 고이즈미의 '깜짝 쇼'는 국내에서만 통할 뿐 세계의 언론이나 정치인은 속일 수 없었다.

사실 고이즈미는 글렌이글스에 가기 약 2주 전에 방일한 중국의 우이吳儀 부총리로부터도 홀대를 받았다. 우이 부총리가 예정된 회담을 돌연 취소한 것이다. 2005년 4월부터 5월에 걸쳐 중국 전역에서 대단한 '반일 운동'이 일어난 것은 야스쿠니 신사 문제와 관련한 고이즈미의 유치한 퍼포먼스 때문이었다. 시위 발생이 베이징 정부의 주도에 따른 것이므로 그 메시지는 극히 단순하다. "야스쿠니에 가지 말라"는 것이다. 그러나 고이즈미는 이에 적절히 대처하지 않은 채 외교 경로를 통해 회담 일정만 잡아두었기 때문에 돌연한 회담 취소를 불렀던 것이다. 더욱이 고이즈미는 "전사자 추도 방법에 대해 남들이 간섭할 일이 아니다"라고 해 우이 부총리를 무시했다.

나는 이 소식을 아랍 에미레이트연합UAE 두바이의 호텔에서 알 있는데, 방에 도착한 현지 영자신문의 제목에 「일본 총리가 중국 부총리에게 퇴짜를 맞았다」고 씌어 있어서 놀랐다.

나는 이것이 아랍인 특유의 반응일지도 모른다고 생각하고 다른 현지 신문을 보았더니 "중국이 야스쿠니 문제로 일본을 비난했다"라고 나와 있었다. 그래서 혹시나 하고 영국 경제지 『파이낸셜 타임스』를 보았더니 "중국은 일본의 야스쿠니 신사 발언에 분노를 표명"이라고 나와 있었다. 그런데 인터넷판 일본 신문들은 모두 "우이 부총리의 회담 취소는 무례하다"고 비난하는 논조였다.

고이즈미는 자신의 교섭 상대에 대해 몰라도 너무 모른다. 중국 부총리라지만 그녀는 석유기사 출신이고, 국제석유업계의 프로 중 한 사람이다. 『포브스』(2004년 8월호)를 보면 알 수 있듯, '세계에서 가장 영향력 있는 여성 100명' 특집기사에서 그녀는 콘돌리사 라이스 미백악관 안보보좌관에 이어 두 번째였다.

우이는 중국 석유 비즈니스의 주도자로 주룽지朱鎔基 총리가 처음 모스크바를 방문했을 때 석유 문제 교섭을 틀어쥐고 에프게니 프리마코프 외무장관을 상대로 대활약을 했다. 더욱이 미국을 상대로 한 지적소유권 협상 무대에서는 미국 대표가 선제 펀치를 날릴 요량으로 "자, 도둑과의 교섭이다"라고 말문을 열자, 그녀는 즉각 "이쪽은 강도와의 교섭이다. 미국 박물관에는 중국에서 강탈해 간 전시품으로 넘친다"고 반격했다. 그래서 그녀는 일약 '철의 여성'이라고 불리게 된 화제의 주인공으로 고이즈미 수준의 국제 감각과는 격이 다르다. 즉, 고이즈미가 보통 상대하고 있는, 인기 몰이를 위해 선택한 탤런트 출신 여성 각료와는 차원이 다른 정치 프로다.

지금 중국의 석유 비즈니스 능력은 일본을 크게 앞질러, 중동이나 아프리카에 진출해 있다. 내가 두바이에서 모은 정보에 따르면 아프리카 수단에서의 중국 석유탐사 실태는 민간상사가 중심인 일본과는 압도적 차이가 있었다. 또한 중동에 대한 중국의 열의는 국가 전략으로서 자리를 잡고 있어서 일본과는 비교도 되지 않을 정도다.

일본인은 과거의 경제대국 꿈에서 아직 깨어나지 못했으며, 그저 아랍어를 할 줄 안다고 중개인이 되는가 하면 석유를 이권이라고만 여기고 중동 문제를 다루고 있다. 하루 빨리 이런 꿈과 자아도취에서 깨어나지 않는 한 세계로부터 외톨이로 떨어져 나갈 게 확실하다고 단언할 수 있다.

중국의 유노칼 매수극이 의미하는 것은 무엇일까?

여걸 우이는 2005년 여름 국제 뉴스를 달군 '중국해양석유에 의한 미 석유회사 유노칼 매수극'의 지휘자다. 결국 이 매수극은 미국 의회의 강경한 반대에 부딪혀 좌절했지만 중국이 세계 경제 무대에서 무엇을 겨냥하고 있는가에 대해 분명한 의도를 드러냈다.

유노칼 매수는 셰브론 석유가 끄집어낸 166억 달러 규모의 주식교환 교섭으로 시작됐다. 거기에 중국해양석유가 185억 달러를 제안했고, 그것도 현금으로 사겠다고 신청했다. 유노칼은 태국 샴 만에 거대한 가스전을 갖고 있고, 알래스카의 쿡 강 하구에도 유전과 가스전을 갖고 있다. 또 아프간전쟁의 원인이 된, 투르크메니스탄의 천연가스를 파키스탄으로 운반하기 위해 아프간을 거치는 가스관을 부설한다는 계획은 유노칼이 기획한 대규모 개발사업이다. 또 이런 계획은 탈레반 정부와의 사이에서 진행됐고, 그런 관계로 미국 정부는 기회를 노리다가 아프간 침략 전쟁을 시작했다.

즉, 미국 내 10위의 중견 석유회사라고는 해도 미국의 세계 전략에서는 빼놓을 수 없는 회사다. 따라서 그것이 중국 정부를 배경으로 한 회사에 매수되면 미국의 안전보장에 위협이 된다며 하원의원들이 맹렬하게 매수에 반대했던 것이다.

이 사건으로 나는 30여 년 전에 '석유기업 매수 권유'라는 내용의 기사(사이마루출판회 『석유 기아』에 수록)를 썼던 일을 떠올렸다. 그 기사에서 나는 미국 중견 석유회사를 매수하는 계획의 유용성을 주장하면서 자산이나 시가평가액 등과 함께 그런 회사의 내용 진단을 시도, 유망한 매수 대상 후보 회사를 추렸다. 그것은 스탠더드 오일 캘리포니아(현재의 셰브론), 스탠더드 오일 인디애나, 테네코 오일, 옥시덴탈 석유, 필립스 석유, 선 오일, 애시랜드 오일 등이었는데 현재 대부분이 흡수 합병돼 회사명이 바뀌었지만 건재하다.

사실 나는 당시 유노칼의 전신인 석유회사에서 북극해 쪽의 석유개발을 담당했었다. 그리고 어느 날 부사장이 점심식사에 불러 다음과 같은 얘기를 해 준 것이 인생의 전기가 됐다. "석유에 관한 일반적인 것이라면 무슨 얘기를 써도 괜찮다. 그러나 미국의 국책에 어긋나는 것은 피하는 것이 좋다."

나는 이 말을 듣고 전직을 결의, 벨기에 계의 페트로피나로 자리를 옮겼는데 현명한 독자라면 그 이유를 알 수 있을 것이다. 페트로피나는 그 후 프랑스 토털 석유와 합병해 세계 유수의 석유회사인 토털피나 엘프로서 지금까지도 활약하고 있고, 이라크에도 커다란 석유 광구를 갖고 있다.

개인적으로 그런 일이 있었기 때문에 나는 우이 부총리가 중국 해양석유를 이끌고 유노칼 매수에 나선 것을 통쾌하다고 여긴 반면, 일본이 얼마나 한심한가를 통감했다. 석유를 둘러싼 국제정치에 대해 생각하면 야스쿠니 신사 참배 따위의 망상에 사로잡혀 고립을 자초한 데 대해 다음 세대에 뭐라고 변명할 것인가. 더욱이 중국에는 실물 경제에 밝은 전문가와 우이 부총리가 있어 나는 마음 한구석으로 박수를 쳤는지도 모른다.

바로 이 무렵 일본에서는 사기 사업이 뜨거운 화제가 됐고, 라이브도어 사장인 호리에몬이 후지TV 최대 주주인 닛폰방송(라디오) 매수에 나서는 바람에 언론이 크게 소란스러웠다. 그러나 이것은 주식을 활용한 규모가 작은 종이 쪼가리 투기였고, 한 주를 단기간에 1440주로 쪼개는 마술이 연금술 수법으로 쓰였다. 1440은 장사꾼들에게는 신성한 숫자로, 12의 제곱의 10배를 의미한다. 또 1980년대 미국에서 정크 본드 마술에 사기꾼들이 써먹었던 손때 묻은 수법이다. 따라서 호리에몬 배후에 미국 사기꾼이 있어서 그런 노하우를 전해주었을 터인데, 이런 사기꾼이 자민당 후보가 되어 정치 세계에 뛰어들었으니 참 세상은 말세라는 생각이 든다. 어쨌든 석유라는 전략 자원 쟁탈에 의한 실물 경제 매수극에 비한다면, 같은 매수극이라도 충격의 크기가 다르다.

일본에서는 법학부나 경제학부를 나온 관료가 생물인 경제를 제어하려고 하기 때문에 세계 경제의 역동적 움직임을 알지 못한다. 가령 초저금리 정책을 취하고 있는 일본에서 유출된 자금이 미 재무성 공채나 유럽에서의 엔화 기재에 의해 투지펀드를 경유해 일본으로 돌아와 일본 기업이나 자산을 탈취하는 데 쓰인다는 것 등은 상상조차 하지 않는다. 무역입국으로 아무리 수출을 많이 해서 외화를 축적해도, 국내에서 자금이 돌지 않는 불모의 경제제도라면 실익이 없다. 이런 경제는 달러라는 허구의 기축통화제도에 바탕해서 이뤄진 것이어서 아무리 흑자가 늘어도 국부와는 관계가 없고, 국민은 언제까지고 풍요로울 수 없다.

달러를 이용한 사기수법을 알아챈 중국 정부는 종이 쪼가리가 될 달러를 유노칼 지배권과 교환해서 석유라는 실물과 석유개발의 노하우를 손에 넣고, 인재까지 감싸 안으려고 했다. 이것이 우이 부총리가 전략적으로 시도한 유노칼 매수 작전의 참뜻이다.

| 같은 독재라도 중국 쪽이 인재가 풍부하다 |

일본에서는 중국 정부의 최고지도자로 뻗어나갈 수 있는 인재로 우이와 같은 이공계 출신이 등장하는 데 대해 거의 눈길을 보내지 않고 있다. 이것은 너무나 얼빠진 것이자, 중국 수뇌부의 실력을 오인하고 있는 것과 직결된다. 왜냐하면 일본은 정치인이나 관료 거의 대부분이 문과 출신이기 때문이다. 이렇게 해서는 논리로써 이 세상을 지배하고 있는 법칙에 대해 철저하게 이해하는 것이 불가능해진다.

고이즈미나 아베처럼 일본어조차도 불분명하면 실제 그것을 외국어로 번역할 경우 의미가 없어진다. 이런 '이성 없는 외교'로 인해 일본의 고립은 점점 더 심각해진다. 이는 교육의 문제로, 자칫 우수 인력이 뒷받침되지 않으면 일본은 3류 국가 지위에 머물고 말 것이다.

내가 이런 말을 한다고 해서 중국 정부를 과대평가하고 있는 것은 아니다. 중국의 공산당 지배체제는 부패가 심해지고 있는 데다 공산당 독재로 인해 국민의 이익을 고려하지 않는다는 점에서 일본의 자민당 정치의 지배구조와 마찬가지라고 생각한다. 중국 정부는 국민의 이익보다도 기득권을 중시하고, 자신들의 지배를 연장하기 위해 외국자금을 끌어들여 거품을 만들다 보니 이제는 막다른 골목에 봉착했다. 어떤 의미에서는 그저 경제 파탄을 미루고 있는 데 지나지 않는다. 이것은 일본 정부가 국가 파산을 연장하고 있는 것과 방법론은 다르지만 실태로서의 구조는 완전히 똑같다.

다만 중국 공산당이 일본 자민당과 달리 연기정치로 인기몰이를 할 수 없는 당내 사정이 있고, 우수 인재들이 대단히 풍부해서 외교 수완을 통해 나름대로의 존재감은 확실히 부각하고 있다.

이런 관점에서 보자면 중국의 반일 데모에 대해 일본인이 화가 나서 감정적으로 반발하는 것이 얼마나 어리석은 것인지를 알 수 있다. 왜냐하면 휴머니즘이 없는 민족주의는 너무 허술할 수밖에 없는데, 중국이나 일본에서 대두하고 있는 민족주의는 휴머니즘 관점을 결여하고 있다는 점에서 조잡하고 파괴적일 따름이기 때문이다.

베이징 정부로서도 중국 국민이 일본인에 대해 갖고 있는 '정신적 외상'을 이용해서 인민을 조종하고 있는데, 이는 포퓰리즘에 휩쓸린 대중은 언제나 동원되고 착취 받기만 하다가 끝나는 것이 세상의 이치이기 때문이다.

앞으로 중국에시는 2008년 베이징 올림픽과 2010년의 상하이 만

국박람회 등 커다란 이벤트가 계속돼 경제는 활황을 보이겠지만 이런 것은 베이징 정부의 연명책에 지나지 않는다. 팽창한 거품은 반드시 터지게 마련이고, 경제적 격차가 국민의 분노를 끌어올려 공산당 독재에 종언을 고할 때가 올 것이다. 그러나 그것을 실현시키는 것은 다른 나라가 아니라 중국 인민이어야 한다.

| 러일전쟁의 교훈을 오해하는 일본인 |

일본인이 앞으로 아시아에서 어떻게 살아야 할 것이냐를 진지하게 생각할 때 중국과 일본을 거울 관계로 보는 것은 대단히 중요하다. 현재 중국은 과거 일본의 모습을 보여주는 거울이고, 현재의 일본은 앞으로의 중국을 보여주는 거울이 되기 때문이다. 그것은 이대로 중국의 독재체제가 유지되고, 경제 확대가 계속된다면 마침내 미국의 세계 패권과 확실하게 충돌하게 된다. 이때 미국은 틀림없이 특기로 삼고 있는 선제 공략을 발동할 터인데, 그때 도움이 되는 것이 러일전쟁의 교훈이다.

러일전쟁으로부터 100년이 경과한 2005년 고이즈미가 '야스쿠니 유신'에 의한 익찬체제를 구축했다. 그리고 정국의 혼란이 극에 이른 시기의 일본 서점에는 러일전쟁 관련 서적이 많이 진열됐지만 해전이나 전투에 대한 책도 많았다. 일본인은 서구열강에게 처음으로 이긴 이 전쟁을 "일본이 세계의 인정을 받았다"는 기념비로 파악했다. 그러나 러일전쟁은 제국주의 전쟁의 전형이고, 일본은 서구열강의 극동 대리전쟁을 했던 데 지나지 않는다. 대일본 제국이 강력해서 러시아 제국을 쳐부순 게 아닌데도 대승했다는 신화에 일본인은 지금도 도취되고 있다.

러일전쟁의 주된 싸움터는 중국 영토 내의 만주였고, 거기서 일본인과 러시아 인이 피를 흘리며 싸웠는데, 러시아도 일본도 전비는 외국자본에 빚을 냈고, 탄약이나 무기 등의 장비도 외국 제품이었다. 즉, 일본은 당시 세계 패권을 쥐고 있던 대영제국의 대리로, 러시아 제국은 프러시아 황제 빌헬름 2세(1859~1941)의 선동에 의해 다른 나라 영토에서 대리전쟁을 했던 데 지나지 않았다.

당시 대영제국은 인도나 중국에서의 권익을 지키기 위해 극동에서의 러시아 남하 정책에 쐐기를 박을 필요가 있었고, 그 앞잡이로 선택된 것이 신참인 일본이었다. 또 러시아 황제 니콜라이 2세(1868~1918)는 빌헬름 2세로부터 일본의 위협을 주입받은 결과 일본과 러시아가 싸워야 하는 처지가 됐다.

빌헬름 2세는 권모술수에 능한 팽창주의자였고, 독일 귀족의 딸을 비로 맞은 연하의 니콜라이를 주무르고 있었기 때문에 러시아와 프랑스 사이를 멀어지게 하려고 획책했다. 그리고 후방지원 형식으로 러시아에 무기를 공급하고 크루프나 지멘스 제품을 팔아먹는 공작을 했다. 또 러시아가 남하해서는 곤란한 영국은 당시 보어전쟁에 휘말려 손이 부족했기 때문에 영일동맹을 맺어 일본을 자극해, 참전을 시켰던 것이다. 따라서 다카하시 고레키요高橋是淸가 런던에서 전비를 조달할 때 자금을 돌려주었고, 일본인은 빚을 내서 피를 흘렸는데, 이때 전사자의 4배나 되는 일본군이 각기병으로 죽었다.

결과적으로 가장 크게 손해를 본 것은 러시아 제국의 멸망을 맞본 니콜라이였지만 일본도 전비가 쌓이는 바람에 큰 피해를 보았다. 그런 가운데 배상금이 빠진 강화조약에 불만인 우익의 선동으로 대중운동의 열광과 용틀임을 타고 등장한 것이 고이즈미 할아버지 마타지로였다는 것은 이미 앞에서 밝혔다.

어떻든 전쟁으로 돈을 번 것은 전쟁 당사국 국민이 아니라 무기를 사들일 돈이나 전비를 빌려주는 전쟁꾼이었다. 지금 니콜라이 역할을 맡은 것은 고이즈미고, 빌헬름 2세의 역할은 미국 전쟁꾼들이 맡고 있다. 과거의 대영제국을 대신해 패권을 쥔 미국이 다시 일본을 과거처럼 싸구려 배우로 삼으려고 하고 있는데도 그것을 알지 못하는 국민은 '고이즈미 극장'에 몰리고 있다.

민주주의를 앞세운 미국으로서는 자국 청년들의 피를 흘리면 반전운동이 일기 때문에 고이즈미의 군국주의 경도를 이용해 일본인을 중국의 팽창주의를 가로막을 방파제로 삼고 있는 것이다. 만약 중국과 정말로 충돌하게 된다면 미국은 현대적 장비를 갖춘 일본의 군사력을 이용해 아시아 인끼리 싸우게 할 작정이다. 그뿐 아니라 일본이 핵무장을 하면 아시아를 핵 전장으로 이용한다는 계획도 미국에서는 장기 전략으로 구상되고 있다.

북한 카드의 위험성과 미사일 방위 계획의 덫

일본을 중국에 맞세울 결정적 수단으로 삼기 위해 미국 전쟁꾼들이 쥐고 흔든 것이 바로 '북한 카드'다. 이 카드를 슬쩍 내보인 미국의 아시아 전략은, 북한 미사일 공격의 위협을 강조해서 일본인의 불안감을 필요 이상으로 끌어올리는 공작이다. 그렇게 함으로써 일본인 스스로 헌법을 개정해 재군비 강화에 매달리도록 할 속셈이다.

일본은 이미 이 덫에 걸렸는데 그것은 방위장비 명목으로 배치가 결정된, 미사일 방위MD라는 시스템이다. 고이즈미 내각과 공명당은 MD 계획을 실시하기 위해 자위대법과 방위청설치법의 개정안을 상정해 2005년 6월 국회에서 통과시켰다. '우정개혁법안'보다는 훨씬 더 중요한 이 법안은 아무런 저항을 받지 않고 국회를 통과했는데 그 문제점을 지적하는 언론도 없었다.

MD는 타국이 발사한 탄도미사일을 자국의 요격미사일로 격추시키는 시스템인데, 그 효과에 대해 많은 의문이 제기되고 있다. 지금까지 여러 차례의 실험에서 실패를 했고, MIT의 시어도어 포스털 교수는 "치명적인 결함이 있어서 도대체 쓸 만하지 않다"고 관련 자료를 공개했다. 그러나 일본은 미국의 말대로 이즈스함에 요격미사일SM3을 장착하는 동시에 지상 기지에 대공유도탄 패트리어트PAC3를 배치하기로 결정했다.

그런데 요격미사일을 발사하는 데 가장 중요한 역할을 하는 인공위성에 의한 지구위치측정시스템GPS은 미국이 장악하고 있어, 일본 측은 단지 사들인 장비의 버튼을 누르는 것일 뿐이다. 또 위협이라는 북한의 미사일은 표적 명중 정밀도가 크게 떨어지는 허장성세에 지나지 않는다는 지적이 무성하다.

이 MD계획에는 당초 캐나다도 참가할 예정이었으나 2005년 2월 24일 폴 마틴 총리는 갑자기 이 계획에서 이탈한다고 발표했다. 캐나다 언론의 보도에 따르면 캐나다 하원의 발리슈 의원은 MD를 '백치농맹'인 북미 미사일 방위 계획이라고 형용하면서 "우리는

'백치동맹'에는 참가하지 않는다"고 강조했다고 한다. 이것은 이라크 파병에 참가한 '유지동맹'을 비튼 것으로 미국을 강력하게 비아냥거린 것이기도 했다.

이 MD 계획에 대해 잘 생각해 보면, 북한과 중국에서 날아오는 미사일이 탄도탄이라는 말에 사로잡힌 나머지, 핵탄두가 날아오리라는 지레짐작을 하고 두려워하며 야단법석을 떠는 것은 참으로 우스꽝스럽다. 냉정하게 일본이 처한 상황을 생각한다면, 적의 핵 공격이라는 어리석은 강박관념을 덜어야 한다는 것과 그것이 선전술임을 알 수 있다. 왜냐하면 일본에는 원자력발전소가 50개 이상 있고, 그 파괴는 포탄이나 다이나마이트로도 충분해서 굳이 핵미사일로 공격할 필요가 전혀 없다.

오히려 그 이상의 파괴력을 가진 대지진이 가까운 장래에 찾아올 가능성이 훨씬 더 크기 때문에 지진 대책에 우선순위를 매겨야 한다. 대지진이 찾아오면 저절로 핵폭발을 일으키기 때문에 MD보다는 지진이 날 때의 피해 예방에 매달리는 쪽이 훨씬 더 중요하다.

그런데도 불황에 신음하는 일본 방위산업에는 MD가 보물섬이기 때문에, 최종적으로 2조 엔 규모에 이를 것이라는 추산을 바탕으로 미국은 고이즈미에게 압력을 가하고 있는 듯하다.

이렇게 러일전쟁의 교훈이 허망한 방황을 거듭하고 있는데, 이래 가지고서야 러일전쟁이나 태평양전쟁에서 죽은 사람들이 눈을 감을 수 없다. 중국 대륙에서, 태평양의 섬에서, 그리고 일본 본토에서 시체의 산을 이룬 일본의 전쟁 역사는 고이즈미의 자아도취 외교에 의해 유린되고 있는 것이다.

'일본은 아무것도 아니다'는 말은 밖에서 본 일본의 모습이다. 이는 현재 일본 국내에서는 불황이라고는 하지만 무엇이든 가능한 '애니싱 오케이' 상태가 계속되고 있기 때문이다. 고이즈미가 만들어낸 현재의 일본은 말 그대로 좀비들이 지배하는 '바보들의 낙원'으로 바보들이 활개를 치는 벼락부자 천국이다.

CHAPTER 08

일본은 아무것도 아니다

KOIZUMI'S ZOMBIE POLITICS

| 영미 언론의 '일본 홀대' 보도 |

일본은 고이즈미 정권의 장기화와 전횡 강화로 확실히 멸망을 향해 나아가고 있다. 특히 9·11 선거에서 야당이 대패해 무력해짐으로써 대안을 살릴 여지가 없어진 것은 민주주의 사회에서는 치명적이다. 대안은 한계에 봉착했을 때 그것을 극복하는 데 있어서 불가결한 예비 목표인데 정치 시스템에서 그것이 결여되면 선택 범위는 극히 제한돼 버린다.

역사에서 치명적 파탄의 배후에는 늘 대안의 부재나 취약성이 존재했다. 일본의 병리가 점점 심각해지고 있는 이때 대안이 없는 채 '성역투성이 개혁'만 남으면 일본 자체가 파탄나 버린다. 그런데도 일본인은 대안을 제시하기보다 '화和를 소중히 여기기' 때문에 다양성이나 대안을 중시하는 정신을 키우지 못하고 있다.

더욱이 이런 상황은 미국을 비롯한 구미제국에 있어서는 아무렇게 돼도 상관없는 남의 일이어서, 스스로 해결하지 않으면 자신만

손해볼 뿐이다. 즉, 어디까지나 그것은 일본의 문제라는 것이다.

그것을 확실히 가르쳐 준 것이 우정 해산 이후에 나온 구미 언론의 기사에 나타나는 말투다. 2005년 8월 8일자 영국『파이낸셜 타임스』는 "국제금융계가 조금 더 참고 기다리면 일본의 우편저축 330조 엔을 손에 넣을 수 있다"고 썼다. 또 8월 12일자『워싱턴포스트』는 "고이즈미 총리가 정치적 도박에서 이겨, 총선에서 중의원 과반수를 유지하기를 희망한다"는 내용의 사설을 실었다. 그런데 "고이즈미 총리의 구상대로 되리라는 보증은 없다"고도 쓰고 있어서, 언뜻 냉정한 선거 분석을 하고 있는 것처럼 보이지만 마지막에 "이라크로부터 자위대의 철수를 요구하고 있는 민주당 정권이 탄생하면 미국에게는 귀찮은 일이 될 것"이라고 써서 명백히 고이즈미를 옹호했다.

이런 고이즈미 옹호론은『워싱턴 포스트』뿐 아니라『뉴스위크』(2005년 8월 22일자)나『파이낸셜 타임스』(2005년 8월 11일자)도 같은 기사를 실어, 고이즈미를 '일본의 개혁자'라고 칭송했다. 더욱이『월스트리트 저널WSJ』8월 26일자 기사는 시티그룹의 분석으로서 "민영화 실시로 미국채, 유로채, 주식 투자가 승자가 되고, 일본 국채나 정부보증채가 패자가 될 것"이라고 썼다.

도대체 왜 그들이 이렇게까지 썼을까. 바로 그것이 그들의 속마음이기 때문이다. 한마디로 그들은 우선 자국의 국익만 염두에 두고, 둘째로 일본 국민의 이익 따위는 생각하지 않으며, 셋째로 일본이 어떻게 되든 관심 밖이기 때문이다. 관심이 있는 것은 우편저축의 돈뿐이다.

일본인의 선의와 무지는 그들에게는 도움이 된다. 러일전쟁처럼 전장에서 피를 흘린 것은 물론이고, 이제는 저축을 모두 토해내 우편저축 자금을 해외로 흘러가게 해준다니, 고마운 일이라고 환영하고 있는 것이다. 그리고 그것이 초자유주의 경제에는 딱 들어맞는 것이다.

최근 구미 언론을 일본에서는 깊이 이해하는 기자의 처지가 약해지고 있고, 일본을 그저 사냥감이나 지갑으로만 보는 경향이 강하다. 그래서 선진국의 같은 동료로 여기지 않고, 이런 '일본 홀대 보도'를 계속하고 있는 것이다. 이는 일본인의 입장에서는 매우 심각한 문제다. '일본은 아무것도 아니다'는 인식이 퍼지면서, 국제 사회에서 일본은 패자로 인식되고 있다.

이는 언론뿐 아니라 미국의 일본 연구자들에 대해서도 말할 수 있는데, 최근 그들은 일본의 조락凋落과 함께 일본 연구에 전념하지 않고 있으며, 특히 성실하고 문제 의식이 높았던 연구자일수록 일본의 현상에 환멸을 느껴 일본 연구를 후회하고 있다. 그 때문에 일본에 대한 관심이 사라져 '폐업'하는 학자나 중국, 동남아로 연구 대상을 바꾸는 학자들이 속출하고 있다.

미국 대학원도 마찬가지로 UC샌디에고 대학UCSD 교수는 "과거 열댓명의 학생이 있었지만 지금은 한 명밖에 없어서 곧 일본 연구는 소멸해 버릴 수도 있다"고 토로한다. 젊은 세대가 관심을 보이지 않으면 심도 있는 일본 연구는 대가 끊어지고, 정말로 일본을 이해하는 사람이 없어질 것이다. 그와 동시에 내가 걱정하는 것은 착실한 일본 연구자의 퇴조와 때를 맞춰 수상쩍은 일본 취급자가 속속 대두되고 있다는 점이다.

| "경우에 따라서 일본은 떼어내야" |

수상쩍은 일본 취급자를 비롯해, 어쩔 수 없이 일본을 상대로 일하고 있는 사람에게 일본이 단순한 사냥터와 사냥감에 지나지 않는다는 것은 약육강식이 본격화한 시대상으로 보아 당연한 일이다. 따라서 그들의 머리 속에는 정글의 법칙은 있을망정 일본 국민에 대한 배려 따위는 없다. 그 좋은 예가 우정민영화에 대한 기대로 우편저축이나 간이보험의 350조 엔이라는 액수에 사로잡혀『월스트리트 저널』과『파이낸셜 타임스』가 입을 모아 크게 환영하는 기사를 쓴 것인데, 이는 개인 차원의 발언도 마찬가지다.

가령 메사추세츠공과 대학MIT 정치학부의 일본 연구 프로젝트 소장인 리처드 새뮤얼스는 일본인 이상의 일본통인 학자인데도 최근 연구에 별로 공을 들이지 않고 있다. 그는 과거『부국강병의 유산Rich Nation, Strong Army』(1997)이라는 책에서 "일본 방위정책의 실제 관할관청은 방위청이 아니라 통산성이다" "통산성의 전신은 전전의 상공성이 아니라 전시중의 군수성이다"라는 등의 놀라운 지적을 했다. 그러나 최근 "고이즈미 총리는 전후 일본에서 가장 위대한 재상이다"라고 엉뚱하게 말하는 등, 일본에 관심이 없는 듯하다.

한마디로 고이즈미 정권이 탄생한 이래 얼마나 국민이 괴롭고, 일본 사회가 퇴화하고 있는지에 대해 그들은 관심이 없다. 일본 지방 도시라면 어디에든 있는 역전의 상점거리가 '셔터거리'로 불리고 있고, 매일 자살자가 100명을 넘는 것을 써도, 미국에서는 아무도 읽지 않고, 평가해 주지 않는다는 것은 흑인 빈민가 문제와 큰 차이가 없기 때문이다.

그러나 일본이 달려가고 있는 방향만이 아니라 당장 눈앞에서 진행되는 현실을 보면 사태는 심각하다. 왜냐하면 고이즈미 정권은 역대 내각의 기록을 잇따라 경신하고 있지만 그 기록은 대부분 '최악'에 속하는 것이기 때문이다. 그것을 구체적으로 보면 다음과 같다.

항목	취임 전(2000년도)	취임 후(2004년도)
자살자 수	31,957명	32,325명
완전실업률	4.7%	4.6%
노동가구 실질 월수입	558,424엔	529,822엔
도산 건수	18,769건	13,679건
개인파산자 수	139,231명	211,402명
명목 GDP	513.4조 엔	505.4조 엔
국채 채무잔고	367.6조 엔	483조 엔
일본 국채 신용등급(무디스)	Aa1	Aa2
세수	50.7조 엔	41.7조 엔
닛케이 평균주가(*)	13,973엔	13,574엔
은행 대출 잔고	458.7조 엔	385.4조 엔
생활보호 가구 수	805,169가구	977,726가구

(*) 2001년 4월 26일 종가와 2005년 9월 30일 종가 비교

이런 통계가 보여주는 것은 결국 고이즈미가 순식간에 많은 일본인을 실패자로 전락시켰을 뿐 아니라 패자의 지옥을 만들어 버렸다는 점이다. 그리고 재정위기는 시간이 지날수록 눈덩이처럼 커지고, 결국 파산에 이를 것이다. 그러나 일본인은 그것을 알아채지 못하고 있다.

일본의 위기는 지금까지 뜻있는 구미 언론과 양심적인 일본 연

구자에 의해 지적돼 왔으나 최근 그런 지적을 찾아보기 어렵게 됐다. 그것은 고이즈미 개혁이 진전되고 있어서가 아니다. 진정한 일본 연구자라면 "손재주를 가지고 일본을 구하려고 해도 무의미하다"라는 것을 알고 있다. 따라서 입 다물고 지켜볼 뿐이다.

더욱이 구미 언론은 "일본이 파탄하는 것은 자업자득"이라고만 생각하고 있고, "일본이 자멸한다면 그 영향을 최소한으로 억눌러야 한다. 때에 따라서는 격리해야 한다"는 논조까지 드러내고 있다. 그뿐 아니라 "자멸한다면, 그 전에 얻어낼 수 있는 것은 다 얻어내고 그 뒤는 마음대로 하도록 내버려 두자"는 것이 그들의 속마음이다. 러시아의 인플레가 맹위를 떨쳤을 때 얼마나 약육강식이 심했는지를 생각하면서, 우리는 망국의 비극이 얼마나 비참한 것인지를 마음 깊이 새겨야 할 것이다.

| LA 일본 거리의 눈뜨고 보기 어려운 쇠퇴 |

일본의 쇠퇴는 내가 살고 있는 캘리포니아 주에서도 피부로 실감할 수 있다. 일본 기업은 잇따라 지점을 폐쇄하고 철수하고 있으며, 과거 일본 기업이 들어 있던 상가 건물에는 지금 다른 고객들이 점포를 만들고 있다. LA거리를 걸어보면 일장춘몽의 참뜻을 알 수 있다.

1980년대 후반 LA 중심가의 고층건물은 그 80퍼센트가 일본계 자본이 독점하고 있었다는데 지금은 모든 것을 헐값으로 팔고, 일본인은 자취를 감췄다. 그래서 일본인 거리인 '리틀 도쿄'는 한산

하기 이를 데 없어 '셔터 거리'로 변했으며 거기서 마주치는 일본인의 얼굴에는 생기가 없다.

일본인 거리에는 일미문화회관JACCC이 있고, 몇 년 전 여기서 이사장의 경비남용 사건이 일어나 의혹 추궁을 위한 LA거주 일본인들이 서명운동에 나섰던 일이 있다. 나도 그 조사와 취재에 협력했다. 일본 기업이 미국에서 철수하는 바람에 기부금이 모이지 않는데도 불구하고 이사장이 높은 급여를 받고, 거액의 경비를 썼다는 사실이 발각된 것이 사건의 개요다. 이 사건은 유야무야됐지만 일본인 거리에서 가장 먼저 달아난 것은 일본 총영사관이었다.

총영사관은 주민들의 이전 반대를 뿌리치고, 이용자들이 주차하기 어려운 중심가에 새로 지어진 건물로 이전했다. 영사 사무를 위해서라면 일본인 거리에서 가깝고 이용자에게도 편리한 이곳을 버리고 고층빌딩으로 이전해 버렸다. 좀비 관료에 의한 세금 낭비는 비단 국내에 한정된 것이 아니었다.

나는 현재 LA에서 300킬로미터 떨어진 사막 한 가운데의 도시인 팜 스프링스에 살고 있다. 내가 이 마을에 사는 것은 사막이 좋아서인데, 세계에서 유일하게 물이 풍부한 곳이다. 나는 이곳에서 골프를 치지는 않지만 통신망이 완비돼 있고, 공항도 가깝기 때문에 유쾌한 생활을 즐기고 있다. 그래도 일본 책을 구하려면 LA에 가야하는데, 나는 아사히야旭屋 서점의 폐점이 너무 안타깝다. 미국 서부에서 최대의 장서를 자랑한 서점 자리는 1년 전부터 셔터가 내려진 채이며 아직 아무도 입주하지 않았다. LA에 남아 있는 기노쿠니야紀伊國屋 서점의 서가의 절반은 만화책이 차지하고 있고, 단행본보다는 잡지가 많아서 나와는 맞지 않는다.

이렇게 일본의 조락은 세계적으로 일어나고 있는데 반해 한국이나 중국은 활기차다. 차이나타운은 지금까지보다 더 활기차고, 코리아타운이나 리틀 사이공도 사람들이 북적거린다. 과거의 경제대국이 정치의 빈곤으로 목 졸려 죽어 버려, 일본은 LA에서도 '아무것도 아니게' 되었다.

| 구조개혁으로 거짓과 날조 횡행은 고쳐지지 않는다 |

'일본은 아무것도 아니다'는 말은 밖에서 본 일본의 모습이다. 이는 현재 일본 국내에서는 불황이라고는 하지만 무엇이든 가능한 '애니싱 오케이'Anything OK 상태가 계속되고 있기 때문이다. 고이즈미가 만들어 낸 현재의 일본은 말 그대로 좀비들이 지배하는 '바보들의 낙원'으로 바보들이 활개를 치는 벼락부자 천국이다.

실은 국가가 망하는 것은 대불황이나 거액의 부채, 전쟁 때문이 아니라 인간이 열화해서 사회가 부패해 버리기 때문이다. 인간의 질이 떨어지면 정치도 경제도 모두 엉망이 되는 것은 당연하다.

원래 건전한 사회는 정치가가 국민의 지도자로서 내정과 외교를 행하고, 관료는 국민을 위해 봉사하고, 언론은 권력을 감시해서, '공공선'에 대한 의지가 관철되는 모습이다. 그리고 기업인은 공정하고 성실한 경제활동을 하고, 학자는 진리를 추구함으로써 학문이 발달하고, 인재가 자라나서 사회가 발전해 간다.

그러나 모두 멋대로 떠들기만 할 뿐 정치가와 관료가 국민을 우습게 여기고, 언론이 권력과 유착하고, 학자는 밤낮 글을 파는 데 여념이 없고, 기업인은 부정 거래에 매달려 성공하기만 하면 무엇을 하든 괜찮다는 식이다. 선거는 정치이념이나 판단력과 아무런 관계가 없어지고, 유명하기만 하면 누구든지 후보자로 나설 수 있는 사회는 난리법석의 '발푸르기스의 밤' 그 자체다. 이래서야 거짓말과 날조가 횡행하는 것이 당연하고, 사회의 질이 떨어져 흐트러질 뿐이다. 가령 나쁜 짓이나 속임수로 국내에서 '승자'가 되더라도 세계에서 일본인의 신용을 잃음으로써 '패자'로 전락해 민족의 존엄을 손상한다. 거짓과 날조의 횡행은 구조개혁으로는 고칠 수 없으며, 단순한 구조개혁에서는 좀비와 바보를 몰아낼 수 없어 좀비는 좀비대로, 바보는 바보대로 살아남는다.

즉, 현재 일본이 즉각 단행해야 할 개혁은 일본인의 질을 끌어올리기 위한 절도의 회복이다. 제대로 된 교육을 통해 교양과 지성을 갖춘 일본인을 키워내야 한다. 그렇지 않으면 어떤 개혁을 해도 무의미하다.

철학자 데카르트는 『방법서설』에서 "아무리 조잡하고 머리가 둔한 사람이라도 올바르게 이끌기만 하면 누구나 바른 의견을 이해할 수 있다"고 밝혔다. 일본이 결여하고 있는 것은 이런 자세다. 그렇게 훈련된 인간이 늘어나면 일본 사회는 역사의 흐름과 역행하지 않고, 분명히 제대로 된 민주주의 사회로 성장해 갈 수 있다. '공공선'이라는 개념이 일반에 보급되지 않는 것은 누구도 그것을 가르치거나 실천하지 않은 채 사회와 산업이 비대화한 데 대한 국민의 자각이 늦어진 때문이다. 또 사이고 다카모리西鄕隆盛(1828~1877)는 스스로 경계하는 기분으로 다음과 같이 말했다.

"목숨도 필요 없고, 이름도 필요 없고, 관직도 돈도 필요 없는
사람은 다루기 어렵다. 이런 다루기 어려운 사람들이야말로 간
난신고를 함께 해서 국가의 대업을 이룰 수 있다."

지금 일본 상층부에는 그런 인물이 없다. 9·11 선거 때 고이즈미
가 "죽어도 한다"고 허풍을 떨었지만 그것은 국민을 위한 발언이
아니라 자신의 '천하 잡기'를 위한 말이었다.

일본인의 질이 향상됨으로써 고이즈미의 '한 마디 정치'에 사로
잡히거나 포퓰리즘 소용돌이에 휘말리지 않고 자신의 머리로 판단
하는 일본인이 늘어난다. 그렇게 되면 조작된 정보의 홍수에 떠밀
려 주어진 틀 속에 밀려들어간 상태에서 결정된 것에 도장만 찍는
일도 없어질 것이다.

| 장관이 매일 만화책을 읽는 이상한 나라 |

일본인의 질적 저하는 뇌 기능의 저하와 이어지는데, 범람하는
만화와 애니메이션뿐 아니라 교성을 내지르는 TV광고, 저급한 대
화를 주고받는 프로그램 등이 이를 상징한다. 최근 일본의 만화와
애니메이션을 대중문화의 일부로 파악해 '일본의 멋'이라며 자랑
삼는 평론가도 등장했지만 이것은 결코 멋진 일은 아니다. 해외에
서 그런 말을 한다고 으쓱한 기분이 든다면 그것은 너무 유치한 반
응이다. 만화는 그림을 좀더 단순화한 것으로 만화가는 작품을 만
들기 위해 머리를 쓰지만, 만화를 읽는 쪽은 머리를 쓸 필요가 없기

때문에 만화로는 사고력을 키울 수 없다.

현재 고이즈미 정권에는 매일 만화책을 읽고 있는 장관이 있다. '정계 최고의 만화 매니아'라고 불리는 아소 타로麻生太郎 총무장관 (현재는 외무장관)은 자신의 홈페이지에 만화를 논한 글을 싣고 있는데, 거기에는 다음과 같은 잡지 인터뷰가 나와 있다.

물음 지금 만화 잡지는 얼마나 읽고 있습니까.

아소 그러니까, 『매거진』『점프』『선데이』『챔피언』 등 두꺼운 것이 4권입니다. 또 『빅 코믹』『오리지널』『슈페리얼』『스피리츠』『모닝』, 그리고 『영 점프』『비즈니스 점프』 등이 있고, 다른 것도 있습니다.

물음 엄청난 양이네요.

아소 엄청나다고 할까, 한 주에 대략 10~20권 정도지요.

물음 그건 정기적으로, 비서분이 사다 줍니까. 따로 담당자가 있습니까?

아소 운전기사가 사다 주는데, 월요일이 되면 『점프』와 『스피리츠』를 아무 말 없이 사다 놓습니다. 화요일에는 아무것도 없지만 수요일에는 『매거진』『선데이』, 목요일에는 『모닝』이 나오고 『챔피언』과 『영점프』도 나오지요.

물음 문득 생각이 났는데 선거 때는?

아소 아, 선거 때는 차 안에서 봅니다.

물음 그럼 선거 때 차 안에는 만화가 가득 쌓이겠네요!

아소 쌓아 둡니다. 이동 시간이 많이 걸리니까요.

물음 유학하실 때도 계속 만화잡지를 읽으셨다는데 누가 구해

주었나요?

아소   미국에 있을 때는 우리 어머니 비서가 보내 주었지요. 단단히 부탁을 해 두었거든요. 『매거진』과 『선데이』를 배편으로 받아서 즐겨 읽었지요. 매주 화요일쯤에 도착했을 겁니다.

물음   매주라고요?

아소   매주 두 권씩. 정말 많은 도움이 됐습니다.

아소 타로는 고이즈미 준이치로와 같은 3세 의원으로 할아버지가 요시다 시게루 전 총리고, 아버지 아소 다카키치麻生太賀吉(1911~1980)는 중의원 의원이었다. 그는 가쿠슈인學習院 대학 졸업 후 스탠퍼드 대학 대학원과 런던 대학 정치경제학부에 유학한 화려한 경력을 갖고 있으며 귀국 후에는 가업인 아소산업(현 아소시멘트)에 입사했다. 그리고 탄광업에서 시멘트업으로 전환을 성공시킨 점에서는 정치 일변도인 고이즈미와는 다르다. 취미도 다채로워 국제 사격대회에서 우승한 경력도 있다. 그러나 이 정도로 만화에 들러붙어 지내는 생활이라면 도대체 언제 제대로 된 독서를 하는지 물어보고 싶어진다. 인간의 품성은 애독하는 책을 통해 알 수 있다. 그것은 마치 신체를 운동으로 단련하는 것과 마찬가지로 독서는 정신을 단련시키기 때문이다. 따라서 양서를 가까이 하지 않으면, 신체에 혼이 없는 것과 같다.

| '손님'이 대부분인 미국 일본인 유학생 |

메이지 시대의 유학생은 고학을 하면서도 목숨을 걸다시피 노력한 사람이 많아서 일본인은 착실하고 성실하다는 평가를 받았다. 일본에서 온 유학생은 평판이 높았다. 그런 전통을 이어, 뜻을 가진 젊은이는 지금도 뛰어난 성과를 올려 역시 일본인이라는 평가를 받지만 최근 그런 학생의 비율이 점차 감소하고 있다.

그리고 일본이 경제적으로 풍요로워지고, 좋은 조건에서 유학을 실현할 수 있게 되면서 유학생들의 '헝그리 정신' 결여가 두드러진다. 그것이 아소 타로와 같은 만화 유학생을 낳는다. 또 고이즈미나 아베가 취득 학점 하나 없이 그저 세습의원이 되기 전의 적당한 경력을 쌓기 위해 유학을 했듯, 유학을 해외 체험 정도로 여기는 '유한 유학생'의 속출로 이어지고 있다.

더욱이 일본인은 유명 학교를 좋아하고, 대학보다 대학원이 격이 높다는 생각에 되도록 유명 대학의 대학원에 등록하려고 한다. 그러나 대학원은 직업교육을 하는 곳이므로 종합적 인격 교육을 겨냥하는 학부와는 다르고, 비용대 효과 측면에서 한결 치열한 환경이어서 도저히 만화 따위를 읽고 지낼 여가가 없다.

그러나 부자나라였던 일본은 미국 일류 대학에 대기업이 많은 돈을 기부해 설치한 기업 강좌나 관청이 확보한 별도 정원 틀을 두고 있어 간부 후보생은 그 틀을 이용해 '손님'으로서 미국 일류 학교에서 유학 체험을 한다.

그러나 컬럼비아나 프린스턴 대학 교수들의 얘기로는 최근 일본인 유학생의 질이 낮고, 중국이나 한국 학생에 비해 패기가 없어서 대단히 유감이라고 한다. 더욱이 학부에서 핵심 과정을 거치는 학생보다 대학원을 좋아하는 일본인이 압도적으로 많다. 다른 아시아계 학생은 이공계가 많지만 일본인은 경영학이나 경제학이 압도적이고 회사나 관청의 파견이 두드러진다.

지금부터 15년 전쯤의 개인적 체험인데, 딸이 시카고대학에 들어갔을 때 학생 명부를 보고 놀란 적이 있다. 그 아이가 이 대학을 고른 이유는 핵심 과정이 좋다는 평판, 교수 대 학생 비율이 1대 3이라는 점, 신입생이 모두 합쳐서 800명밖에 되지 않고 1학년생 전원이 기숙사 생활을 한다는 점이었다. 신입생 명부에서 일본 이름을 찾아보았더니 딸말고 한 명의 남학생이 있어서 그 학생에 대해 딸에게 물어 보았더니 아버지가 일본인 의사이고, 어머니가 대만인인데 이혼을 하는 바람에 대만에서 자랐다고 했다.

내 딸은 대학에 들어가기 두 달 전 열여덟 살이 되어 캐나다를 국적으로 선택했기 때문에 일본 국적의 학생은 한 명도 없었다. 더욱 놀랐던 것은 학생 명부를 조사해 보니 Chang, Cheng, Cho, Han, Lee, Lin, Kim, Ho, Pak, Peng, Shin, Yum 등 아시아계 성을 쓴 학생이 150명으로 20퍼센트 가까이나 되었다.

더욱이 나중에 조사해 보았더니 학생단체는 매주 신문까지 발행하고 있었는데 '게이와 레즈비언 학생 벗들의 모임'에 이어 '한국학생회'가 두 번째로 큰 조직이었다. 한국계 학생이 10퍼센트나 되기 때문에 "시카고 대학에서 돌을 던지면 한국이나 유대인 학생이 비명을 지른다"는 조크까지 있다고 딸이 웃었다.

언젠가 내가 시카고 대학에서 강연을 할 때 일본에서 온 학생 몇 명과 이야기를 나누었는데 전원이 대학원에서 공부하는 학생이었다. 예전 프랑스 유학 체험이 있어서인지 일본인은 고학력 지향이라는 생각이 들었다. 미국에서의 대학은 보편적 교육을 목표로 하지만 대학원은 외국인을 겨냥한 수출상품이다.

따라서 다나카 마키코가 미국에서 대학생활을 경험하고, 인격교육을 통해 교양을 닦는 것이 바람직했지만 그녀는 그러지 못했다. 한국을 비롯해 대만이나 중국에서 온 유학생이 미국이 자랑하는 기초 교양에 열심히 매달림으로써 장래의 지도자를 겨냥하는 데 비해 일본인 유학생은 경영학석사MBA를 목표로 하고 있다. 아무리 열심히 공부해서 졸업장을 쥐어도 인재면에서 이들을 당할 수 없으리란 생각이 들었다. 특별히 대학원에 다니는 것이 나쁘다는 게 아니다. 대학원 석사과정은 수업을 따라가는 데만도 정신이 없고, 제대로 경쟁한다면 탈락할 수밖에 없기 때문에 일본인 전용으로 특별히 마련한 과정도 있다. 그리고 거기에 기업이 기금을 기부하고 있어서 '손님' 대우를 받는 유학생도 많은데, 사실 이런 유학생은 의미가 없다.

프랑스에 유학한 나카에 초민中江兆民의 경우는 초등학교에 들어가 배우는 체험을 했다고 하지만 과거 나는 다른 일본인들과 함께 줄지어 석사과정에 들어갔다. 수업에 들어가 보면 어느 정도 이해할 수는 있었지만 새로운 것은 전혀 알 수가 없어서 잠자는 시간을 줄여서 공부에 매달렸다. 그래서 어떻든 낙제하지 않고 과정을 끝내고 보니 인간은 결코 쉽사리 녹초가 되지 않는다는 자신이 생겼다. 그래서 "나날이 새롭게 한다"는 말이 평생 나의 인내심을 떠받쳤다.

꼭 그래서 하는 말은 아니지만 고이즈미가 나와 거의 같은 시대에 '즐거운 해외 놀이'를 하고, 아소가 유학중에 만화만 읽었다는 것을 알고는 아연할 수밖에 없었다. 하물며 아베 신조에 이르러서는 완전히 놀기 공부니, 무엇을 배웠는지 생각하는 것 자체가 논외다. 같은 학력 문제로 의원직을 사퇴한 고가 준이치로古賀潤一郎가 오히려 배운 것은 나았다. 그는 페퍼다인 대학에 학부생으로서 적을 두었고, 상당히 많은 학점을 땄기 때문이다. 다만 이수 학점이 모자라 졸업은 하지 못했는데도 졸업했다고 거짓말을 해 유권자들의 분노를 샀지만 말이다.

| 왜 일본 대학은 세계적으로 수준이 낮을까? |

이처럼 일본인의 질적 저하를 생각하면 엄청나게 수준이 낮은 일본의 대학교육 문제가 떠오른다. 사실 일본에서 최고 대학인 도쿄 대학은 세계 순위 100위 안에도 들지 못한다.

캘리포니아 주립대학CSU 정치학과의 잭 구어먼 교수는 미국 국내와 해외 대학의 등급평가를 해서 그 목록을 매년 『구어먼 보고서』라는 책으로 발표하고 있다. 그 보고서에 따르면 도쿄 대학이 100위 안에 든 일은 안타깝게도 한 번도 없다. 그것은 도쿄 대학이 '전통적으로 행정부와 사법부의 관리를 만드는 관료 양성소'로서, 일본에서는 최고라는 평가를 받지만 국제 수준에서는 그렇지 않기 때문이다.

왜 일본은 이렇게 아무런 위기감을 갖지 않았던 것일까? 그래 가지고서는 아무리 경제가 1류더라도 마침내 자멸할 게 뻔하다. 더욱이 대학에 들어가기는 어렵고, 나오기는 쉽고, 국내 요직을 도쿄 대학 출신이 점유하고 있어서 적재적소는 실행이 불가능하며, 어중간한 학생이 지배자가 돼 버린다.

그러나 세계화의 진전으로 교육도 국제 경쟁이 된 만큼 세계에 통용되는 실력이 요구된다. 이제는 우수한 실무 경험으로 실력이 없으면 졸업한 대학의 이름만으로는 평가받지 못한다.

일본의 대학제도는 서구문명의 영향을 받아 도입한 제도다. 일본 스스로 학문의 장으로서 만든 것이 아니라, 국가 건설을 맡을 간부 양성소로서 시작됐다. 더욱이 전전의 일본에서는 고등학교가 고등교육을 맡았고, 대학은 고급관료 양성을 비롯한 연구자나 전문가를 키우는 최고 학부로서의 역할을 맡아왔다. 그러나 전후 미국식 대량생산 교육이 시작됐고, 경제 성장과 함께 산업계의 요청으로 균질적으로 순치된 인재 공급 쪽으로 무게중심이 옮겨지는 바람에 일본의 대학교육은 크게 왜곡돼 버렸다. 유감스럽게도 일본의 대학은 '악화가 양화를 구축한다'는 법칙에 따라 안이한 생각으로 기준을 낮추었다. 그 결과 사회인이 되기 전에 유예 기간을 제공하고, 젊은이들을 유원지에 집어넣어 버린 꼴이 되고 말았다.

더욱이 일본에는 사법 시험이나 공무원 시험에만 합격하면 우수한 학생이라고 인정하는 관행이 있는데, 결국 이것이 학부교육의 질 저하를 증명하는 셈이 됐다. 따라서 관청의 '캐리어' 관료는 구미 대학에 유학함으로써 처음으로 세계 수준과 어깨를 나란히 하는 식이었다. 학부나 대학원 교육 모두 어정쩡한 상태로 내버려 두고, 권위주의적 등급 매기기에만 신경쓴 나머지 상대적으로 뒤처지게 되었고, 대학의 열등화가 뚜렷해진 것이다.

| 고등교육의 역할과 미래를 겨냥한 인재 육성 |

현재 일본 고등교육이 안고 있는 가장 큰 문제는 많은 대학이 메이지 시대의 건학 정신을 잊고, 교육이념이나 과정의 편성보다는 기득권 유지나 경영 쪽으로 무게중심을 옮겨버린 것이다. 그래서 학생들에게 무엇을 가르칠까보다는 우선 졸업을 시키고, 그와 동시에 취직을 시키느라 부심하는 것이다. 더욱이 사회도 무엇을 배웠는지가 아니라 어느 대학을 나왔는지에만 관심을 갖는다. 이것은 '캐리어' 관료의 배치에서 시험 석차를 따지는 것과 마찬가지인데, 사회 전반에 그것이 만연해 정착해 있기 때문에 학생이 진지하게 배우려는 자세를 가지고 싶어도 의욕과 자부심을 잃어버리게 된다. 따라서 예습도, 복습도 하지 않은 학생이 압도적으로 많고, 시험에 붙고 졸업을 하기 위해서만 대학에 진학하는 학생들이 대부분이다. 그 때문에 그 악순환에 따라 대학의 유치원화가 뚜렷해졌다.

그러나 세계화에 따른 지식과 기술의 전문화로, 일본의 대학을 졸업한 정도로는 인재로 인정받을 수 없게 됐다. 세계적으로는 전문교육이 대학원 전기 과정으로 옮겨지고 있는 동시에 대학은 더욱 많은 젊은이에게 고등교육의 문호를 넓혀 기초교육을 하는 곳으로 바뀌고 있다.

미국 대학의 학부는 다양성을 평가하는 동시에 일반교양에 중점을 두기 때문에 지식보다는 교양에 힘을 쏟고 있다. 이것이 좋은 대학의 필요조건이다. 따라서 시험 수재가 모여서 강의를 듣는 '대량생산' 대학은 이제 평가받지 못한다.

근대문명의 혜택에 따라 인간은 어린 시절에 배울 기회를 갖게 됐다. 그것이 근대인이 되는 통과의례로서 교양인이 되는 길을 열어 줌으로써 20세기 문명은 비약적 발전을 이루었다. 따라서 최고 학부로서의 대학은 학문의 장으로서, 인간적 수행을 쌓는 장으로서 발전해 온, 성실하게 학문을 닦는 곳이다. 또한 젊은이들은 자신이 알고 있는 작은 세계를 뛰어넘는 더욱 큰 세계가 있다는 것을 대학에서 알게 된다. 더욱이 대학에서 배운 것은 몇 년 지나지 않아 진부해지므로 나중에는 스스로 끊임없이 자기 수련을 계속하는 것이고, 나날이 실력을 닦는 노력을 한다는 점에서 세계의 기준은 일본과 동떨어진 곳에 존재하는 것이다.

기요사와 기요시清澤洌(1890~1945)는 『암흑일기』에서 "세계의 대국 가운데 이처럼 빈약하고 무식한 지도자를 가진 나라는 유례가 있을까. 국제정치의 중요한 시대에 국제정치를 모르고, 전반적 세계 정세를 모르는 자가 나라를 이끄는 위험"이라고 썼는데 고이즈미가 이끄는 자민당의 실태는 태평양전쟁 때보다 훨씬 더 열악하다. 따라서 젊은 세대는 세계 수준의 연수가 불가결하다. 만약 이를 하지 않는다면 일본의 인재 열화는 한층 가속될 것임은 두말 할 나위도 없다.

| 지금이야말로 일본을 벗어나 세계에서 배워야 |

그런 이유로 나는 일본을 바로 세우기 위해 위기감을 안고, 젊은 이들의 유학을 권해 왔다. 일본의 인재 열화를 막는 데 국내에서 기대할 수 있는 것 이상이고, 이제 이것밖에는 길이 없기 때문이다.

나는 이 점을 지금까지 여러 차례 책이나 잡지에 썼고, 그것을 "일본 탈번脫藩의 권유"라고 불러왔다. 이는 막부 말기 메이지 유신 시기에 지사들이 번藩의 틀을 뛰어넘는 '탈번'을 통해 일본이라는 국민국가를 확립했던 것처럼 '헤이세이 막말'幕末을 살고 있는 용기 있는 젊은이들에게 절대적으로 필요한 것이기 때문이다. 국내 대학을 졸업해도 '프리터'밖에 되지 못하는 나라는 정상이 아니다.

이제 이 나라를 뛰쳐나가 세계에서 배우고 돌아와 다시 이 나라를 부흥시키길 바란다. 다행히 아직 일본의 경제력은 어떻게든 유지돼 있고, 일본 엔화는 신용을 잃지 않았기 때문에 국내에서 열심히 하면 유학 비용은 벌 수 있다. 일본의 유명 대학에 진학하기 위해 청춘을 갉아먹으며 시험공부를 하는 정도의 노력이라면 세계로 나가는 것이 훨씬 값어치 있는 도전이다. 적어도 앞으로 일본인이 어떻게 해야 하는지에 대한 답은 찾을 수 있다.

메이지 초기의 유학생 나카에 초민은 도사土佐를 '탈번'해서 나가사키長崎와 에도江戸에서 프랑스 어 등을 배운 후 1871년 프랑스에 유학했다. 그리고 1874년에 귀국해 사립교육기관인 '후란스가쿠샤'佛蘭西學舍를 열었다. 1881년에 사이온지 긴모치西園寺公望(1849~1940)와 함께 『도요지유東洋自由 신문』을 창간하고 주필로서 건필을 휘둘러 메이지 전제 정부를 비판했다. 또 장 자크 루소의 『민약론(사회계약론)』을 번역했는데, 당시 사람들은 이 책을 굶주린 듯 읽고 민주주의의 기초와 의회주의를 배웠다.

나카에 초민은 "개인은 목적이고, 국가는 수단"이라고 설파했고, 정당의 사명은 "국가를 개인이라는 목적에 봉사시키는 것"이라고 생각했다. 그리고 정당의 다툼은 어느 당이 가장 멋지게 국가를 개인에게 봉사시키느냐의 경쟁이라고 보았다. 또 정당에는 '자연의 당파'와 '사의私意의 당파'가 있는데, "자연의 당파의 본질은 진리 추구에 있기 때문에 복수의 이론이 다투게 함으로써 발전을 모색하지만, 사의의 당파는 목적이 사욕을 마음껏 부풀게 하고 권력의 탈취나 유지밖에 안중에 없기 때문에 다른 당의 주장에 진리가 있어도 인정하지 않고, 진리에 관심을 보이기는커녕 진리를 부정하므로 역사적으로 망국의 원인이 된다"고 밝혔다.

그런데 현재의 고이즈미 총리는 '사의의 당파'를 이끌고 국민을 국가에 종속시키려 하고 있을 뿐이다.

| 근대 일본 역사상 가장 뛰어난 정치가는 누구일까? |

프랑스에 유학한 나는 구조지질학을 연구해 지구의 스트레스에 대해 배웠다. 이 시기에 나는 모처럼 유럽의 공기를 흠뻑 마시기 위해 유적과 역사 무대를 찾아다니며 현지조사를 통해 인류학에 이은 문명사 전반에 대한 이해를 깊게 하기도 했다. 이는 아놀드 토인비(1889~1975)가 『역사의 연구』에 "로마 유적에서 역사서를 읽으면 눈앞에 당시의 광경이 생생하게 되살아났으며, 그렇게 펼쳐진 정경에서 계시를 받았다"고 썼기 때문이다.

그런 현지조사를 거듭하는 사이에 일종의 독특한 토지 감각이 몸에 배었는데, 이것이 바로 병법에서 말한 '지리'의 진수일 것이란 생각이 들었다. 산의 모양이나 식생을 관찰함으로써 반대쪽 지형이나 지하자원을 예상할 수 있었고, 고대인이 지녔던 일종의 직관을 이해할 수 있었다.

지구의 역사는 약 45억 년이고, 인간의 역사는 100만 년인데, 여기에 우주물리학을 덧붙이면 약 150억 년이 되는데 그 최후의 부분에 문명의 역사가 있고, 근대사와 현대사는 그 가운데 아주 일순간의 사건으로 존재한다. 근대라고 불리는 200년 정도의 시간을 돌아보면 세계적 수준에서 초일급이라고 부르고 싶은 정치가가 정말 적다는 점에 놀라게 된다.

나의 좁은 소견으로는 탈레랑(1754~1838), 비스마르크(1815~1898), 프랭클린(1706~1790), 레닌(1870~1924) 등이 떠오른다. 이런 수준의 일본인이 없다는 것은 유감이지만 일본 정치가 가운데 꼽으라면 고다마 겐타로兒玉源太郎(1852~1906)와 고토 신페이後藤新平(1857~1929)를 꼽고, 때때로 거기에 요코이 쇼낭橫井小楠(1809~1869)을 덧붙인다.

이런 말을 하는 이유는 내가 일본인으로서 세계를 무대로 논의를 거듭하며 돌아다닐 때 언제나 들고 나서는 전가의 보도이기 때문이다. 1980년대 중반 나는 페퍼다인 대학의 총장 고문이 되어 21세기 인재육성이라는 주제로 세계 각지의 대학 총장이나 교수들과 의견을 나눌 기회가 있었다. 그래서 많은 대학의 일본 연구자들과 알게 됐는데, 논의가 일단락되면 이 전가의 보도를 빼어 보였다. 일본을 연구하고 있는 연구자들에게 슬쩍 "그런데 메이지 유신으로부터 최근까지의 일본인 가운데 누가 가장 뛰어난 정치가라고 생각합니까"라고 물어보는 것이다. 그러면 대부분의 사람들이 오쿠보 도시미치大久保利通(1830~1878)나 하라 다카시原敬(1856~1921)의 이름을 들고, 더러 이토 히로부미라고 내답한다. 정치학자일수록 하라

다카시를 드는 사람이 많은 것은 틀림없이 핫토리 시소服部之總(1901
~1956)의 『메이지 시대의 정치가들』의 영향이거나 그들이 읽은 다
른 책 때문일 것이다.

그 자리에서 내가 천천히 입을 열어 "저는 고다마 겐타로라고 생
각합니다"라고 말을 꺼내면 그들은 예외 없이 이상하다는 표정으
로 "그런 총리가 있었나요" 하고 묻는다.

그럴 때 나는 이렇게 대답했다.

"고다마 겐타로는 일본의 헬무트 몰트케, 즉 참모총장 출신으로
육군장관과 내무장관, 문부장관, 대만 총독을 역임했고, 그가 키운
고토 신페이는 고다마에 버금가는 인재로 전전의 일본은 이 두 사
람의 정치가에 의해 근대적 국가의 길을 걸었습니다. 또 일본에서
는 정말 뛰어난 사람은 정치인이 되지 않으며, 정치인이 되더라도
총리는 되지 않습니다. 나폴레옹 3세를 상대로 대영제국의 기반을
확립한 제임스 해리스 외무장관도 총리는 되지 않았잖아요?"

이로써 일본 근대사를 제대로 이해하는 사람이 한 사람 늘어난다.

고토 신페이가 저지른 '러시아 출병'의 대실패는 외상으로서 그
의 판단이 그릇됐음을 증명했다. 그러나 대만의 민생장관이나 만
주철도 총재를 역임하던 시대에 철저한 조사와 인재육성의 전통에
기초를 닦은 것은 멋지다고 할 수밖에 없다. 저 유명한 만철 조사
부는 그의 유산이고 도쿄시장으로서 도시계획의 구상력은 당시로
서는 비할 데 없는 것이었다. 이 고토를 키운 고다마 겐타로는 초
슈바쓰長州閥지만 제4차 이토 히로부미 내각(1900.10.19~1901.5.10)의
육군장관, 제1차 가쓰라 다로桂太郎 내각(1901.6.2~1906.1.7)의 내무장
관 등을 거쳐 러일전쟁에서는 만주군 참모총장으로서 활약했다.

그러나 러일전쟁 후인 1906년에 과로로 급사했는데, 만약 고다마의 급사가 없었더라면 그 후 일본의 운명도 크게 달라졌을 것임에 틀림없다.

러일전쟁 후에는 군국주의와 익찬정치를 불러들였기 때문에 바로 그 시점에서 전전 일본의 몰락이 시작됐다고 나는 생각하는데 현재의 국가 파산 직전인 일본에는 이런 뛰어난 인재가 없다.

| 근대 일본의 유학생 |

1853년 페리 제독Matthew Galbraith Perry이 이끈 미국 동인도양 함대 소속의 흑선 4척이 가나가와神奈川현 우라가浦賀 앞바다에 나타나면서 근대 일본의 역사가 시작됐다. "술 넉 잔을 마시고는 밤에 잠도 못 잤다"는 말이 있듯, 당시 막부와 에도의 주민들은 당황해서 부산을 떨었다고 교과서나 역사책은 가르치고 있다. "막부는 미국 대통령의 국서 수령을 처음에는 거부했다가 페리의 노여움을 산 후 흑선의 위력에 굴복했다. 그리고 국서라고 칭하는 서류를 수령해 페리는 이듬해 다시 찾아올 것을 약속하고 떠났다며 이로써 일본이 개국했다"는 내용이다.

그러나 흑선이 찾아온 진짜 줄거리는 그렇게 단순한 것이 아니라 페리의 내항은 일본 측에 벌써 1년 전에 통보됐다. 나가사키 네덜란드 상관商館(무역사무소)의 책임자이던 쿠르티우스Curtius Jan Hendrik를 거쳐 막부에는 "미국이 통상을 요구하기 위해 군함을 파견할 터인네, 쇄국을 고수하면 개전開戰을 피할 수 없다"는 경고가 도착했다. 더욱이 "미국 신문이 일본이 요청을 거절할 경우에는 도시를 포격하고 각 항구를 폐쇄했다가 승낙하는 것을 보고 나서 포격을 중지해야 하며, 영국·프랑스와 함께 공동으로 교섭을 추진하는 것이 좋다고 주장한 것이 네덜란드 측이 제출한 서류 속에 들어 있었다. 이것을 틀림없이 로주老中[1]도 보았을 것이다"라고 오사라기 지로大佛次郎는 『천황의 세기』(아사히신문사, 1974)에서 쓰고 있다.

그도 그럴 것이 막부에는 이 경고 메시지의 의미를 해독할 사람이 없었고, 제대로 파악할 분석력이 없었기 때문에 정보는 단순한 정보로서 끝나고 말았던 것이다. 즉, 이것이 인재 부족이 의미하는 바이고, 현대 일본에도 통하는 인재의 자질 저하를 보여준다.

그 뒤에 이런 인재 부족을 깨달은 막부의 간부는 서둘러 항해기술 습득 등을 목적으로 최초의 유학생을 네덜란드에 파견했다. 그것은 미야나가 다카시宮永孝의 『막부 네덜란드 유학생』(도쿄서적, 1982)에 자세히 나오는데 유학생으로 뽑힌 사람 가운데는 니시 아마네西周(1829~1897, 계몽사상), 에노모토 다케아키榎本武揚(1836~1908, 외교), 쓰다 마미치津田眞道(1829~1903, 법률), 아카마쓰 노리요시赤松則良(1841~1920, 조선) 등이 있었다. 이들은 메이지 초기 일본 각계에서 활약했다.

일본의 유학 시작은 견수사(600~618)나 견당사(630~894) 시대로 거슬러 올라가며, 그들이 대륙의 제도를 배우고 돌아옴으로써 일본은 율령국가를 확립할 수 있었다. 그 후 공적 유학은 오랫동안 끊어졌

---

* 1) 에도 막부에서 최고 통치자인 쇼군將軍을 보좌해 행정 일체를 맡았던 최고 관리. 번藩의 가신 가운데 최고위직인 가로家老에 대응하는 직책이다.

지만 대륙과의 사적 교류는 계속됐고, 에도시대 후반에는 나가사키 유학으로 부활한 후 흑선 충격으로 본격적 유학시대를 맞게 됐다.

나가사키 유학은 흑선 사건에 100년 정도 앞서 시작됐다. 나가사키로 유학을 가는 붐은 이른바 '난학'蘭學2)을 배운 사람이 배출돼 히라가 겐나이平賀源內(1728~1780), 아오키 곤요青木昆陽(1698~1769), 미우라 바이엔三浦梅園(1723~1789) 등이 일본 학문의 선구자로서 각지에서 활약했다. 또 히로세 단소廣瀬淡窓(1782~1856)가 현재의 오이타大分현 히타日田에 설립한 '간기엔'咸宜園은 야마가타 반토山片蟠桃(1748~1821)가 오사카에 열었던 '가이토쿠도'懐德堂와 함께 전국에서 유학생이 모여든 배움의 거점이었다.

그리고 막말에서 유신에 걸쳐 후쿠자와 유키치福澤諭吉처럼 사절단의 일원으로서 건너가 해외 체험을 통해 견문을 넓힌 사람을 비롯해, 주인을 따라 파리를 방문한 시부사와 에이이치처럼 현지에서 문명의 실제를 배우는 경우도 늘어났다. 그 밖에도 학문에 목숨을 걸었던 용기 있는 '탈국脫國 인간'도 있었다. 또 나가사키에 살고 있던 영국 상인 글로버Thomas B. Glover(1838~1911)는 사쓰마薩摩 번과 제휴해 사쓰마 번의 젊은이들을 대거 영국에 유학시켰고, 그 가운데서 고다이 도모아쓰五代友厚(1836~1888)나 모리 아리노리森有禮(1847~1889)가 나왔다.

모리 아리노리는 런던 대학에서 공부했는데 지일파 하원의원 올

---

* 2) 일본인들이 네덜란드 어로 배웠던 서양 학문. 쇄국을 기본으로 한 정책 속에서도 네덜란드와의 교역을 위해 유일하게 열어 두었던 나가사키에서 시작됐다. 난하이란 이름은 홀랜드Holland의 한자 차음 표기인 화란和蘭의 학문이란 뜻에서 나왔다.

리펀트Laurence Oliphant(1829~1888)와 친교를 맺었는데, 같은 런던 대학에 놀러간 고이즈미와는 달리 외교관이나 정치인들과의 인맥을 구축했다.

1870~71년의 일본인 유학생은 미국 149명, 영국 126명, 독일 66명, 프랑스 24명이라는 기록이 있는데 이런 청년들이 근대일본을 만들어 가는 데 크게 공헌했던 것이다.

| 후쿠자와, 나카에, 사이온지의 유학 |

메이지 정부는 국가 건설에 쓸 인재 양성을 위해 대량으로 일본인을 구미에 유학시켰다. 그 압권은 페어벡Verbeck Guido Herman(1830~1898) 선교사의 제안으로 실현된 1871~73년의 '이와쿠라岩倉 견구遣歐 사절단'이다. 여기에는 정부 수뇌부의 대부분이 수행원으로서 참가했다. 더욱이 사절단을 웃도는 59명의 유학생이 따라갔는데, 그 가운데 겨우 여덟 살이던 쓰다 우메코津田梅子(1864~1929)도 들어 있었고, 함께 간 오쿠보 도시미치의 아들 마키노 노부아키牧野伸顯(1861~1949)도 아직 열 살이었다.

이런 선례를 따른다면 고이즈미 정권 각료들은 스스로를 부끄럽게 여기고, 정쟁 따위에 얽매이지 말고, 즉각 젊은 인재를 골라서 유학시켜야 한다.

어쨌든 이 '이와쿠라 사절단'에서 흥미로운 것은 유학생 가운데 나카에 초민이 있었다는 것인데, 프랑스로 가고 싶었던 나카에는 오쿠보 도시미치에게 "일본에서는 배우고 싶은 선생도 없고, 읽고 싶은 책도 없다"고 직접 호소해 사법 유학생 가운데 들어가게 됐다는 일화가 남아 있다.

후쿠자와 유키치도 막부의 배가 미국으로 간다는 소식을 듣고, 알고 지내던 가쓰라가와 호슈桂川甫周(1826~1881)의 소개장을 받아서 사절단장인 기무라 세쓰쓰노카미木村攝津守에게 열심히 부탁해 수행원 자격으로 '간린마루'咸臨丸에 승선해서 미국으로 건너가 견문을 넓혔다. 이처럼 막말에서 유신 시대에 걸친 일본 젊은이들의 지적 호기심은 해외로 향하고 있었기 때문에 점점 새로운 지식을 흡수하고 식견을 높이고 판단력을 닦았던 것이다.

외국에 가기 전에 젊은 후쿠자와나 나카에는 나가사키로 가서, 열심히 난학을 공부한 후 유학할 기회를 스스로 개척했다. 이는 사이온지 긴모치도 마찬가지로, 그의 유학을 추천한 것은 오무라 마스지로大村益次郎(1824~1869)인데, 사이온지는 나카에보다 1년 먼저 파리로 가서 정치학자인 에밀 아콜라스(1826~1891)의 사설학교에서 공부했다.

아콜라스의 문하생 가운데는 나중에 프랑스 총리가 된 클레망소 Georges Clemenceau(1841~1929)가 있었다. 아콜라스는 공화주의자인 감베타Leon Gambetta(1838~1882)와도 친했다. 그래서 사이온지는 나카에를 아콜라스의 사설학교에 집어넣어, 루소나 밀John Stuart Mill(1806~1873)의 살아 있는 사상을 흡수시켰다.

따라서 이런 경험과 문제 의식을 살림으로써 나카에는 『민약론』을 한문과 일본어로 번역해 메이지 시대 자유민권운동에 커다란 영향을 미쳤고, '동양의 루소'로서 불후의 이름을 남겼다. 아콜라스의 사설학교에서 부족함을 느낀 사이온지는 다시 파리 대하에 들어가 법학부를 졸업, 나중에 외상이 되어 불러협상을 체결한 아노트 Albert Hanotaux(1853~1944)를 비롯한 많은 친구들을 만들어 해외 인맥을 구축하는 데 성공했다.

이처럼 유학 기회를 최대한 살린 사람은 그 성과를 갖고 돌아와 근대국가를 만들어 냈다. 그러나 포식의 시대인 현대에는 유학은 단순한 경력을 쌓기 위한 것이 되어 버리거나, 단순한 해외 놀이로 타락해 버린 것을 보면 일본이 망국의 연못에 빠지는 것도 당연하지 않은가.

| 지일파 대만인의 메시지 |

나는 대담을 무엇보다 즐기며, 꼭 만나서 얘기해 보고 싶은 사람에게 연락을 하고, 내가 찾아가서 이야기를 나눈다. 대화의 즐거움은 이야기가 진행되면서 서로의 바깥에 객관적 화제가 존재하고 있음을 깨닫게 되고, 그 화제에 자신을 비추어 보면서 스스로를 돌아볼 수 있다는 점이다. 그래서 대화를 녹음해서 무심하게 듣고 있자면 자신의 뒷모습을 제3자처럼 볼 수 있고, 이것이 자신의 참모습인가 하고 생각할 때가 많다. 그런 이유로 대담책이 많아져서 "후지와라 씨의 취미가 바뀌었다"는 말을 자주 듣는다.

그런 대화 상대의 한 사람인 펑롱치彭榮次 씨는 대만 운송기계공사라는 회사의 사장인데, 일본인 이상으로 격조 높은 일본어를 구사한다. 그는 리덩후이李登輝 전 총통의 한쪽 팔이라고 알려진 유력한 경제인으로 최근 일본 외무성이 리덩후이의 방일 비자발행을 거부했을 때 그 논리를 깨부순 것으로 유명하다.

펑씨는 알 만한 사람은 다 아는 지일파로 현재 일본이 빠져 있는 곤란한 지경의 원인을 손바닥을 들여다보듯 알고 있는데, 앞으로의 일본 정치에 대한 이야기에서는 정열적인 말투로 다음과 같이 발언했다.

최근까지는 대만에서나 대륙에서나 늙은 정치인들이 언제까지 내각이나 의회에 진을 치고 앉아서 기득권을 지키기 위해 전력을 다했지요. 그러나 21세기 들어 그것이 시대에 뒤진 폐해인 것으로 드러나 리덩후이도 장쩌민도 유통기한이 끝나 버렸고, 더욱 예리한 국제감각을 가진 젊은 정치인으로 교체가 진행되고 있습니다.

노해老害 추방이 아시아 정치를 바꾸기 시작했는데도, 마땅한 사람이 없다는 이유로 낡은 수법이 판을 치고 있으니 일본의 정치는 그런 점에서 대단히 뒤처져 있습니다.

대만이나 중국뿐 아니라 한국이나 인도네시아에서도 최근 젊은 정치인은 국제적 훈련을 받고, 세계에 통용되는 수준의 인물이 등장하고 있는데, 일본에서는 2세라든가 노인 정치인을 환대하고 있지요. 이래 가지고서는 세계에서 뒤처질 뿐입니다.

세계에서 활약하고 있는 젊고 유능한 일본인을 등용해서 적재적소에 활용하면 일본은 얼마든지 아시아에서 지도적 위치를 장악할 수 있습니다. 그 실현이 젊은 사람들에게 희망을 주는 것이고 개발지상주의 경제를 극복하는 것일 터이니 우리 늙은 세대는 젊은 인재를 지원해서 그것을 실현하는 데 목숨을 던져야

합니다. 그렇지 않은가요?

물론 여기에는 나도 동감이고, 대찬성이어서 펑씨와는 굳게 악수를 나누었다. 과연 고이즈미 정권은 앞으로의 일본과 일본인을 어디로 이끌어 갈 것인가.

나의 대답은 간단하다. 그것은 틀림없이 지옥이다. 만약 이 답이 들리지 않는다면 그때에야 비로소 정말 '일본은 아무것도 아니게' 된다.

밖에서 일본을 관찰하면 국내에서는 보이지 않던 것이 잘 보이는데, 그것이 예로부터 전해져 온 "제3자가 시비곡직을 더 잘 안다"는 '강목팔목'岡目八目의 효과다. 언덕 위에서 멀리 바라보는 사람에게 '엉터리 바둑'은 수가 뻔히 들여다 보이기 때문에 여덟 점을 깔아도 될 정도의 차이가 난다는 뜻이다.

수학의 세계에서는 미분하는 조작으로 차원의 비약을 하는 것에 해당하는데, '차원 전환'은 문제 이해의 비법이다.

1973년 석유 위기가 한창일 때 출판이 결정돼 이듬해 일찌감치 나온 『석유 기아』(사이마루출판회)의 머리말에 나는 다음과 같이 썼다.

"전후 오랫동안 계속된 보수정치가 마침내 패션이 되어 독재자 주변에 익찬정치가가 결집했고, 이미 재벌화한 재계와 결탁해서 1억 국민을 다시 비극 속으로 몰아넣으려 하고 있다. … 현재 진행되고 있는 것을 올바르게 평가하기 위해서는 시간을 두고 과거의 역사적 사건으로서 바라보거나, 공간적으로 거리를 두고 일본열도에서 한 발자국 떨어져서 일본에 초점을 맞추어 보든가 하는 두 가지 방법밖에는 없다. 나는 지구를 상대로 한 역사학자로서 자신이 살고 있는 시대가 어떤 것인지를 나중에 깨닫고 후회하는 것이 싫으므로 태평양을 사이에 두고 일본을 관찰하고 있는데 이 파시즘의 불길한 태동은 늘 마음에 걸린다.”

당시의 일본은 석유 위기라는 혼란으로 대소동이 벌어졌는데, 고이즈미 준이치로는 막 1년차 의원이 되었고, 후쿠다 다케오나 나카소네 야스히로가 천하를 노리고 있었다.

그런데 이 책의 대부분은 2005년 여름이 시작될 무렵에 썼다. 그것을 읽은 야마다 준山田順 편집장이 “후지와라 씨의 문장은 때론 너무 길고 복잡해서 메시지가 독자에게 잘 전달되기 어렵습니다. 그러니 제게 맡겨 주십시오”라고 말했다. 그리고는 바쁜 편집장이 한 달 반이나 공을 들여 나의 유화를 일본화처럼 고쳐서 그려주었다. 그러는 도중에 ‘우정 해산’에 따른 9·11 총선이라는 뜻밖의 큰 사건이 일어나는 바람에 선거 결과를 보고 가필해서 출판하자는 이야기가 나왔다.

9월 20일에 다듬기가 끝나고, 전체가 완성된 단계에서 다시 ‘들어가며’를 읽고 놀랐다. 선거 결과를 추가하는 것만으로는 고쳐 쓰는 의미가 없을 정도로 상황이 더욱 악화된 것이었다. 그것은 편집장이 착안한 일본의 병리 진단과 내가 인재 고갈과 육성 문제야말로 이 책의 핵심 주제라고 설정한 노선이 옳았음을 증명했다.

정책을 잊고 정국 수준에서 움직이는 일본은 새로 등장한 미분화의 유치한 ‘고이즈미 아이들’ 때문에라도 앞으로 더욱 열악한

‘고이즈미 극장’이 계속돼 ‘발푸르기스의 밤’의 유혈이 낭자한 ‘폭
풍우의 새벽’까지 이어질 것이다.

　그럴 때 미국의 허리케인 참사 소식을 들었다. ‘카트리나’와 ‘리
타’ 앞에서 사람들이 도망가느라 정신이 없고, 미국인이 자랑으로
여기던 집이나 재산을 버리고 오직 생명만을 가치의 중심으로 여기
게 되는 현장을 목격했다. 그 속에서 나는 정치를 그르친 패권국가
미국의 정체를 생생히 보았다.

　그리고 나는 ‘들어가며’에 쓴 것이 본론이고, 고국의 동포에게
전해야 할 메시지이며, 고이즈미 따위의 좀비에 대한 기술은 본론
의 부록에 지나지 않음을 통감했다.

　이 ‘마치면서’ 뒤에 있는 부록은 편집부가 독자들에게 보내는 선
물이다.

2005년 9월 말 하늘이 한없이 맑게 갠 날,

캘리포니아 사막의 오두막에서

후지와라 하지메

부록

KOIZUMI'S ZOMBIE POLITICS

 # 고이즈미 정권과 시대의 발자취 |

2001년 4월 24일	자민당 총재 경선에서 고이즈미 준이치로가 당선. "개혁에는 반드시 저항세력이 나타난다. 싸움은 오늘부터 시작됐다."
4월 26일	제1차 고이즈미 내각 발족. 외무장관에 '정권의 생모'인 다나카 마키코를 기용.
5월 1일	북한 김정일의 장남으로 여겨지는 위조여권 소지 남성을 구속. 신원을 확인하지 않은 채 4일 중국으로 강제 출국시킴.
5월 11일	구마모토熊本지법은 한센씨병 환자 격리정책의 "위헌성이 명백하다"며 약 18억 엔의 보상금 지급을 국가에 명령.
5월 23일	일본 정부가 한센씨병 소송 항소 포기 결정.
6월 8일	오사카大阪부 이케다池田시에 있는 오사카교육 대학 부속 이케다초등학교에 난입한 남성이 흉기를 휘둘러 학생 8명이 사망하고, 교사를 포함한 15명이 부상.
7월 29일	제19회 참의원 선거. 자민당이 9년 만에 개선 의석의 과반수인 64석을 확보하는 대승을 거둠.
8월 13일	고이즈미 총리, 야스쿠니 신사에 참배. "입은 하나지만 다행히 귀는 둘이다. 허심탄회하게 심사숙고를 거듭해 판단했다."
9월 1일	도쿄 신주쿠 가부키초 4층 복합건물에서 화재가 발생, 손님과 종업원 등 44명이 사망.
9월 11일	미국 동시 다발 테러 발생. 여객기 4대가 탈취돼 그 가운데 3대가 뉴욕 세계무역센터 쌍둥이 빌딩과 워싱턴 교외 미 국방부 건물(펜타곤)에 격돌했고, 나머지 1대가 펜실베니아 주 피츠버그에 추락했다. 사망자와 실종자가 3000명을 넘었다. 플로리다초등학교에서 연락을 받은 조지 W. 부시 미 대통령은 사태의 중대성을 알아 채지 못해 10분 이상 계속 아이들에게 책을 읽어주었다.

9월 14일	대형 슈퍼마켓 체인인 마이칼이 도산.
9월 19일	미국 동시 다발 테러와 관련, 고이즈미 총리가 미군 등의 보복 공격을 자위대가 후방 지원하고, 정보수집을 위해 자위대 함정을 파견한다는 등 7개항의 대응책 발표.
10월 5일	미국 플로리다 주 신문사에서 탄저병 세균에 의해 남성이 숨졌다. 탄저병 세균은 그 후 미국 3대 TV방송국과 민주당 사무소에 보내진 우편물에서도 검출됐고, 모두 5명이 숨졌다.
10월 7일	미영 양국은 오사마 빈 라덴이 숨어 있다는 아프가니스탄 폭격을 개시해 아프간전쟁이 시작됐다. 11월 13일에 수도 카불이 함락되고 탈레반 정부가 붕괴했다.
10월 29일	일본의 테러대책특별조치법이 참의원을 통과해 확정.
11월 25일	테러대책특별조치법에 따라 3척의 자위대 함정이 미영 연합군 지원을 명목으로 인도양으로 출항.
12월 2일	세계 최대의 에너지 도매 회사인 미국 엔론 사 도산.
12월 6일	중견 건설회사인 아오키靑木 건설 도산. 고이즈미 총리는 "구조개혁이 순조롭게 진행되고 있다는 증거가 아니겠느냐"고 말했다.
12월 22일	가고시마鹿兒島현 아마미奄美 해상에서 국적불명의 괴선박이 발견돼 해상보안청 순시선의 추적을 받다가 자폭 침몰. 북한산 과자 등이 나와 북한 공작선일 것으로 추정.

2002년 1월 1일	유럽연합 가운데 영국, 스웨덴, 덴마크를 제외한 12개국에서 유럽 통일 통화 '유러'의 유통이 시작.
1월 23일	유키지루시雪印식품 간사이關西 육류센터에서 수입 소고기를 일본산으로 둔갑시킨 것이 발각. 4월 30일 유키지루시식품이 해산.
1월 29일	부시 미 대통령이 연두 교서에서 이란, 이라크와 북한을 '악의 축'이라고 부르며 대량파괴무기WMD 개발을 꾀하는 테러지원국이라고 비난.
1월 29일	다나카 마키코 외무장관 심야에 경질.
2월 1일	고이즈미 총리는 다나카 마키코의 후임 외무장관에 가와구치 요리코川口順子 환경장관을 기용하기로 결정.
2월 20일	중의원 예산위원회에서 자민당 스즈키 무네오鈴木宗男 의원은 아프가니스탄 부흥지원 국제회의에 NGO 참가를 거부하도록 압력을 행사했다는 의혹을 전면 부정. 한편 다나카 마키코 전 외무장관은 압력을 인정하면서, 스스로의 경질에 대해서는 "총리의 판단은 틀렸다"고 고이즈미 총리의 대응을 강하게 비판.
3월 11일	사민당 쓰지모토 기요미辻元淸美 의원이 스즈키 무네오 의원에 대한 질의에서 "당신은 의혹의 종합상사다"라고 몰아붙임.
3월 15일	스즈키 무네오 의원 자민당 탈당.

3월 16일	쓰지모토 기요미 의원이 정책비서의 급여를 유용한 문제로 의원직 사임.
4월 1일	미즈호 은행이 영업 개시. 첫날부터 시스템 장애로 ATM이 고장 나는 등 혼란.
4월 8일	가토 고이치加藤紘一 전 자민당 간사장이 정치자금 유용 의혹으로 의원직 사임.
4월 21일	고이즈미 총리 두 번째로 야스쿠니 신사 참배.
5월 8일	중국 선양瀋陽 주재 일본 영사관에 뛰어든 탈북 남녀 5명을 중국 무장경찰관이 연행.
5월 31일~ 6월 30일	한국과 일본이 공동 개최한 월드컵 축구대회가 열려 브라질이 우승.
6월 19일	알선수뢰 혐의로 스즈키 무네오 의원 체포.
7월 21일	미 월드컴 도산.
8월 5일	모든 국민에게 11자리의 주민번호를 붙이는 주민기본대장 전산망이 개인정보보호법이 미비된 채 가동에 들어감. 각지에서 반대운동이 잇따라 6개 광역단체가 참가를 보류.
8월 9일	다나카 마키코 전 외무장관이 비서 급여 유용 의혹을 부인한 채 의원직 사임.
9월 1일	현의회의 불신임 결의로 실직한 다나카 야스오田中康夫 나가노長野현 지사가 재선거에서 당선.
9월 17일	고이즈미 총리가 북한을 전격 방문해 김정일 국방위원장과 회담하고 공동선언을 발표. "모든 현안의 해결을 확실하게 하기 위해서도 국교정상화 교섭 재개가 적절하다고 판단했다."
10월 7일	부시 미 대통령이 "이라크가 핵무기 개발 계획을 갖고 있다"고 TV 연설에서 주장.
10월 12일	인도네시아 동부 발리 섬의 디스코텍에서 폭탄 테러로 일본인 2명을 포함한 190명 이상이 사망하고, 다수가 부상.
10월 23일	러시아 수도 모스크바에서 체첸공화국 무장세력이 극장을 점거, 인질과 시민 129명이 사망.
10월 25일	민주당 이시이 고키石井紘基 의원이 우익 단체 대표의 칼에 찔려 사망.
11월 8일	이라크의 WMD개발 의혹과 관련, 유엔 안전보장이사회는 이라크의 무장해제를 촉구하는 결의안을 만장일치로 채택.
12월 8일	민주당 하토야마 유키오鳩山由紀夫 대표가 당내 혼란으로 사임. 10일간 나오토菅直人가 새 대표에 선출.
12월 19일	마쓰이 히데키松井秀喜의 메이저리그 뉴욕 양키스 입단 결정.
12월 19일	한국 대통령 선거에서 노무현 후보가 당선.
12월 26일	민주당 5명, 보수당 9명의 의원이 손잡고 보수신당 결성.

2003년 1월 1일	우주왕복선 컬럼비아호 사고. 대기권 재돌입하다가 공중분해 돼 승무원 7명 사망.
1월 9일~12일	고이즈미 총리 러시아 방문, 푸틴 대통령과 회담.
1월 14일	고이즈미 총리가 세 번째로 야스쿠니 신사 참배.
1월 23일	고이즈미 총리가 중의원 예산위원회에서 연간 국채발행액을 30조 엔으로 한정한다는 공약을 위반했다고 추궁받자 "이 정도의 약속을 지키지 못하더라도 대단한 것은 아니다"고 발언.
2월 7일	다케나카 헤이조竹中平藏 경제·재정·금융장관이 "주가지수연동형 상장투자신탁ETF은 반드시 돈이 되니까 여러분도 꼭 한 번 하시라"고 발언해 빈축을 삼.
2월 18일	베이징北京 일본인 학교에 탈북자 4명이 뛰어들어 망명을 희망.
2월 25일	한국에서 노무현 대통령이 취임. 북한에 대해 '햇볕정책'을 계승·발전시킨 '평화번영정책'으로 대응하겠다고 표명.
3월 15일	중국 국가주석에 후진타오胡錦濤 취임.
3월 중순	세계보건기구WHO가 원인불명의 폐렴이 중국 광둥廣東성과 홍콩, 베트남에서 집단 발생했다고 경고. 나중에 아시아와 북미, 유럽 등에도 퍼져 '중증급성호흡기증후군' SARS이라고 불림.
3월 20일	미국이 이라크 공격 개시(이라크 전쟁 시작).
4월 1일	봉급생활자 본인의 의료비와 가족 입원비 자기부담률이 20퍼센트에서 30퍼센트로 인상됨.
4월 1일	일본우정공사 발족
4월 14일	인간게놈 해독 완료.
4월 28일	닛케이 평균주가가 7607.88엔까지 떨어져 거품 경제 붕괴 후 최저치 경신.
5월 1일	부시 미 대통령이 캘리포니아 앞바다에서 전투기를 몰고 항공모함에 착륙, 조종사 복장으로 "대규모 전쟁은 끝났다"고 선언.
5월 1일	주세酒稅 인상.
5월 17일	일본 정부가 자본 잠식에 빠진 리소나은행에 2조 엔의 공적자금 주입을 결정.
5월 20일	고이즈미 총리 "실질적으로 자위대는 군대"라고 발언.
5월 23일	개인정보보호 관련 5개 법률이 성립.
5월 23~24일	고이즈미 총리가 부시 미 대통령 사저를 방문해 정상회담.
6월 6일	유사법제 관련 3법이 성립. 무력공격사태대처법 등에 연립여당 3당과 민주, 자유당 찬성. 전시체제 정비를 목적으로 하는 유사관련법 성립은 전후 최초.
6월 20일	후쿠오카福岡시 하카타博多 만에서 의류판매업자 가족 4명의 사체가 발견. 경찰은 중국인 전 유학생 3명에 의한 강도살인 사건이라고 단정.
7월 1일	담배 증세.

7월 1일	나가사키시 유치원생(4세)이 납치돼 주차타워 꼭대기에서 떨어뜨려진 사건에서 경찰은 중학교 1년생 남학생(12세) 체포.
7월 18일	사민당 쓰지모토 기요미 전 의원을 정책비서 2명의 급여 약 1880만 엔을 사취한 혐의로 체포.
8월 25일	주민기본대장 전산망 본격 가동.
9월 9일	노나카 히로무野中廣務 전 자민당 간사장 정계 은퇴 의사 표명.
9월 20일	자민당 총재 경선에서 고이즈미 총리 재선. 각료 전원 유임. 자민·공명·보수 3당의 연립내각.
9월 21일	고이즈미 총리가 자민당 3역 인사에서 아베 신조安倍晉三 전 관방 부장관을 간사장 대리에 기용.
9월 26일	자유당과 민주당 합당.
10월 10일	중의원 해산.
10월 11일	최대 대금업체인 다케후지武富士 전 전무 등이 도청 혐의로 체포. 12월 12일에는 다케이 야스오富井保雄(당시 73세) 회장도 체포.
10월 15일	중국이 유인우주선 '션저우神舟 5호' 발사. 지구 궤도를 비행하고 이튿날 귀환해 구소련과 미국에 이어 세 번째로 유인우주비행에 성공.
10월 23일	고이즈미 총리가 나카소네 야스히로, 미야자와 기이치宮澤喜一 두 전직 총리의 정계 은퇴를 권고. 미야자와는 요청 수용. 수용을 거부했던 나카소네도 27일 입후보 단념.
11월 9일	제43회 총선거. 연립여당 3당이 안정 다수 의석을 유지. 민주당은 '정권 선택' 선거라고 의미를 부여하고, 정권 공약을 통해 수권정당 이미지를 부각해 선거 전의 137석에서 177석으로 약진.
11월 15일	사민당의 도이 다카코土井たか子 당수가 총선 패배 책임을 지고 사임. 후임은 후쿠시마 미즈호福島瑞穂 간사장.
11월 19일	고이즈미 준이치로 제88대 총리에 선출. 제2차 고이즈미 내각 발족.
11월 20일	일본도로공단 총재에 곤도 다케시近藤剛 참의원 의원 기용.
11월 29일	이라크에서 일본인 외교관 2명 사살.
12월 3일	이라크에서 미군이 후세인 전 대통령 체포.
12월 24일	광우병 감염으로 가공식품을 포함한 미국산 소고기 수입 전면 중단.

2004년 1월 1일	고이즈미 총리 네 번째로 야스쿠니 신사 참배
1월 16일	자위대 선발대 이라크 파견.
1월 26일	육상자위대 이라크 파견 명령 결정.

3월 16일	도쿄지법이 「다나카 마키코의 딸 겨우 1년 만에 이혼」 기사를 게재한 『슈칸 분슌週刊文春』 3월 25일자에 대해 출판중지가처분명령.
4월 8일	이라크에서 일본인 3명이 인질로 잡히는 사건이 발생.
4월 23일	미국 사찰단 단장 "이라크가 대량 파괴 무기를 갖지 않았다고 상당히 높은 확률로 말할 수 있다"고 발언.
5월 7일	후쿠다 관방장관 연금 미납 문제에 따른 혼란의 책임을 지고 사임. 후임에 호소다 히로유키細田博之 취임.
5월 14일	고이즈미 총리 국민연금을 미납한 시기가 있었음이 발각.
5월 18일	고이즈미 총리의 북한 방문과 관련한 니혼TV 보도에 반발한 이지마 이사오飯島勳 총리 비서관이 니혼TV의 동행취재를 거부한다는 뜻을 전달한 것이 발각.
5월 22일	고이즈미 총리 2차 방북. 납치 피해자 가족 5명 귀국.
5월 27일	이라크에서 일본인 프리랜서 기자 2명이 습격을 받아 사망.
6월 2일	중의원 결산위원회에서 근무 실적이 없는 부동산회사 후생연금에 가입했던 의혹을 추궁받은 고이즈미 총리는 "인생은 여러 가지, 회사도 여러 가지, 사원도 여러 가지"라고 대답.
6월 5일	연금제도개혁 관련법 성립.
7월 11일	제20회 참의원 선거. 자민당은 개선 의석 51석에 미치지 못하는 49석을 얻는 데 그친 반면 민주당은 개선 의석을 크게 웃도는 의석을 획득해 약진.
7월 15일	일본치과의사회 전 회장이 2001년 6월경 자민당의 하시모토 류타로 전 총리에게 1억 엔의 수표를 건넨 것이 드러남.
7월 중순	NHK 전 책임PD의 프로그램 제작비 착복 발각. 그 후에도 전 서울지국장의 부적절한 경비 처리나 PD들의 허위 출장, 직원에 의한 시청료 착복 등이 잇따라 드러남.
8월 13일	오키나와沖繩현 기노완宜野灣시 오키나와국제 대학 안에 비행훈련중이던 미 해병대 대형 수송용 헬리콥터 추락. 승무원 3명 부상.
8월 13일 ~29일	아테네 올림픽. 일본은 사상 최다인 37개(금 16, 은 9, 동 12)의 메달을 획득.
9월 1일	러시아 남부 북오세티아공화국에서 체첸 무장집단이 학교를 점거. 이틀 뒤 러시아 특수부대가 학교에 돌입, 총격전 끝에 4일 새벽 무장 집단 제압.
9월 27일	개각과 자민당 당직 인사. 간사장에 다케베 쓰토무武部勤 기용.
10월 13일	세이부西武 그룹 핵심회사인 '고쿠도'가 사원 명의를 빌려 세이부 철도 주식을 대량으로 보유했다고 쓰쓰미 요시아키堤義明 회장이 발표.
10월 29일	카타르의 위성방송인 알자지라가 오사마 빈 라덴의 비디오 성명 방송.
11월 1일	새 지폐 발행. 1000엔권은 노구치 히데요野口英世[1], 5000엔권은 히구치 이치요樋口一葉[2].

11월 2일	미국 대통령 선거에서 부시가 민주당 케리 후보를 누르고 재선.
11월 10일	중국 원자력잠수함이 일본 영해를 침범. 고이즈미 총리는 해상경비대에 출동을 발령.
11월 10일	여야 당수 토론에서 고이즈미 총리는 '비전투 지역'의 정의를 "자위대가 활동하는 지역이 비전투 지역이다"라고 답변.
12월 9일	자위대 이라크 주둔을 1년 연장하기로 각의 결정.
12월 26일	인도네시아 수마트라 섬 북서쪽 해저에서 거대 지진이 발생, 해일로 수십만 명이 사망. 지진의 규모는 9.3.
12월 31일	후생노동성이 '인구동태 통계 연간 추이'에서 출생률이 2003년에 1.29로 사상 최저를 기록했다고 발표.

2005년 1월 12일	아사히 신문이 2001년 자민당 나카가와 쇼이치中川昭─ 경제산업장관과 아베 신조 자민당 간사장 대리(당시 관방 부장관)가 NHK에 군대위안부 관련 프로그램에 대해 압력을 행사했다고 보도.
1월 17일	후지TV가 닛폰방송(라디오 방송국)을 공개주식매집TOB을 통해 자회사화한다는 방침 표명.
1월 19일	고이즈미 총리가 자민당 총재 임기가 끝나는 2006년 9월에 퇴임할 뜻을 표명.
1월 20일	부시 미 대통령 재선 취임사에서 "자유를 세계에 퍼뜨리고 압정에 종지부를 찍는 것이 최종 목표"라고 선언.
1월 21일	정기국회 국정연설에서 고이즈미 총리는 우정민영화 결의를 표명하며 "개혁 단행은 나의 숙원으로 삼겠다"고 선언.
1월 25일	NHK 에비사와 가쓰지海老澤勝二(당시 70세) 회장 사임.
2월 8일	라이브도어(대표: 호리에 다카후미 사장)가 닛폰방송 발행 주식 29.6퍼센트를 보유하고 있다고 공표.
2월 16일	지구온난화 방지를 위한 교토의정서 발효.
3월 10일	시마네현 의회가 10월 10일을 '다케시마竹島의 날'로 하는 조례 가결.
3월 25일~ 9월 25일	아이치愛知 만국박람회 '아이·치큐하쿠愛·地球博' 개최.

* 1) 1876~1927. 후쿠시마福島현 출신의 의사 겸 세균학자. 미국에서 뱀독 연구로 명성을 얻었으며 매독과 황열병 연구에 공헌했다. 아프리카에서 황열병을 연구하다가 감염돼 숨졌다.
* 2) 1872~1896. 도쿄 태생의 소설가. 요절한 천재 여류작가로 유명하다. 민중의 애환을 그린 소설과 문학성이 뛰어난 일기가 높은 평가를 받는다. 일본 지폐에 최초로 초상이 실린 여성이다.

3월 27일	프랑스와의 정상회담에서 고이즈미 총리가 시라크 대통령에게 유엔안전보장이사회 상임이사국 진출과 관련한 협력 요청.
3월 28일	시마네현의 '다케시마의 날' 제정에 항의하는 행동으로서 한국 관광객이 독도 상륙.
4월 1일	페이오프Pay-Off 전면 해금.
4월 1일	개인정보보호법 시행.
4월 4일	일본 정부가 우정민영화 관련법안 골격을 결정.
4월 9일	중국 베이징에서 반일 시위. 일본 대사관 유리창 파손.
4월 16일	상하이上海서도 반일 시위. 16, 17일 이틀 동안 중국 전역의 최소 22개 도시에서 반일 시위.
4월 25일	효고兵庫현 아마노사키尼崎시에서 JR 쾌속전철이 탈선, 106명이 사망하고 461명이 부상. JR 사상 최악의 사고로 기록.
5월 23일	중국 국무원 우이 부총리가 고이즈미 총리와의 회담을 돌연 취소.
6월 1일	네덜란드의 EU헌법 비준 국민투표에서 반대가 60퍼센트를 넘었다. 비준 반대는 프랑스에 이어 두 번째.
6월 13일	가수 마이클 잭슨의 성범죄 사건 재판에서 캘리포니아주법원 배심원이 무죄 평결.
6월 19일	역대 총리 가운데 최초로 고이즈미 총리가 이오시마硫黃島 전몰자 추도식에 참석.
6월 23일	석유 가격 앙등 계속. 이날 한때 배럴당 60달러를 넘는 사상 최고치 기록.
6월 24일	일본 재무성이 3월 말 기준 국가채무 총액이 781조 엔, 국민 1인당 621만 엔이라고 발표.
7월 4일	우정민영화 관련법안이 중의원 본회의에서 5표 차이로 가결.
7월 7일	영국 글렌이글스에서 G8 정상회담이 열린 가운데 런던에서 폭탄 테러가 발생. 시영지하철 등에서 50인 이상이 사망.
7월 21일	중국인민은행은 위안元화의 대달러 페그제를 정지하고, 바스켓제로 이행한다고 발표하는 동시에 위안화의 2퍼센트 평가절상 단행.
8월 1일	자민당 나가오카 요지永岡洋治 의원 자살.
8월 8일	참의원에서 우정민영화법안이 17표 차로 부결됨. 고이즈미 총리는 이날 즉각 중의원을 해산.
9월 11일	제44회 중의원 선거에서 자민당이 압승. 단독으로 296석, 공명당과 합쳐서 327석이라는 '절대 안정 다수' 의석 획득.
9월 20일	6자회담 진전. 북한이 핵포기 방안에 다가옴.

1. 총리 취임 이전(1995년 9월~2001년 4월)

"하시모토 총리라면 별로 달라질 것이 없다. 내가 된다면 극적으로 바뀐다. 그것이 이번 총재 경선의 최대 포인트다."

(1995년 9월 16일 『니혼게이자이신문』 인터뷰)

고이즈미 최초로 자민당 총재 경선에 입후보했을 때의 발언. 당초 추천인 30명이 모이지 않아 출마가 위태로웠다. 결과는 하마평대로 하시모토 류타로의 압승이었다.

"우정 3사업을 민영화, 공무원을 절반으로 감축하면 자민당 단독 정권이 실현될 것임에 틀림없다." (1996년 8월 총리 관저)

고이즈미는 신당 사키가케의 다나카 슈세이 경제기획장관, 신진당 호소카와 모리히로 전 총리 등과 함께 정리한 행정개혁 '긴급제언'을 하시모토 총리에게 제출했다. 그때 하시모토 총리와 대담하면서 한 발언이다.

"나는 빼 줘요. 아이 앰 쏘리입니다."

(1996년 12월 테리 이토伊藤와의 회담)

테리 이토와의 회담에서 총리 취임 이야기를 걸어오자 한 마디.

"나는 자민당 내에서 마치 린치를 하듯 하는 눈총까지 받았습니다." "원래 언론이 살아 있어야 할 국회가 장관의 발언을 제약하는 것은 이상하다."

(1997년 4월 기자회견)

우정민영화를 둘러싼 국회 내의 소동에 대한 발언. 당시부터 우정민영화 실현을 외쳐 온 고이즈미는 하시모토 내각의 후생장관이었으나 같은 각료인 호리노우치 히사오堀之內久雄 우정장관 등과의 우정민영화를 둘러싼 대립이 표면화, '내각 내 불협화음'이란 소리를 들었다.

"… 개인적으로는 비아그라야."

(1998년 1월 TV프로그램)

"비아그라와 다이옥신, 어느 쪽에 관심이 있습니까"라는 물음에 당시 비아그라의 사용 승인 신청이 일본 정부에 들어와 있었다. 또 다이옥신도 일본 국내 허용 기준 수정이 검토되고 있어서 후생성의 중요 현안이었다. 당시 고이즈미 준이치로가 장관이었다.

"심하고, 엉성하고, 무책임하다. 오부치 내각은 퇴진하는 편이 국
민을 위해 낫다."
(1999년 11월)

'노인봉양보험료 징수의 동결' '가족봉양수당 현금 지급' 등을
결정한 오부치 게이조 내각의 자세를, 문제를 뒤로 미룬 것이라고
강하게 비판했다. 고이즈미도 자민당 내 비판파의 한 사람이었다.

"더 이상의 국채발행은 광기의 눈사태다. 철저하게 행정개혁을 하
고, 기득권을 깨부수지 않으면 경기회복은 없다."
(2000년 6월 도쿄에서 열린 한 심포지엄)

오부치 내각의 국채 의존 예산편성과 모리 요시로 내각의 재정
운영을 비판하면서 이렇게 발언했다. 그러나 자신의 내각에서는 국
채발행 한도를 설정한다는 공약까지 무시.

"'괴짜'라는 말의 생모로부터 '변혁의 인간'이란 말을 들었으니
이보다 힘이 나는 것은 없다."
(2001년 1월 27일 자민당 본부 출정식)

차기 자민당 총재경선에 고이즈미를 추천할 것이라고 밝힌 다나
카 마키코의 응원에 대한 발언.

"총리에 취임하면 8월 15일의 전몰자 위령제 날에 어떤 비판이 있
더라도 반드시 참배한다."
(2001년 4월 18일 자민당 총재 경선 토론회)

기자들이 야스쿠니 참배에 대해 묻자 즉각 이렇게 발언했다. 8월 15일이란 날짜까지 명확히 밝힌 것은 고이즈미뿐이었다.

"자민당을 때려 부수겠다" (2001년 4월 중순)

이 말을 국민들은 고이즈미가 해묵은 자민당 파벌정치와의 결별을 선언했다고 해석했다.

"시대의 바람이 바뀌고 있습니다. 파벌은 있고 당은 없고, 파벌은 있고 나라는 없는 정치를 바꿔가고 싶습니다. 저라면 할 수 있습니다." (2001년 4월 20일 고베시에서의 가두 연설)

이때 자민당 총재 경선에 입후보한 것은 하시모토 류타로, 아소 타로, 가메이 시즈카, 고이즈미 준이치로 등 4명이었다. 그러나 실제로는 하시모토와 고이즈미의 맞대결이었다.

2. 총리 취임 첫 해(2001년 4월 26일~2002년 4월)

"구조개혁 없이 성장 없다." (2001년 5월 7일)

제151회 국회 국정연설에서 '구조개혁'을 적극적으로 추진해 가겠다는 결의를 이렇게 표명했다. 그 후 이 말이 고이즈미의 많은 구호 가운데서도 가장 내표적인 말이 됐다.

"내게 반대하는 것은 모두 저항세력이다!"　　　　　(2001~2002년)

이 '저항세력'과 함께 '쌀 백 가마' '성역 없는 개혁' '뼈 튼튼 방침' 등이 고이즈미의 '한 마디 정치'를 상징하는 말이다. 이런 말은 모두 유행어가 됐고, 연말의 신어·유행어 대상을 받았다.

"일본인의 국민 감정으로서, 사람이 죽으면 모두 부처가 된다. A급 전범은 이미 사형이라는 현세에서의 형벌을 받았다."
　　　　　(2001년 7월 11일, 당수토론)

도이 다카코 사민당 당수가 야스쿠니 신사에 A급 전범이 합사돼 있음을 지적한 데 대한 답변.

"고이즈미 내각을 떠받치는 최고 간부들의 의견을 허심탄회하게 듣고, 심사숙고해서 판단하고 싶다. 전쟁 책임이 어떻다는 문제 이상으로 전몰자의 소중한 희생에 바탕해서 오늘이 있는 것임을 잊어서는 안 된다."
　　　　　(2001년 7월 30일, 참의원 선거 후의 기자회견)

참의원 선거에서 자민당이 대승한 후 가진 회견에서 기자들로부터 야스쿠니 신사 참배 문제에 대한 질문을 받았을 때의 발언. 반면 같은 때에 기자회견을 연 공명당의 간자키 다케노리神崎武法 대표는 이 문제에 대한 질문을 받고 "재고를 촉구하고 싶다"고 발언.

"(15일 참배에 대해) 나는 질문을 받고 대답했을 뿐입니다. 공약이

라든가, 그런 문제가 아닙니다."　　　　　　　　(2001년 8월 1일, 총리 관저)

기자들이 8월 15일의 야스쿠니 신사 참배 계획에 대해 물었을 때
의 대답. 총리 취임 직후부터 야스쿠니 참배에 대한 비판이 커졌다.
중국, 한국의 맹렬한 항의에 덧붙여 다나카 마키코 외무장관까지
반대 의사를 표명했기 때문.

"고이즈미는 한번 입밖에 내고 나면 (남의 말을) 듣지를 않는다고
하지만 꼭 그렇지는 않다. 입은 하나지만, 다행히 귀는 둘이다. 남의
의견을 잘 들어야 한다고 생각하고, 허심탄회 들어 왔다. 심사숙고를
거듭한 결과 오늘이 좋지 않을까 하고 판단했다."
　　　　　　　　　　　　　　　(2001년 8월 13일, 야스쿠니 신사)

8월 15일을 13일로 앞당겨 야스쿠니 신사에 참배했을 때의 발언.

"앞으로 어떤 사태가 될지 예상하기 어려운 상황이지만 세계와 협
조해 싸우는 미국의 자세를 강하게 지지하며 일본으로서의 원조와
협력을 아끼지 않겠다."　　　　　(2001년 9월 14일, 중의원 예산위원회)

9·11 동시 다발 테러와 관련, 미국이 보복 조치에 나설 경우 일
본은 어떻게 대응할 것이냐는 물음을 받고, 테러 이튿날인 12일 부
시 미 대통령이 보복 의사를 표명하자 고이즈미는 가장 먼저 "(보
복은) 당연하다"고 발언했다.

"우리 일본인은 미국과 함께 테러리즘과 싸운다. 우리는 단호하게 미국과 함께 한다. 무력 행사 이외의 군사적 지원에 대해서도 필요한 조치를 취하고 싶다. We must fight terrorism!!"

(2001년 9월 25일, 뉴욕)

미국을 방문, 뉴욕시 테러대책본부에서 행한 기자회견에서 미일 일체를 강조.

"말할 거리가 안 된다. 세상에는 이상한 사람들이 있는 법이다."

(2001년 11월 1일, 기자회견)

한국의 구 일본군 출신자의 유족들이 고이즈미 총리의 야스쿠니 신사 참배는 위헌이라고 소송을 제기한 데 대한 발언.

"(양보가 아니라) 커다란 진전이다. 30년이라면 도대체 도로를 만들 수 없다. 필요한 도로는 만든다. 어느 정도 지방의 실정을 생각하면서 유연하게 대처해야 한다." (2001년 11월 22일, 기자회견)

일본도로공단 채무 상환 기한을 50년에서 30년으로 단축한다는 구상을 보류한 데 대해 질문을 받고.

"구조개혁이 순조롭게 이뤄지고 있는 증거가 아닐까."

(2001년 12월 6일, 기자회견)

시중은행에 의한 부실채권처리가 가속되는 가운데 중견 건설업체인 아오키靑木건설이 파산한 데 대해.

"3자 한 푼씩의 손해군." (2001년 12월)

의료제도 개혁 논의에서 몇 번이고 한 말. 3자란 의료기관과 환자, 그리고 보험가입자를 가리킨다. 그러나 환자나 보험가입자는 같은 '국민'이어서, 곰곰이 생각해보면 국민만 이중부담을 강요받는 게 되기 때문에 이 말은 새빨간 거짓말이라고 할 수 있다.

"여자는 좋겠어." "내가 가장 큰 상처를 받았다." (2002년 1월 30일, 다나카 마키코 외무장관을 경질하고)

외무성 관료들과의 대립 문제가 좀처럼 개선되지 않자, 고이즈미는 다나카 마키코 외무장관을 경질했다. 그것을 들은 다나카 마키코는 기자들에게 둘러싸인 가운데 눈물을 보였다. 그 소식을 듣고 고이즈미가 한 말이다.

3. 총리 취임 2년째(2002년 5월~2003년 4월)

"밖의 태풍을 잊고 빠져들었다." (2002년 7월 10일, NHK홀)

도쿄 NHK홀에서 취미인 오페라를 감상했다. 당일은 태풍으로

서일본을 중심으로 많은 피해가 발생했다.

"지지율이 내려가도 개혁에 대한 의욕은 전혀 변하지 않는다."

(2002년 7월 21일, 요미우리포럼)

1년 이상 구조개혁을 떠들어 왔지만 개혁이 지지부진한 현상 때문에 고이즈미 내각의 지지율이 떨어지기 시작했다. 자민당 내에 '저항세력'도 있는 마당에, 고이즈미 내각의 생명줄이라고 할 수 있는 여론마저 외면하기 시작했다.

"보고서가 나오면 반드시 실현해 보이겠다."

(2002년 7월 23일, 총리 관저)

도로 관련 4개 공단의 민영화추진위원 7명과의 만찬 자리에서의 발언. 이때 고이즈미 내각의 지지율은 내려가고 있었다. 그것을 우려해서인지, 자민당 내부의 반대를 뿌리치고, 위원에 이노세 나오키猪瀬直樹 씨를 기용하는 등 도로공단민영화에 적극적 자세를 보였다.

"정책전환이 아니다."   (2002년 10월 7일, 기자회견)

2003년 4월로 예정됐던 '페이 오프'Pay-off 전면 해금을 2년 연기한 데 대해 이렇게 말하며 버텼다.

"나는 정국에서 도망간 적이 없다."   (2002년 11월 13일, 도쿄의 한 호텔)

연립여당(당시는 자민당과 공명당, 보수당) 3당의 국회대책위원장과 회담했을 때의 발언. 고이즈미의 개혁에는 연립여당 내부에서의 반발이 강해 국회운영에 지장을 초래할 수 있다는 의견을 듣고 "중의원 해산도 불사할 것"임을 넌지시 내비쳤다.

"이 정도의 약속을 지키지 않은 것은 그리 대단한 일이 아니다."

(2003년 1월 23일, 중의원 예산위원회)

적자국채 발행액이 공약인 30조 엔을 넘어선 데 대한 발언. 이 발언에 대한 여론의 반발은 대단했고, 그 후 고이즈미는 이 발언을 철회하고 사과했다.

"미국이 어떤 이유로 행동하는가를 보지 않고서는 알 수 없다. 그것을 보고 생각할 것이다. 그때그때의 분위기가 중요하다."

(2003년 1월 23일, 중의원 예산위원회)

"미국이 유엔 결의 없이 이라크를 공격하면 어쩔 것인가"라는 질의에 대한 답변. "그때그때의 분위기가 중요하다"는 식으로 결정되는 외교란 도대체 어떤 것일까?

"여론에 따라 정치를 하면 잘못 될 경우도 있다."

(2003년 3월 5일, 중의원 예산위원회)

유엔의 의한 이라크 강제 사찰을 인정하는 유엔안보리 결의

1441호를 일본은 즉각 지지했다. 이와 달리 일본의 여론조사에서 70퍼센트가 넘는 사람이 이라크에 대한 무력 행사에 반대하는 것으로 나타났다는 지적을 받았을 때의 답변.

4. 총리 취임 3년째(2003년 5월~2004년 4월)

"불황, 불황이라고들 말하지만 도쿄 디즈니랜드나 도쿄 마루노우치丸ノ内의 신마루新丸빌딩[3], 그리고 롯폰기六本木힐즈[4]는 모두 대성황이다. 경제는 흔히 말하는 것처럼 그렇게 나쁘지는 않다."

(2003년 5월 19일, 롯폰기힐즈)

바로 이틀 전인 5월 17일 리소나은행에 대한 공적자금 주입이 결정됐다.

"실질적으로 자위대는 군대라고 (생각한다)… 언젠가 헌법으로도 군대라고 인정해, 위헌이니 합헌이니 하는 쓸데없는 논란을 하지 않고 나라를 지키는 조직에 명예와 지위를 부여할 때가 온다."

(2003년 5월 20일, 참의원 유사법제 특별위원회)

자위대를 군대라고 생각하느냐는 질의에 대한 답변. 이 시기 자

---

* 3)   도쿄역 가까운 번화가에 21세기 들어 새로 들어선 건물. 마루노우치빌딩을 재건축한 신마루노우치빌딩을 일본식으로 줄여서 이렇게 부른다.
* 4)   도쿄의 번화가의 하나인 롯폰기를 대표하는 복합 건물.

위대의 이라크 파견을 놓고 뜨거운 논란이 벌어졌다. 그리고 약 두 달 뒤 이라크특별조치법이 성립했다.

"후세인 대통령을 찾을 수 없다고 후세인은 존재하지 않았다고 말할 수 있는가. 어떻게 대량파괴무기가 없다고 말할 수 있는가."

(2003년 6월 11일, 당수토론)

시이 가즈오志位和夫 공산당 당수가 "어떤 구체적 근거로 이라크의 대량 파괴 무기 보유를 단언했는가"라는 질문에 대한 답변. 바그다드가 함락된 지 2개월이 지난 시점이지만 대량 파괴 무기도 후세인도 발견되지 않았다.

"하루하루가 새장에 갇힌 새 같지요. 어차피 절반 정도는 세금으로 떼어 갈 터이고, 특별히 쓸 데도 없어요." (2003년 6월 30일, 기자회견)

고이즈미에게 여름 상여금(661만 엔)이 지급된 것과 관련, 기자들이 용도를 묻자.

"제2차 세계대전 후 일본에 군대가 존재하지 않았던 기간은 지금까지 한 번도 없었다."

(2003년 7월 9일, 참의원 외교방위 · 내각 양위원회의 합동심사회)

여기서 말하는 '군대'는 주일 미군 이야긴가? 고이즈미는 "군대를 보유하고 있으니 전쟁을 하는 것이다"라는 일부 생각에 대해 이렇게 반론했다. 그 후 자신의 군대를 가져야 한다는 지론이 전개됐다.

"반대하는 것은 압니다. 그렇다면 나를 총재로 삼지 않으면 됩니다. 나를 바꾸면 돼요."
(2003년 7월 15일, 기자회견)

총재 경선을 앞두고 자민당 성명에 도로공단 민영화나 우정민영화 등이 포함되자, 자민당 내의 반대가 잇따랐다.

"어디가 비전투지역이고, 어디가 전투지역인지를 내게 묻는다고 어떻게 알 수 있겠어요."
(2003년 7월 23일, 당수토론)

민주당 간 나오토菅直人 대표가 "비전투지역이란 건 픽션 아닌가요. 한 군데라도 말해 보세요"라고 묻자.

"집단적 자위권을 인정한다면 헌법은 개정하는 게 낫다."
(2003년 7월 25일, 참의원 외교방위위원회)

집단적 자위권을 어떻게 생각하느냐는 질의에 대한 답변. "고이즈미 내각에서는 현행의 해석을 유지한다"고 단언한 후 이렇게 말했다.

"(정치에서는) 폭투도 나오지요."
(2003년 8월 7일, 고시엔구장)

하계 고시엔甲子園 대회5)에서 시구를 한 후 기자단이 "9월의 자민당 총재 경선도 직구로 승부할 것이냐"고 묻자.

"정말로 자위대는 군대가 아닌 것일까. 자위대에 전력은 없는 것
일까. 상식적으로 생각하면 이상한 점이 있다."

(2003년 8월 26일, 기자회견)

기자들이 헌법개정에 대해 질문한 데 대한 답변. 전날인 25일 고
이즈미는 야마사키 다쿠山崎拓 간사장에게 자민당 헌법개정안을
2005년 11월까지 매듭하라고 지시했다.

"이건 당연하다고 생각합니다." (2003년 8월 28일, 기자회견)

오사카大阪 이케다池田초등학교 사건 재판에서 다쿠마 마모루宅
間守 피고에게 사형판결이 내려진 데 대해.

"7인의 사무라이는 협력해서 마을을 지켰다. 서로가 베었던 게 아
니다. 그 점을 착각하지 말도록." (2003년 11월 30일, 총리 관저)

도로 관련 4공단 민영화추진위원회의 갈팡질팡 때문에 머리를
싸매고 있던 이시하라 노부테루石原伸晃 행정개혁장관을 총리 관저

---

* 5) 효고兵庫현 니시노미야西宮시에 있는 고시엔 구장에서 열리는 일본 정상의 고교야
구대회. 봄철의 고시엔대회는 전년도 8개 권역별 준결승 진출팀 가운데 32개팀을
선정해 열고, 여름 대회는 47개 광역단체별 지역 예선을 거쳐 49개팀(도쿄와 홋카
이도는 2팀씩)이 출전한다.

로 불러, 민영화추진위원회 위원들을 영화 「7인의 사무라이」에 빗
대어 말했다.

"결론을 기다리라고 하는데, 경과에 대해 일일이 총리가 반응해서
뭐 하겠느냐." "국회를 통과할지 여부는 생각하지 않아도 된다. 정치
가 판단한다."

(2003년 12월 4일, 기자회견)

도로 관련 4공단 민영화추진위원회에서 건설 추진, 억제파의 대
립이 첨예화해 위원회가 분규 상태에 빠진 가운데.

"주요한 전투는 끝났지만 완전히 전투상황이 끝났다고는 보지 않
는다. 위험한 지역도 있고, 테러도 있다."

(2003년 12월 15일, 중의원 테러방지특별위원회)

12월 10일의 자위대 이라크 파견 기본계획 결정과 관련한 휴회
중의 정책 심사에서의 답변. 이 발언은 이라크에 아직 전쟁지역이
남아 있음을 인정한 것이라는 점에서 혹독한 추궁을 받았다.

"이라크가 테러리스트의 온상이 되지 않게 하려면 테러리스트와
의 대결은 각오해야만 한다. 도쿄에서도 테러가 일어날지 모른다."

(2003년 12월 16일, 중의원 외교방위위원회)

대량파괴무기가 발견되지 않아 이라크 전쟁의 대의명분이 없다
는 점에 대한 설명 요구에.

"나는 저항감을 느꼈던 기억이 없다."

(2004년 2월 10일, 중의원 예산위원회)

야스쿠니 신사에 제2차 세계대전 A급 전범이 합사돼 있다는 점에 대해 어떻게 생각하느냐는 질의에 대한 답변.

"1명 더 내보낼 수 없나?"   (2004년 3월 14일, 기자회견)

아테네 올림픽 여자마라톤 일본 대표 선발전에서 다카하시 나오코高橋尙子 선수가 탈락한 데 대한 발언.

5. 총리 취임 4년째(2004년 5월~2005년 4월)

"온화하고, 쾌활하고, 조크가 능하고, 머리 회전이 빠른 사람이다.""독재자의 나라에서는 교섭이 (나중의 협의에서) 바뀐다. 독재자의 생각은 나 자신이 확인할 수밖에 없다."

(2004년 5월 27일, 참의원 이라크 · 무력공격사태 특별위원회)

북한 김정일 국방위원장의 인상을 이렇게 말했다.

" '자네 일은 다음 선거에서 당선되는 것이다. 회사에는 나오지 않아도 좋아.' 라고 말했다. 좋은 사람이었다. 총리를 그만두면 사장님 성묘를 하고 싶다."   (2004년 5월 27일, 참의원 이라크 · 무력공격사태 특별위원회)

회사원 시절 후생연금 가입 당시 회사의 근무 실태를 묻는 질의에 대한 답변. 그 후 이 사장이 살아 있는 것으로 판명됐다.

"'취하면 미인의 무릎을 베개 삼고, 술이 깨면 천하의 칼을 잡는다'는 건 남자의 꿈이다. 나는 천하의 칼은 잡았지만 미인의 무릎이 없어서 외롭기 짝이 없다."

(2004년 5월 29일)

여배우 미즈노 마키水野眞紀와 자민당 고토다 마사즈미後藤田正純 의원의 결혼 피로연에서의 발언. '천하의 칼'은 물론 총리 자리를 말한다.

"인생은 각양각색, 회사도 각양각색, 사원도 각양각색. 왜 사과하지 않으면 안 되는가."

(2004년 6월 3일, 당수 토론)

민주당 오카다 가쓰야岡田克也 대표가 후생연금 가입 당시 회사의 근무 실태를 추궁하자 이렇게 대답해 회의장에 실소가 가득했다.

"개혁의 싹이 돋아난 것을 국민이 짓밟아 버리는 것일까."

(2004년 7월 8일, 나가사키현 사세보시에서의 참의원 선거 가두연설회)

2004년 7월의 참의원 선거에서 자민당의 열세가 뚜렷해지자 이렇게 답변. 국민에게 엉뚱하게 화풀이를 한 것인가?

"역풍 속에서 분발했다."

(2004년 7월 13일, 기자회견)

참의원 선거에서 자민당의 획득 의석이 목표인 51석을 밑돌 경우의 책임에 대해 "관계없다"고 말했지만, 실제로 밑돌자 태도를 돌변, 말 바꾸기를 연발했다.

"나는 몇 번이고 감동했다. 몇 번이고 눈물을 흘렸다. 정말 멋졌다."
(2004년 9월 1일, 총리 관저)

아테네 올림픽에서 큰 활약을 한 일본 선수단을 관저로 불러 격려.

"우리나라의 역할은 안보리 권한인 국제평화의 유지에 불가결하다. 지금까지 해온 역할은 상임이사국이 되기에 걸맞다."
(2004년 9월 21일, 유엔총회)

유엔총회에서 일본은 안보리 상임이사국을 겨냥하고 있다고 밝혔는데 그 후 기자회견에 외국 언론사는 1사밖에 오지 않았다.

"한쪽에서는 독재적이니 파쇼니 하고, 한쪽에서는 너무 내맡겨 둔다고 뭐라 한다. 극단적인 비판이 나오는 것은 내가 한 가운데를 가고 있다는 뜻 아닐까."
(2004년 11월 8일, 기자회견)

와타누키 다미스케綿貫民輔를 비롯한 자민당 노장파 의원들로부터 '독재적'이라는 비판을 받은 데 대한 기자들의 질문에.

"자위대가 기 있는 곳이 비전투 지역이다." (2004년 11월 10일, 당수 토론)

오카다 민주당 대표가 "전투지역과 비전투지역이란 구체적으로 어떤 상태를 가리키는 것인가"라고 묻자 이렇게 대답했다.

"어떻게 될지 잘 모르겠어요. 어렵지요, 주식 문제는 지켜볼 수밖에 없어요."

(2005년 3월 11일, 기자회견)

라이브도어의 닛폰방송 매수 움직임에 대한 대항책으로서 후지TV가 신주 예약권을 발행한 것과 관련, 도쿄지법이 후지TV 측의 매수 저지책을 인정하지 않은 데 대한 발언.

"비프(미국산 소고기) 문제만으로 온 게 아니래요. 이름이 라이스니까요. 양국 관계 전반의 이야기였지요."

(2005년 5월 24일, 기자회견)

일본을 방문한 라이스 미 국무장관이 무엇을 요구했느냐는 질문에.

"우리나라는 평화국가로서 국가 발전에 노력한다는 결의를 표명했고, 이런 뜻에 어떤 흔들림도 없다."

(2005년 4월 22일, 인도네시아의 아시아·아프리카 회의 연설)

반둥에 모인 아시아·아프리카 각국 정상 앞에서 일본의 입장을 미리 강조했다.

6. 총리 취임 5년째(2005년 5월~)

"나는 만나겠다고 했다. 취소한 쪽에 물어 보세요."

(2005년 5월 24일, 기자회견)

중국의 반일운동이 잦아들어 중국 우이 부총리와 회담할 예정이었으나 돌연 회담이 취소됐다. 우이 부총리의 귀국 이유를 기자들이 묻자.

"법안을 수정한다는 생각에 동조할 수 없다."

(2005년 6월 27일, 총리 관저)

자민당 요사노 가오루與謝野馨 정조회장 등과 총리 관저에서 회담을 가졌으나, 당이 요구한 우정민영화 관련 법안의 수정을 거부.

"그렇게나 찬성, 반대로 갈려 있었는데 잘 수습해 주었다. 좋은 지혜를 내 주었다."

(2005년 6월, 기자회견)

우정민영화 관련 법안 수정안이 자민당 총무회에서 승인된 데 대한 발언. 전날까지만 해도 고이즈미는 "수정에 동조할 수 없다"는 말만 계속했다.

"엄정한 처분을 해야 하지만, 성립할 때와 성립하지 않았을 때의 차이는 크다. 그 점을 잘 생각해 보세요."

(2005년 7월 4일, 기자회견)

중의원의 우정민영화 관련 법안 표결에 앞서, '반란자'에 대해 자민당으로서 어떤 대응을 할 것이냐는 질문을 받고.

"영어, 독일어, 프랑스 어, 기타 각국어로 번역하기는 어렵지만 '아깝다'는 말로 충분히 통한다. 일본은 석유를 외국에 의존하고 있는데, 자연 친화적인 에너지를 사용해야 한다."

(2005년 7월 9일, 영국 글렌이글스)

G8 정상회담이 끝난 후의 기자회견에서 2004년 노벨평화상 수상자인 왕가리 마타이 씨가 제창한 '아깝다' 정신에 대해. 고이즈미는 이 정신을 각국 정상에게 제창했다고 설명했다.

"오늘의 답변은 정중했지요? 알기 쉬웠지요? 그렇게 생각하지 않나요?"

(2005년 7월 15일, 기자회견)

참의원 우정민영화 특별위원회에서의 답변을 스스로 되돌아보며. 위원회에서는 답변서를 읽어나갈 뿐인 총리의 태도에 대해 야당이 의사진행 중단을 요구하는 장면이 있었다.

"나의 신념이다. 죽임을 당해도 좋다."

(2005년 8월 6일, 총리 관저에서 모리 전 총리에게)

참의원에서 우정민영화법안의 부결 기미가 농후해지자, 중의원 해산 방침에 쐐기를 박으려고 찾아간 모리 전 총리에게 이렇게 대답했다고 한다.

"그래도 지구는 움직인다."　　　(2005년 8월 8일, 중의원 해산 기자회견)

중세 이탈리아 천문학자인 갈릴레오 갈릴레이를 본따서 우정민영화는 지동설이라고 발언.

"우정(민영화 문제)뿐 아니라는 건 당연하지 않나요."

(2005년 9월 11일, 중의원 선거후의 회견)

총선거에서 압승한 후 앞으로의 일을 묻는 질문에. 그러나 선거운동에서는 우정민영화 문제밖에 말하지 않았다.

1. 고이즈미 준이치로 연보

1942년 1월 8일 가나가와神奈川현 요코스카橫須賀시에서 할아버
지 고이즈미 마타지로, 아버지 고이즈미 준야 등 모두 장
관 경력이 있는 정치 일가의 자손으로 태어났다.

1960년 3월 가나가와 현립 요코스카 고등학교 졸업.

1962년 4월 게이오 대학 경제학부 입학.

1967년 5월 동대학 졸업.

1967년 런던 대학에 나가 놀기 유학(취득학점 0)

1969년 아버지 준야의 사망에 따라 급거 귀국해 중의원 의원 선
거에 입후보했으나 낙선. 후쿠다 다케오 자택의 식객이
되다.

1972년 12월 전회 선거를 설욕해 중의원 의원에 첫 당선. 이후
연속으로 당선되면서 후생장관, 우정장관 등을 지낸다.

~**1974년 11월** 부동산회사 회사원으로 근무.

1979년 오히라 마사요시 내각의 대장성 정무차관.

1988년 후생장관(다케시타 노보루 내각)

1992년 우정장관(미야자와 기이치 내각)

1996년 후생장관(제2차 하시모토 류타로 내각)

1998년 세이와카이(모리파) 회장에 취임

2001년 4월 24일 자민당 총재에 선출.

2001년 4월 26일 압도적 지지로 제87대 총리에 취임.

2001년 8월 총리 취임 후 최초의 야스쿠니 신사 참배. 이것이 찬
　　　　　　 반양론의 격돌을 불렀다.

2001년 11월 미국 동시 다발 테러의 영향으로 테러대책특별조
　　　　　　　 치법을 공포.

2002년 9월 17일 북한을 방문, 김정일 국방위원장과 첫 정상회
　　　　　　　　　 담을 실현하고 ‘평양공동선언’을 발표.

2002년 10월 15일 역대 내각이 이루지 못한 일본인 납치 피해자
　　　　　　　　　　 5인의 귀국을 이뤄냈다.

2003년 6월 유사사태 관련 3법 공포.

2003년 8월 이라크부흥지원특별조치법 공포.

2003년 11월 19일 제2차 고이즈미 내각 발족, 제88대 총리 취임.

2004년 1월 자위대 이라크 파견을 결정.

2004년 4월 이라크 일본인 인질 사건이 발생. 수수께끼의 무장
　　　　　　 집단이 ‘이라크에서의 자위대 철수’를 요구했지만 “테
　　　　　　 러에 굴복하지 않는다”며 단호하게 거부. 그 후 인질 3
　　　　　　 명은 무사히 풀려났다.

2004년 7월 제20회 참의원 의원 선거에서 자민당이 석패했으나

책임을 지는 대신 행정개혁 속행을 선언.

2004년 9월 27일 개각.

2004년 10월 이라크 일본인 인질 사건 발생. 이라크 성전聖戰 알
카에다가 '이라크에서의 자위대 철수'를 요구했으나 "테
러에는 굴복하지 않는다"고 단호하게 거부. 그 후 인질은
살해됐다.

2005년 3월 27일 자크 시라크 프랑스 대통령과 정상회담. 일본
의 유엔 안보리 상임이사국 진출에 대한 찬성을 요청.

2005년 4월 23일 후진타오 중국 국가주석과 정상회담. 반일 시
위에 대한 양자의 의견은 접근하지 못했다.

2005년 4월 26일 정권 5년째 돌입. 구 수상 관저를 개축한 신 관
저로 이사.

2005년 4월 27일 우정민영화법안을 국회에 제출.

2005년 7월 5일 우정민영화법안이 중의원 본회의를 통과.

2005년 8월 8일 우정민영화법안이 참의원에서 부결돼 국회가
해산됐다.

2005년 9월 11일 중의원 선거에서 압승. 자민당 단독으로 절대
안정 다수 의석을 획득.

2. 외조부 고이즈미 마타지로(1865년 6월 10일~1951년 9월 24일)

외조부 고이즈미 마타지로는 가나가와현 요코스카시 가나자와
金澤구 다이도大道 2번지 6호 출신으로 고이즈미 요시베에小泉由兵衛

의 장남. 별명은 '문신의 마타씨'로 등에 문신을 새긴 이색적 의원
이었다.

"젊을 때는 요코스카에서 비계공을 했다"고 하며 정계 진출은
이타가키 다이스케板垣退助의 연설을 듣고 감명을 받았기 때문이라
고 한다. 초등학교 강사를 거쳐 정치인으로 전신했고, 1887년 개진
당改進黨에 입당했다. 도쿄와 요코하마 『매일신문』 기자를 거쳐 가
나가와 현의원, 요코스카 시의원, 시의회 의장 등을 역임했다. 그
후 1908년부터 1942년까지 중의원 의원에 연속 14회 당선됐다.

개진당, 유흥회猶興會, 우신회又新會, 동지회, 헌정회, 민정당 등을
전전했으나 민정당 의원으로서는 보통선거 실현에 진력했다. 민정
당 간사장을 거쳐 1924~27년 중의원 부의장을 지냈다. 1929~31
년에는 하마구치 오사치 내각의 체신장관. 또 제2차 와카쓰키 레이
지로 내각에서도 체신장관을 지냈다. 이 체신장관 시절 마타지로는
'전신전화 설비의 민영화'에 매달렸으나 대장성 등의 반대도 있고
해서 좌절했다. 즉, 고이즈미 준이치로의 우정민영화는 할아버지의
비원이었다고도 할 수 있다. 1934년 요코스카 시장이 되었고, 그 후
내각 참의, 내각 고문을 지내다가 1945년 귀족원 의원이 됐는데 종
전과 함께 공직에서 추방됐다. 고이즈미 준이치로의 아버지 준야는
마타지로의 데릴사위다.

3. 아버지 고이즈미 준야(1904년 1월 24일~1969년 8월 10일)

원래 성씨는 사메지마로, 가고시마현 가세다加世田시 출신이다.

1930년 니혼 대학 법학2부 정치학과를 졸업하고 체신장관 비서, 내무참사관을 거쳐 1937년 장인인 고이즈미 마타지로의 뒤를 잇는 형태로 가나가와현에서 중의원 의원 선거에 입후보해 당선됐다.

그러나 전후에는 공직에서 추방했고, 그것이 해제된 1952년 개진당에서 중의원 의원에 입후보해서 당선됐다. 개진당에서는 유세부장을 지냈고 보수합동 이후에 성립된 자민당에서는 당 총무, 부간사장 등을 역임했다.

1955년 제2차 하토야마 이치로 내각의 법무성 정무차관, 1964년 제3차 이케다 하야토 내각 및 제1차 사토 에이사쿠 내각에서는 방위 장관을 지냈다. 1960년 안보개혁 때는 자민당 외교조사회장으로서 중의원 본회의에서는 여당 대표연설을 통해 찬성을 촉구했다. 이 때문에 '안보 사나이'라는 별명이 붙었다.

4. 고이즈미 집안 사람들의 면면

고이즈미 준이치로가 독신임은 주지의 사실인데, 그 이유에 대해 스스로는 "실패를 반복하지 않기 위해 재혼하지 않는 것"이라고 밖에는 말하지 않는다.

고이즈미 준이치로는 1978년 1월 후쿠다 다케오 전 총리의 중매로 에스에스제약 창업자 다이도 쇼잔泰道照山 씨의 손녀딸 미야모토 가요코 씨와 결혼했다. 이 결혼에서 두 아들 고타로와 신지로를 두었으나 1983년에 이혼했다.

그러나 이혼 당시 가요코 씨의 뱃속에는 6개월 된 3남 요시나가가 있었다. 그러나 고이즈미는 아내에게 "군자는 가는 자를 잡지 않고, 오는 자를 거부하지 않는다"라고 말하며 쫓아냈다고 한다.

이처럼 고이즈미에게 세 번째 아들이 존재한다는 것은 총리가 되기까지는 거의 알려지지 않았다. 장남으로 연예계에 들어선 고타로, 차남 신지로, 그리고 세 번째가 이혼한 가요코 씨가 키운 요시나가다. 즉 3남 요시나가는 아버지와 한 번도 만난 적이 없다. 고이즈미가 총리가 됐을 때 대학생이 된 요시나가는 한 번이라도 좋으니 아버지와 만나려고 했으나 고이즈미는 완강하게 거부했다.

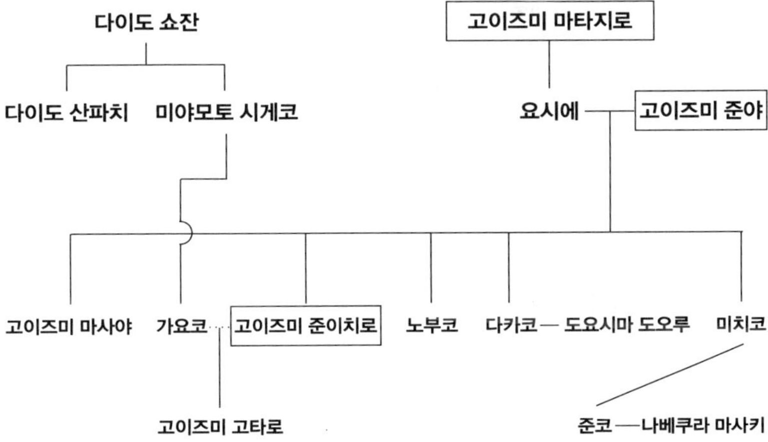

역대	차수	이름	취임 연령	지지 정당	재직 기간		재직 일수	출생지 (현)
1	제1차	이토 히로부미 (伊藤博文)	44		1885년 12월 12일	1888년 4월 30일	861	야마구치 (山口)
2		구로다 기요타카 (黑田淸隆)	47		1888년 4월 20일	1889년 10월 25일	544	가고시마 (鹿兒島)
겸임		산조 사네토미 (三條實美)			1889년 10월 25일	1889년 12월 24일		
3	제1차	야마가타 아리토모 (山縣有朋)	51		1889년 12월 24일	1891년 5월 6일	499	야마구치
4	제1차	마쓰카타 마사요시 (松方正義)	56		1891년 5월 6일	1892년 8월 8일	461	가고시마
5	제2차	이토 히로부미	50		1892년 8월 8일	1896년 8월 31일	1485	야마구치
임시 겸임		구로다 기요타카			1896년 8월 31일	1896년 9월 18일		
6	제2차	마쓰카타 마사요시	61	진보당	1896년 9월 18일	1898년 1월 12일	482	가고시마
7	제3차	이토 히로부미	56		1898년 1월 12일	1898년 6월 30일	170	야마구치
8	제1차	오쿠마 시게노부 (大隈重信)	60	헌정당	1898년 6월 30일	1898년 11월 8일	132	사가 (佐賀)
9	제2차	야마카타 아리토모	60	헌정당	1898년 11월 8일	1900년 10월 19일	711	야마구치
10	제4차	이토 히로부미	59	입헌 정우회	1900년 10월 19일	1901년 5월 10일	204	야마구치
임시 겸임		사이온지 긴모치 (西園寺公望)			1901년 5월 10일	1901년 6월 2일		
11	제1차	가쓰라 다로 (桂太郎)	53		1901년 6월 2일	1906년 1월 7일	1681	야마구치

역대	차수	이름	취임 연령	지지 정당	재직 기간		재직 일수	출생지 (현)
12	제1차	사이온지 긴모치	56	입헌 정우회	1906년 1월 7일	1908년 7월 14일	920	교토부 (京都府)
13	제2차	가쓰라 다로	60		1908년 7월 14일	1911년 8월 30일	1143	야마구치
14	제2차	사이온지 긴모치	61	입헌 정우회	1911년 8월 30일	1912년 12월 21일	480	교토부
15	제3차	가쓰라 다로	65		1912년 12월 21일	1913년 2월 20일	62	야마구치
16	제1차	야마모토 곤베에 (山本權兵衛)	60	입헌 정우회	1913년 2월 20일	1914년 4월 16일	421	가고시마
17	제2차	오쿠마 시게노부	76	입헌 동지회	1914년 4월 16일	1916년 10월 9일	908	사가
18		데라우치 마사타케 (寺内正毅)	64		1916년 10월 9일	1918년 9월 29일	721	야마구치
19		하라 다카시 (原敬)	62	입헌 정우회	1918년 9월 29일	1921년 11월 4일	1133	이와테 (岩手)
임시 겸임		우치다 고사이 (内田康哉)			1921년 11월 4일	1921년 11월 13일		
20		다카하시 고레키요 (高橋是清)	67	입헌 정우회	1921년 11월 13일	1922년 6월 12일	212	도쿄도 (東京都)
21		가토 도모사부로 (加藤友三郎)	61	입헌 정우회	1922년 6월 12일	1923년 8월 24일	440	히로시마 (廣島)
임시 겸임		우치다 고사이			1923년 8월 24일	1923년 9월 2일		
22	제2차	야마모토 곤베에	70	혁신 구락부	1923년 9월 2일	1924년 1월 7일	128	가고시마
23		기요우라 게이고 (清浦奎吾)	73	정우본당	1924년 1월 7일	1924년 6월 11일	157	구마모토 (熊本)
24		가토 다카아키 (加藤高明)	64	호헌3파	1924년 6월 11일	1926년 1월 28일	597	아이치 (愛知)
임시 겸임		와카쓰키 레이지로 (若槻禮次郎)			1926년 1월 28일	1926년 1월 30일		
25	제1차	와카쓰키 레이지로	59	헌정회	1926년 1월 30일	1927년 4월 20일	446	시마네 (島根)

역대	차수	이름	취임 연령	지지 정당	재직 기간		재직 일수	출생지 (현)
26		다나카 기이치 (田中義一)	63	입헌 정우회	1927년 4월 20일	1929년 7월 2일	805	야마구치
27		하마구치 오키치 (浜口雄幸)	59	입헌 민정당	1929년 7월 2일	1931년 4월 14일	652	고치 (高知)
28	제2차	와카쓰키 레이지로	65	입헌 민정당	1931년 4월 14일	1931년 12월 13일	244	시마네 (島根)
29		이누카이 쓰요시 (犬養毅)	76	입헌 정우회	1931년 12월 13일	1932년 5월 16일	156	오카야마 (岡山)
임시 겸임		와카쓰키 레이지로			1932년 5월 16일	1932년 5월 26일		
30		사이토 마코토 (齋藤實)	73	거국일치	1932년 5월 26일	1934년 7월 8일	774	이와테
31		오카다 게이스케 (岡田啓介)	66		1934년 7월 8일	1936년 3월 9일	611	후쿠이 (福井)
32		히로타 고키 (廣田弘毅)	58		1936년 3월 9일	1937년 2월 2일	331	후쿠오카 (福岡)
33		하야시 센주로 (林銑十郎)	60		1937년 2월 2일	1937년 6월 4일	123	이시카와 (石川)
34	제1차	고노에 후미마로 (近衛文麿)	45	거국일치	1937년 6월 4일	1939년 1월 5일	581	도쿄도
35		히라누마 기이치로 (平沼騏一郎)	71		1939년 1월 5일	1939년 8월 30일	238	오카야마
36		아베 노부유키 (阿部信行)	63		1939년 8월 30일	1940년 1월 16일	140	이시카와
37		요나이 미쓰마사 (米内光正)	59		1940년 1월 16일	1940년 7월 22일	189	이와테
38	제2차	고노에 후미히로	48		1940년 7월 22일	1941년 7월 18일	362	도쿄도
39	제3차	고노에 후미히로	49		1941년 7월 18일	1941년 10월 18일	93	도쿄도
40		도조 히데키 (東條英機)	57		1941년 10월 18일	1944년 7월 22일	1009	도쿄도
41		고이소쿠니 아키 (小磯國昭)	64		1944년 7월 22일	1945년 4월 7일	260	도치기 (栃木)

역대	차수	이름	취임 연령	지지 정당	재직 기간		재직 일수	출생지 (현)
42		스즈키 간타로 (鈴木貫太郎)	77	(시종장 출신)	1945년 4월 7일	1945년 8월 17일	133	오사카부 (大阪府)
43		히가시쿠니노미야 (東久邇宮)	57		1945년 8월 17일	1945년 10월 9일	54	교토부
44		시데하라 기주로 (幣原喜重郎)	73		1945년 10월 9일	1946년 5월 22일	226	오사카부
45	제1차	요시다 시게루 (吉田茂)	67	일본자유당 /연립	1946년 5월 22일	1947년 5월 24일	368	도쿄도
46		가타야마 데쓰 (片山哲)	59	일본사회당 /연립	1947년 5월 24일	1948년 3월 10일	292	와카야마 (和歌山)
47		아시다 히토시 (芦田均)	60	민주당/ 연립	1948년 3월 10일	1948년 10월 15일	220	교토부
48	제2차	요시다 시게루	70	민주 자유당	1948년 10월 15일	1949년 2월 16일	125	도쿄도
49	제3차	요시다 시게루	70	민주자유 /자유당	1949년 2월 16일	1952년 10월 30일	1355	도쿄도
50	제4차	요시다 시게루	74	자유당	1952년 10월 30일	1953년 5월 21일	204	도쿄도
51	제5차	요시다 시게루	74	자유당	1953년 5월 21일	1954년 12월 10일	569	도쿄도
52	제1차	하토야마 이치로 (鳩山一郎)	71	일본 민주당	1954년 12월 10일	1955년 3월 19일	100	도쿄도
53	제2차	하토야마 이치로	72	일본 민주당	1955년 3월 19일	1955년 11월 22일	249	도쿄도
54	제3차	하토야마 이치로	72	자민당	1955년 11월 22일	1956년 12월 23일	398	도쿄도
55		이시바시 단잔 (石橋湛山)	72	자민당	1956년 12월 23일	1957년 2월 25일	65	도쿄도
56	제1차	기시 노부스케 (岸信介)	60	자민당	1957년 2월 25일	1958년 6월 12일	473	야마구치
57	제2차	기시 노부스케	61	자민당	1958년 6월 12일	1960년 7월 19일	769	야마구치
58	제1차	이케다 하야토 (池田勇人)	60	자민당	1960년 7월 19일	1960년 12월 8일	143	히로시마

역대	차수	이름	취임 연령	지지 정당	재직 기간		재직 일수	출생지 (현)
59	제2차	이케다 하야토	61	자민당	1960년 12월 8일	1963년 12월 9일	1097	히로시마
60	제3차	이케다 하야토	64	자민당	1963년 12월 9일	1964년 11월 9일	337	히로시마
61	제1차	사토 에이사쿠 (佐藤榮作)	63	자민당	1964년 11월 9일	1967년 2월 17일	831	야마구치
62	제2차	사토 에이사쿠	65	자민당	1967년 2월 17일	1970년 1월 14일	1063	야마구치
63	제3차	사토 에이사쿠	68	자민당	1970년 1월 14일	1972년 7월 7일	906	야마구치
64	제1차	다나카 가쿠에이 (田中角榮)	54	자민당	1972년 7월 7일	1972년 12월 22일	169	니가타 (新潟)
65	제2차	다나카 가쿠에이	54	자민당	1972년 12월 22일	1974년 12월 9일	718	니가타
66		미키 다케오 (三木武夫)	67	자민당	1974년 12월 9일	1976년 12월 24일	747	도쿠시마 (德島)
67		후쿠다 다케오 (福田赳夫)	71	자민당	1976년 12월 24일	1978년 12월 7일	714	군마 (群馬)
68	제1차	오히라 마사요시 (大平正芳)	68	자민당	1978년 12월 7일	1979년 11월 9일	338	가가와 (香川)
69	제2차	오히라 마사요시	69	자민당	1979년 11월 9일	1980년 6월 12일	217	가가와
임시 대리		이토 마사요시 (伊東正義)			1980년 6월 12일	1980년 7월 17일		
70		스즈키 젠코 (鈴木善幸)	69	자민당	1980년 7월 17일	1982년 11월 27일	864	이와테
71	제1차	나카소네 야스히로 (中曾根康弘)	64	자민당	1982년 11월 27일	1983년 12월 27일	396	군마
72	제2차	나카소네 야스히로	65	자민당 /연립	1983년 12월 27일	1986년 7월 22일	939	군마
73	제3차	나카소네 야스히로	68	자민당	1986년 7월 22일	1987년 11월 6일	473	군마
74		다케시타 노보루 (竹下登)	63	자민당	1987년 11월 6일	1989년 6월 3일	576	시마네

역대	차수	이름	취임 연령	지지 정당	재직 기간		재직 일수	출생지 (현)
75		우노 소스케 (宇野宗佑)	66	자민당	1989년 6월 3일	1989년 8월 10일	69	시가 (滋賀)
76	제1차	가이후 도시키 (海部俊樹)	58	자민당	1989년 8월 10일	1990년 2월 28일	203	아이치
77	제2차	가이후 도시키	59	자민당	1990년 2월 28일	1991년 11월 5일	616	아이치
78		미야자와 기이치 (宮澤喜一)	72	자민당	1991년 11월 5일	1993년 8월 9일	644	히로시마
79		호소카와 모리히로 (細川護熙)	55	일본신당 /연립	1993년 8월 9일	1994년 4월 28일	263	도쿄도
80		하타 쓰토무 (羽田孜)	58	신생당 /연립	1994년 4월 28일	1994년 6월 30일	64	도쿄도
81		무라야마 도미이치 (村山富市)	70	사회당 /연립	1994년 6월 30일	1996년 1월 11일	561	오이타 (大分)
82	제1차	하시모토 류타로 (橋本龍太郎)	58	자민당 /연립	1996년 1월 11일	1996년 11월 7일	302	오카야마
83	제2차	하시모토 류타로	59	자민당 /연립	1996년 11월 7일	1998년 7월 30일	631	오카야마
84		오부치 게이조 (小淵惠三)	61	자민당 /연립	1998년 7월 30일	2000년 4월 5일	616	군마
85	제1차	모리 요시로 (森喜朗)	62	자민당 /연립	2000년 4월 5일	2000년 7월 4일	91	이시카와
86	제2차	모리 요시로	62	자민당 /연립	2000년 7월 4일	2001년 4월 26일	297	이시카와
87	제1차	고이즈미 준이치로 (小泉純一郎)	59	자민당 /연립	2001년 4월26일	2003년 11월19일	937	가나가와 (神奈川)
88	제2차	고이즈미 준이치로	61	자민당 /연립	2003년 11월 19일	2005년 10월~		가나가와
89	제3차	고이즈미 준이치로	63	자민당 /연립	2005년 10월~			가나가와